城市生态用地
评价与规划

蔡云楠　肖荣波　艾勇军　李晓晖 等/著

科学出版社
北京

内 容 简 介

本书分三篇共 15 章，系统讲述了城市生态用地评价和生态规划相关理论的发展以及以广州为例的实践工作。第一篇是"城市生态用地评价篇"，主要介绍国内外城市生态用地评价、中国典型城市生态用地空间结构的研究情况，提出城市生态用地空间结构评价方法以及城市生态服务功能的评价方法。第二篇是"城市生态用地规划篇"，主要介绍城市生态用地规划发展历程、城市生态用地规划模式、城市生态用地规划相关理论与方法、城市生态用地规划内容与流程以及城市生态用地规划管理等内容。第三篇是"广州城市生态用地评价与规划篇"，总结介绍广州城市生态系统特征、生态用地评价、生态用地空间规划、番禺片区生态廊道控制性规划以及广州生态用地规划管理等实践。

本书可供城市规划、生态调查与评价、生态规划等领域研究机构研究人员和政府管理部门技术人员参考，也可作为高等院校城市规划、资源环境与城乡规划管理、城市生态、地理科学等专业研究生与本科生的教材。

图书在版编目(CIP)数据

城市生态用地评价与规划 / 蔡云楠等著. —北京：科学出版社，2014.1
ISBN 978-7-03-038717-2

Ⅰ. 城⋯　Ⅱ. 蔡⋯　Ⅲ. ①生态城市–土地评价–研究　②生态城市–土地规划–研究　Ⅳ. F293.2

中国版本图书馆 CIP 数据核字（2013）第 230009 号

责任编辑：张　菊 / 责任校对：桂伟利
责任印制：徐晓晨 / 封面设计：无极书装

科 学 出 版 社 出版
北京东黄城根北街 16 号
邮政编码：100717
http://www.sciencep.com

北京东华虎彩印刷有限公司 印刷
科学出版社发行　各地新华书店经销

*

2014 年 1 月第 一 版　开本：B5（720×1000）
2017 年 2 月第三次印刷　印张：17 3/4 插页：2
字数：360 000

定价：158. 00 元
（如有印装质量问题，我社负责调换）

前　　言

　　城市，为人类提供了丰富、多元的生活方式与高效、充满活力的栖息地，然而也因其密集的经济社会活动给区域生态环境带来了巨大压力，导致各种生态环境问题集中产生，严重影响着城市人居环境与可持续发展。面对资源约束趋紧、环境污染严重、生态系统退化的严峻形势，建设人与自然和谐相处的生态城市，已成为我们共同追求的目标。党的十八大将生态保护与建设提高到了国家发展战略的高度，提出"必须树立尊重自然、顺应自然、保护自然的生态文明理念，把生态文明建设放在突出地位，融入经济建设、政治建设、文化建设、社会建设各方面和全过程，努力建设美丽中国，实现中华民族永续发展"。十八大明确要求优化国土空间开发格局，控制开发强度，调整空间结构，促进生产空间集约高效、生活空间宜居适度、生态空间山清水秀，构建科学合理的城市化格局、农业发展格局、生态安全格局，促进生产、生活和生态三大空间的协调发展，这成为我国当前城市规划建设的指导方针。

　　城市生态用地是指具有重要生态功能、以提供生态产品和生态服务为主的用地，它可以分为两种类型：一是具有重要生态服务功能的用地，主要功能是提供生态产品与生态服务，如水源涵养、气候调节、生物多样性保护、固碳、自然景观保护等；二是具有重要生态防护功能的用地，主要功能如预防和减缓气象灾害、雨洪调蓄、地质灾害防护、道路和河流防护、海岸带防护等，这些地区通常具有较大的生态风险，生态系统脆弱，一旦受到破坏容易导致重大生态环境问题或者自然灾害发生，危及城市区域生态环境质量和生态安全。

　　城市生态用地作为城市复合生态系统的重要组成部分，是构建城市宜居生活、保障生态安全的基础。然而长期以来，我国传统的城市规划往往只注重城市建设的控制和引导，却忽视了城市生态用地的保护和建设，已有的城市生态规划也大多停留在理念的憧憬阶段，或是对生态环境枯燥分析，或是缺乏有效的实施途径。如何从用地角度建立科学的评价方法，将生态用地空间布局与生态过程和功能结合起来，并与城乡规划空间管控体系相结合，总结建立城市生态用地规划方法与内容体系，成为当前城市规划关注的热点和难点。

2000 年，广州城市总体发展战略规划就提出构建"山、城、田、海"山水型生态城市的战略目标，提出应加强对生态用地的控制和管理。2002 年，受广州市政府委托，我们在王如松先生、黄光宇先生和欧阳志云研究员的带领下，开展了《广州市生态区划政策指引及番禺片区生态廊道控制性规划》的编制工作，在国内较早开启了城市生态用地空间规划的研究。随后几年里，在广州市政府以及国家、省、市科研课题的支持下，我们连续开展了广州市非建设用地规划、广州市生态专项规划、城市生态功能、生态风险评价方法和关键技术及应用示范等项目的研究，本书是以上项目的部分成果总结，并综合国内外相关研究成果进行了梳理，内容主要涉及城市生态用地评价、城市生态用地规划以及广州有关案例三个部分。

本书共分为 15 章，其中，第 1 章由肖荣波、李晓晖完成，第 2 章由肖荣波、吴婕、叶长青完成，第 3 章由艾勇军完成，第 4 章由肖荣波、吴婕、梁灏严完成，第 5 章由肖荣波、叶长青、代欣召完成，第 6、7、9 章由艾勇军、肖荣波完成，第 8 章由肖荣波、蔡云楠完成，第 10 章由李晓晖完成，第 11~13 章由李晓晖、肖荣波、梁灏严、庄长伟、黄柳菁、吴婕、李智山、邓一荣完成，第 14 章由蔡云楠、王娅琳完成，第 15 章由李晓晖、代欣召完成。最后由蔡云楠、肖荣波、艾勇军、李晓晖统稿。

本书编写过程中得到王如松、汪光焘、欧阳志云、陈敏、蔡赢、戴逢先生等的悉心指导，广东省环境科学研究院、广州市规划局领导也给予了大力支持和指导，在此表示衷心的感谢。课题执行过程中，还有许多同事参与其中，本书出版过程中也得到许多领导和学者的帮助和支持，衷心表示谢意。本书还得到国家自然科学基金"城市居住区规划碳足迹评估方法与实证研究"（41201601）、"十二五"国家科技支撑计划项目"城市绿色发展生态技术研究与示范"（2012BAC13B01、2012BAC13B04）、广东省低碳技术创新与示范重大科技专项"广州市海珠生态城低碳建设技术集成与示范"（2012A010800011）、广州市 2013年度哲学社会科学发展"十二五"规划课题（13G15）等项目资助，在此谨致以诚挚的谢意。

由于城市生态用地评价与规划是一个新课题，编写人员的时间和能力也有限，书中不足之处在所难免，恳请读者及同仁批评、指正。

著　者

2013 年 7 月

目　　录

第一篇　城市生态用地评价篇

第二篇 城市生态用地规划篇

第三篇　广州城市生态用地评价与规划篇

第 **1** 章　绪　　论

1.1　研究背景与意义

城市是一类以人类活动为主导的社会-经济-自然复合生态系统。城市土地是人类社会经济活动赖以生存的载体，也是提供自然生态服务的基础。但伴随着经济快速发展与城市化，人类对土地的需求不断增长，很多具有独特生态价值的自然土地类型，如湿地、林地、草地等不断遭到侵占，逐渐转变成为农用地或建设用地，降低和丧失了其生态价值，导致土地生态服务功能受到削弱乃至损害，进而破坏了城市与区域生态平衡，影响了城市与区域社会经济的健康发展。因此，合理规划城市中以提供生态产品和生态服务为主、具有重要生态功能的城市生态用地，是保育城市生态系统服务功能，维护其良性循环，实现城市可持续发展的重要途径。

城市生态用地规划伴随着近现代城市规划理论与实践的演变发展。从霍华德的"环形、心形、楔形"绿色空间布局理想范式的田园城市，到赖特所提出的融入自然乡土广亩城市；从《雅典宪章》中提出城市规划的目的是解决居住、工作、游憩与交通四大功能和谐统一，到《马丘比丘宪章》重新调整人与自然的关系，强调对自然环境和资源进行有效保护和合理利用；从联合国教科文组织提出的生态城市发展理念，到绿色基础设施被广泛认可和实践；从巴黎环城绿带规划到如今低碳生态规划风靡，无不体现出生态用地规划的思潮变化与发展。

我国对于城市生态用地规划已经有了较多理论研究，相关实践探索集中在北京、广州、深圳等地区。广州市在 2000 年城市总体发展战略规划研究中提出了生态政策区划的思想，并于 2002 年开展了《广州市生态区划政策指引及番禺片区生态廊道控制性规划》，受到国内许多城市的关注。2005 年深圳市颁布实施了《深圳市基本生态控制线管理规定》，为城市生态用地的控制与保护提供了法律依据。2006 年北京市开展了《北京市限建区规划》，将北京市域划分为禁建区、限建区和适建区三个类型，制定了针对城市建设和城市活动的限制性导则。此外，厦门、成都、天津等城市都开展了相关类似工作。城市生态用地规划成为近年来我国城市规划理论研究与实践的热点之一。

党的十八大提出"面对资源约束趋紧、环境污染严重、生态系统退化的严峻形势，必须树立尊重自然、顺应自然、保护自然的生态文明理念，把生态文明建设放在突出地位，融入经济建设、政治建设、文化建设、社会建设各方面和全过程，努力建设美丽中国，实现中华民族永续发展"，要求"优化国土空间开发格局，要按照人口资源环境相均衡、经济社会生态效益相统一的原则，控制开发强度，调整空间结构，促进生产空间集约高效、生活空间宜居适度、生态空间山清水秀，给自然留下更多修复空间，给农业留下更多良田，给子孙后代留下天蓝、地绿、水净的美好家园。加快实施主体功能区战略，推动各地区严格按照主体功能定位发展，构建科学合理的城市化格局、农业发展格局、生态安全格局"。2008 年颁布实施的《城乡规划法》要求制定和实施城乡规划应当改善生态环境，促进资源、能源节约和综合利用，保护耕地等自然资源等。其中，生态用地作为城市生态环境主要承担者，在保护环境资源、塑造城镇空间特色、促进城镇持续健康发展等方面发挥着重大作用。国家的生态文明发展战略以及城乡规划法的实施，进一步推动了城市生态用地保护和建设，也对生态用地的规划提出更高的要求。

但长期以来，我国城市法定规划一般只关注城市建设用地，将建设用地的规模、结构、空间布局等作为法定内容进行控制，导致生态用地法定地位不够明确，实际规划管理缺乏有效手段。而且，城市规划中有关生态用地概念的模糊，用地性质没有清晰的界定以及未与国家标准相统一，已有的生态用地规划也存在"概念多、探索多；理论少、方法少"的不足，关于城市生态用地规划的理论和方法研究非常缺乏，这些将成为我国未来相关研究的重点。

生态用地评价是规划的基础和前提。根据景观生态学理论，生态用地的构成基本要素包括斑块、廊道与基质。通过开展生态用地评价，分析不同生态用地空间结构对生态过程的影响，如动物迁徙、气候改善、水污染缓解等，继而构建连续完整的生态过程和空间格局，优化和保护具有重要意义的生态服务功能，构建城市生态安全格局。本研究借鉴城市规划、景观生态学和生态系统服务功能的相关理论，通过综述城市生态用地规划理论发展历程与相关实践，从突出生态服务功能的角度界定了城市生态用地，从城市、场地两个尺度提出生态用地评价方法，总结探讨了生态用地规划管制的理论和方法，并介绍了广州近几年生态用地评价和规划实践工作，以期弥补和完善我国城市生态用地评价和规划相关理论，为我国相关城市生态用地规划提供借鉴。

1.2　城市生态用地概念辨析

目前，在我国城乡规划、建设和管理实践中，生态用地已受到广泛关注与重视，但尚未形成统一的概念界定。我国现行城乡土地使用的规划和管理体系中，没有对生态用地的明确界定。在国土资源管理领域，按照《土地管理法》的规定，国家实行土地用途管制制度，编制土地利用总体规划，规定土地用途，将土地分为农用地、建设用地和未利用地三大类。农用地包括耕地、林地、草地、农田水利用地、养殖用地等；建设用地是指建筑物、构筑物的土地，包括城乡住宅和公共设施用地、工矿用地、交通水利设施用地、旅游用地、军事设施用地等；农用地和建设用地之外的土地称为未利用地。其中，部分农用地和未利用地可以被看做是生态用地。在城乡规划管理领域，根据《城市用地分类与规划建设用地标准》（GB50137—2011），城市用地分为 10 大类，其中居住用地、公共设施用地、工业用地、仓储用地、对外交通用地、道路广场用地、市政公用设施用地、绿化用地、特殊用地共 9 大类用地属于城市建设用地，第 10 大类的水域和其他用地不属于城市建设用地，包括水域、耕地、园地、林地、牧草地、村镇建设用地、弃置地、露天矿用地等，这些大都发挥生态用地的功能。尽管在国土资源和城乡规划管理中，均对建设用地有所界定，但都没有明确提出生态用地的概念或类型，同时，两者在建设用地的范围和类型上也有较大差异，使得相应的生态用地界定难以统一，也难以完全涵盖城市生态用地的内涵与意义。

学术界对生态用地的概念、内涵也存在着多种认识和解释。生态用地一词最先由石元春院士于 2001 年考察宁夏回族自治区时提出，随后石玉林院士在中国工程院咨询项目《西北地区水资源配置与生态环境保护》报告中对生态用地概念加以进一步阐述。概括而言，其基本理念是将生态用地作为干旱区防治和减缓土地荒漠化加速扩展的"缓冲剂"，以达到保护和稳定区域生态系统的目标。学术界对于生态用地一般可以从广义和狭义两个角度理解。广义上讲，生态用地可以理解为地球上全部土地（岳健等，2003）；狭义上讲，生态用地是指对人类生存环境具有生态功能的土地（张颖等，2007）。当然也有学者从用地特征、用地性质等角度理解生态用地概念，如韩冬梅（2007）认为生态用地是具有较强的自我调节、自我修复、自我维持和自我发展能力，能通过维持自身生物多样性、协调生态结构和功能，从而对主体生态系统的稳定性、高生产力及可持续发展起到支撑和保育作用的土地。黄秀兰（2008）认为生态保护用地是对保持良好生态环境质量、维持区域生态平衡直接有益或具有潜在价值的所有土地利用方式，主要包括农用地、未利用地中具有生态效益的用地、建设用地内的城市绿地与水库水面三部分。

纵观以上国内学者对生态用地的理解，生态用地的概念尚未达成共识。但是从目前的研究来看，大多数赞成狭义的生态用地理解，认为这样可以突出某些用地的生态价值。综合已有的研究，笔者认为：城市生态用地是指具有重要生态功能、以提供生态产品和生态服务为主的用地，它承担着包括旱涝调节、生物多样性保护、休憩与审美启智以及遗产保护等重要生态服务功能，在保障城市或区域生态安全中发挥重要作用，是经济社会可持续发展的基础。

城市生态用地可以分为两种类型：一是具有重要生态服务功能的用地，主要功能是提供生态产品与生态服务，如水源涵养、气候调节、生物多样性保护、固碳、自然景观保护等；二是具有重要生态防护功能的用地，即预防和减缓气象灾害、雨洪调蓄、地质灾害防护、道路和河流防护、海岸带防护，这些地区通常具有较大的生态风险，生态系统脆弱，一旦受到破坏容易导致重大生态环境问题或者自然灾害，危及城市区域生态环境质量和生态安全。

1.3 城市生态用地的功能与作用

城市生态用地是维系城市人类社会生存的生命基础，为人类的社会、经济和文化生活创造和维持着许多必不可少的环境资源条件，具有与城乡建设与发展直接相关的多元功能。它不仅是确保区域生态安全、保障城乡可持续发展的支撑，同时还具有农业生产、基础设施承载、旅游休闲、文化景观等多种价值，为人类生存和城乡发展提供了许多种类的环境和资源方面的生态服务功能效益，体现在生态、经济、社会服务的多个方面。

1.3.1 生态功能

城市化过程的生态学实质是将自然生态系统改变为人工系统的过程，原来的生态结构与生态过程通常被改变，自然的能流过程、物质代谢过程被人工过程所替代。城市生态用地是区域自然生态系统的重要组成部分，是城乡生态环境的主要支撑者，具有自然产品生产、物质循环的维持和稳定、大气环境和水环境净化和保护、生物多样性的产生和维持等多种功能。

1. 自然产品生产

人类一直在从自然生态系统中生活和生长的动植物中获取用于人类服务的有机物质。在水生生态系统中，世界范围内水产为人类提供约 20% 的动物蛋白。在陆生生态系统中，草地是畜牧业的基地，也是野生动物栖息的家园，畜牧为人类提供了肉、奶、毛皮等产品。森林为人类提供了多种多样的产品，也是野生动物的栖息地，自然森林生产的木材广泛用于现代人类生活的方方面面，全世界约 15% 的能源消费是由薪材和其他一些植物来提供。在一些发展中国家，接近 40% 的能量消费由生物量来提供。农田及各种人工林为城市提供了必要的粮食、蔬菜及薪材。各种苗圃和花圃为城市的美化建设提供了材质，城市生态用地是城乡发展中生活、生产物质的供给者。

2. 物质循环与环境净化

生态系统物质循环的维持和稳定是人类赖以存在和发展的基础，城市生态用地对于区域整体生态系统物质循环的维持和稳定具有重要的意义。森林、湿地、草地等生态用地中的自然生物过程使自然界的化学元素不断地进行各种分分合合，保证了物质在自然生态系统中的有效循环利用，防止了物质的过分积累而形成污染。城市生态用地一方面可以避免对区域未来发展造成不可挽回的损失，另一方面对区域城市生态环境的恢复也有重要的作用。

3. 气候调节

城市生态用地对于区域气候的调节和稳定起着重要的作用。如果建设用地与生态用地的布局关系合理，有足够的绿化和水域等自然保育的空间，那么区域范围内的局地气候就会得到很好的调节；反之，一旦布局结构失衡，区域气候就会恶化，甚至于产生自然灾害。

4. 生物多样性的产生和维持

在整个生态系统中，生物多样性对维持系统的平衡与健康发展有着重要作用。生物多样性的保护依赖于整个生态系统的保护。城市生态用地为区域生态系统中的各种生物提供了必要的栖息场所，其结构与格局直接影响了生物物种的栖息、迁徙与繁衍，对于生物多样性的产生与维持相当重要。

1.3.2　经济功能

1. 产业发展

城市生态用地不仅是农、林、牧、副、渔等农业生产的主体区域，同时也为旅游、休闲、教育、科研等生态型、服务型产业发展提供了空间。

2. 基础设施承载

城市生态用地能为城市或区域性交通、通信、能源等基础设施提供承载空间，为城市发展提供支撑，保障物流、能流、信息流、人流的通畅。

3. 防灾避险

城市生态用地是确保区域生态安全的关键要素，对区域大气环境、水土保持、水源涵养等具有重要作用，同时开阔的生态用地还可为规避地震、洪水等灾害提供安全疏散场所，是城乡居住安全的重要保障。

4. 控制城市发展形态与发展格局

城市生态用地的保护和控制有利于防止城市无序扩张，促进土地资源的集约有效利用，引导城市格局按一定的规划方向发展，优化城市空间形态与结构，对城市和区域的有序发展起到积极作用。

1.3.3 社会功能

1. 休闲娱乐功能

人类在长期自然历史演化过程中，形成了一种与生俱来的对自然的情感心理依赖和欣赏享受的能力。在自然之中，相对和谐的草木万物，有助于人的身心整体健康。现代城市生活容易造成人们的生活、工作压力增大，迫切需要寻找休闲娱乐空间来消除烦恼，放松身心。城市生态用地为城市居民提供了大量的绿色休闲场所，可以满足城市居民对自然的向往。

2. 美学、教育功能

自然之美给人们的精神启迪和在人的文化生活中的重要性无比宝贵，深刻地影响着人们的美学倾向、艺术创造、宗教信仰等。城市生态用地不仅为区域提供了多样性的景观，还为城市居民提供了认识人类和自然和谐共处的重要场所。

1.4 城市生态用地的分类

我国现行的城乡用地分类一般基于土地的自然属性和覆盖特征，并主要结合国土管理和城乡规划部门的管理职能进行设计，对土地的类型划分各有侧重。

在国土资源管理领域，《土地管理法》将土地分为农用地、建设用地和未利用地三大类型，国土资源部于 2001 年颁发了《全国土地分类（试行）》（国土资发〔2001〕255 号），对三大类用地进行了类型细分，后又在此基础上进一步调整，于 2007 年颁布了《土地利用现状分类》（GB/T21010—2007），作为现行的国土资源管理的用地分类标准。该标准采用了二级分类，共分 12 个一级类、57 个二级类（表 1-1）。在类型划分上，按土地用途对城镇和乡村的建设用地进行了统一划分，体现了城乡统筹发展的要求。但该分类没有对城市生态用地进行明确的界定，从概念内涵的对应关系来看，城市生态用地主要包括耕地、园地、林地、水域等，其类型划分主要体现了城市生态用地的自然属性或覆盖特征上的差异。

表 1-1　《土地利用现状分类》中的建设用地与生态用地

一级类		二级类		对应类型	一级类		二级类		对应类型
编码	名称	编码	名称		编码	名称	编码	名称	
01	耕地	011	水田	生态用地	09	特殊用地	091	军事设施用地	建设用地
		012	水浇地				092	使领馆用地	
		013	旱地				093	监教场所用地	
02	园地	021	果园	生态用地			094	宗教用地	
		022	茶园				095	殡葬用地	
		023	其他园地		10	交通运输用地	101	铁路用地	建设用地
03	林地	031	有林地	生态用地			102	公路用地	
		032	灌木林地				103	街巷用地	
		033	其他林地				104	农村道路	
04	草地	041	天然牧草地				105	机场用地	
		042	人工牧草地				106	港口码头用地	
		043	其他草地				107	管道运输用地	
05	商服用地	051	批发零售用地	建设用地	11	水域及水利设施用地	111	河流水面	生态用地
		052	住宿餐饮用地				112	湖泊水面	
		053	商务金融用地				113	水库水面	
		054	其他商服用地				114	坑塘水面	
06	工矿、仓储用地	061	工业用地	建设用地			115	沿海滩涂	
		062	采矿用地				116	内陆滩涂	
		063	仓储用地				117	沟渠	
07	住宅用地	071	城镇住宅用地	建设用地			118	水工建筑用地	建设用地
		072	农村宅基地				119	冰川及永久积雪	生态用地
08	公共管理与公共服务用地	081	机关团体用地	建设用地	12	其他土地	121	空闲地	生态用地
		082	新闻出版用地				122	设施农用地	
		083	科教用地				123	田坎	
		084	医卫慈善用地				124	盐碱地	
		085	文体娱乐用地				125	沼泽地	
		086	公共设施用地				126	沙地	
		087	公园与绿地	生态用地			127	裸地	
		088	风景名胜设施用地	建设用地					

在城乡规划领域，2010 年 12 月，住房与城乡建设部批准公告了新版《城市用地分类与规划建设用地标准》（GB50137—2011），2012 年 1 月 1 日起实施，用于设市城市的用地统计和规划工作。该标准与 1990 年版城市用地分类国标不同，提出了"城乡用地分类"体系（表1-2）。将城乡用地划分为建设用地与非建设用地两大类。在这一分类体系中，非建设用地作为大类出现，分为 3 中类、8 小类用地，主要涉及水域、农林用地以及未利用地，其主要内涵即生态用地。新版国标从建设与非建设的角度，将生态用地从城乡区域中区分出来，并在自然属性上体现出生态用地的种类差异，为加强生态用地的保护与规划提供了契机。

表 1-2 《城市用地分类与规划建设用地标准》中的建设用地与非建设用地

类别代码			类别名称
大类	中类	小类	
H	—	—	建设用地
	H1	—	城乡居民点建设用地
		H11	城市建设用地
		H12	镇建设用地
		H13	乡建设用地
		H14	村庄建设用地
		H15	独立建设用地
	H2	—	区域交通设施用地
		H21	铁路用地
		H22	公路用地
		H23	港口用地
		H24	机场用地
		H25	管道运输用地
	H3	—	区域公共设施用地
	H4		特殊用地
		H41	军事用地
		H42	安保用地
	H5	—	采矿用地

续表

类别代码			类别名称
大类	中类	小类	
	—	—	非建设用地
	E1	—	水域
		E11	自然水域
		E12	水库
E		E13	坑塘沟渠
	E2	—	农林用地
	E3	—	其他非建设用地
		E31	空闲地
		E32	其他未利用地

现行的用地分类标准在1990年老标准基础上进行了修改更新，对土地类型的划分都比较清晰和细致，使界定和明确城市生态用地相对简单，但从功能角度，建设性空间与生态性空间还存在一定的糅合，生态用地并没有明晰的概念和界定。

在国标之外，国内城市对生态用地的分类进行了许多有益探索。深圳市将生态用地划分为农业保护用地、水源保护用地、组团隔离用地、旅游休闲用地、郊野用地、自然生态用地和发展备用地七大类（张永刚，1999）。无锡市的生态用地主要包括生态隔离带及农业保护区、风景名胜区、湿地、森林公园、郊野公园、生态风景林等用地。厦门将生态用地主要分为四种类型：生态资源保护用地、城市外围景观生态旅游用地、农田保护用地、其他用地（主要是集镇和村庄、市政设施用地）等。杭州市将生态用地划分为五种类型：景观生态类、历史文化保护类、工程技术类、农田保护类、战略控制类。由于各实践城市的土地利用条件与规划管理实际差别较大，各城市对于生态用地类型的划分存在着较多差异。

因此，我国还迫切需要建立相对全面清晰、能够综合地对生态用地加以区别、实施差异化和针对性管理的用地分类体系。

从国际案例来看，英国的生态用地分类体系是一种基于用地政策和用地管制的政策性分类，分类体系并不覆盖所有生态用地，而仅针对需要控制的地区，即用地分区并不存在空间咬合、非此即彼的关系；不同层面的用地规划也是以政策性规划为主，在用地分类上并不存在必然的对应关系；不同地区不同时期的地方规划中，生态用地的分类也有差异，不存在统一的用地分类体系，而是与用地政策意图紧密相关。加拿大的官方规划在城市地区与农村地区不同空间范围内分别进行了用地规划——此为建设用地与生态用地的第一重划分。首先，在农村地区内，城市建设活动是受到严格限制的，有效地抑制了建设用地向成片生态用地扩张的压力。其次，在城市地区内进一步划分生态用地和建设用地——此为二者的第二重划分。由此，城市地区内，零散的、但却对城市结构有着重要意义的生态要素得到必要定义和保障。日本也采用了首先划分城市化促进地区和城市化控制区的分类方式，更关注于两区"边界"的控制，而基本没有对进行相当于生态用地的城市化控制区进行分类的用地规划。

结合国内外案例经验，为了加强对生态用地的保护与规划管理，在我国用地规划分类体系中，一是要有政策性的划分，这在我国城乡规划体系中已经有了相对成熟的界定，即规划区与非规划区。在规划区中需要对零散的但却对城市生态、景观、结构有重要意义的保护性地区予以区分，使其得到必要的界定和保障。在非规划区中，需要体现对公共和私人开发行为控制、重要基础设施建设保障、自然生态要素保护等政策性空间划分和用地分区。二是要有功能性的划分，用地分类体系充分体现出生态用地的生态、经济、社会功能。这样才能够促使完整的生态用地规划体系形成，才能够真正做到对城市生态用地的有效控制。

综合国内外生态用地分类的经验，表1-3提供了城市生态用地分类的几种分类方法，包括自然属性及覆盖特征、功能属性、政策属性、管制强度属性等多个角度。由此表明，制定整齐划一的城市生态用地分类体系难度很大。不同规划和规划的不同层次对生态用地的关注和侧重就有差异，不同的部门规划也需要不同的分类。从更具体的管理层面来看，生态用地规划的制订、实施和管理还涉及国有用地和集体用地的差异，涉及的生态用地管制方式和策略也会不同。因此，多类型多层次的城市生态用地分类是必需的，需要结合具体的规划与管理需求进行划分和明确，但关键是要能体现出生态用地的功能与作用，能够符合管制的需求加以区别管理，能够实现区别、差异化管理。

表 1-3　城市生态用地分类表

划分依据	类型划分	含义或范围
自然属性及覆盖特征	水域	指陆地水域、海涂、沟渠、水工建筑物等用地，包括河流水面、湖泊水面、水库水面、坑塘水面、沿海滩涂，不包括滞洪区和已垦滩涂中的耕地、园地、林地、居民点、道路等用地
	农林用地	以生产为目的的农民用地，如耕地、园地、林地、牧草地等
	公园与绿地	指城镇、村庄内部的公园、动物园、植物园、街心花园和用于休憩及美化环境的绿化用地

续表

划分依据	类型划分	含义或范围
自然属性及覆盖特征	文化古迹用地	历史文化或风貌保存较好的历史文化街区、历史风貌区、地下文物埋藏区等，包括古遗址、古墓葬、古建筑、革命遗址等用地
	其他土地	指上述地类以外的其他类型的土地。如空闲地、设施农用地、田坎、盐碱地、沼泽地、沙地、裸地等
功能属性	生态服务功能类	主要功能是提供生态产品与生态服务，如水源涵养、气候调节、生物多样性保护、固碳、自然景观保护等
	生态防护功能类	即预防和减缓气象灾害，雨洪调蓄、地质灾害防护、道路和河流防护、海岸带防护，这些地区通常具有较大的生态风险，生态系统脆弱，一旦受到破坏容易导致重大生态环境问题或者自然灾害，危及城市区域生态环境质量和生态安全
政策属性	自然保护区	对有代表性的自然生态系统、珍稀濒危野生动植物物种的天然集中分布区、有特殊意义的自然遗迹等保护对象所在的陆地、陆地水体或者海域，依法划出一定面积予以特殊保护和管理的区域 由国务院以及省、自治区、直辖市人民政府批准划定，包括国家级和地方级二级自然保护区
	森林公园	森林景观优美，自然景观和人文物集中，具有一定规模，可供人们游览、休息或进行科学、文化、教育活动的场所 由国家林业局、县级以上地方人民政府林业主管部门批准划定，包括国家级、省级和市县级三级森林公园
	风景名胜区	具有观赏、文化或者科学价值，自然景观、人文景观比较集中，环境优美，可供人们游览或者进行科学、文化活动的区域 由国务院以及省、自治区、直辖市人民政府批准划定，包括国家级和省级二级风景名胜区
	水源保护区	对于城市供水的基本水源区和源头补给区必须建立保护区，其中重点保护区应禁止任何建设
	蓄滞洪区	城市行政区域内临时储存和调蓄洪水的低洼地区
	基本农田保护区	依据土地利用总体规划和依照法定程序确定的对基本农田实行特殊保护而划定的保护区域
	历史风貌保护区	城市中历史文化或风貌保存较好，能够反映历史风貌和地方特色，需要对其建设进行保护性控制的地区
	其他保护区	上述地区以外的其他需要控制保护的地区

划分依据	类型划分	含义或范围
管制强度属性	绝对保护区	关系到城市生态环境安全及质量水平，或者对城市景观、历史文化等具有重要意义，需要绝对控制保护的地区
	重点控制区	一般情况下应当严格控制，不能被占用，但确因城市发展需要，通过充分论证和审批，允许部分转为建设用地的地区
	一般控制区	一般情况应当控制，但在一定条件下可以部分或全部转为城市建设用地

1.5 城市生态用地规划的重点

城市生态用地受到包括自然地理因子、社会经济因子、土地利用变更等因子驱动，在不同尺度下产生生态格局的变化，尤其是城市化进程带来的生态用地向建设用地的转变，对城市物质循环、能量流动、生物迁移等等关键生态过程产生巨大影响，进而影响生态系统的气候调节、水文调节、生命支撑等重要功能。通过对生态用地的人为有益调节，引导城市建设成为生态系统功能提升的有益驱动，对促进城市可持续发展有重要意义。因此，相比较传统的城市规划，城市生态用地规划应着重实现以下转变。

1. 由终端效应控制向生态过程调节转变

传统生态规划偏重对生态环境的终端效应控制，提出对水、气、声、固体废弃物等生态环境要素的减排目标与指标要求，规划应从生态环境的终端效应控制向生态过程调节转变，如尝试从引发水体污染、地表径流暴增、小气候变化等生态环境效应的源头与过程出发，把握城市生态系统问题的核心环节，建立基于生态过程调节的规划管理思路。

2. 由分要素控制向系统规划引导转变

生态用地规划较注重单一生态环境要素和物理结构、形态，容易忽视彼此间的自然耦合关系、生态整合功能和系统代谢过程，往往在不同生态要素建设以及生态要素保护与城市发展之间出现矛盾时，缺乏系统性的解决方案。规划的重心应从生态要素向生态系统转变，从生态要素的流通、耦合机制、自然与人工的综合调控机制出发，确定生态系统的可持续发展战略与可实施性的规划管理策略。

3. 由条块分割管理向综合协作管理转变

城市生态系统管理目前还处于一种被动保护的阶段，重要城市生态资源与要素通过单一法律法规进行底线式的维护。规划应实现城市生态系统被动保护向综合管理的转变，协调相关生态环境主管部门进行综合管理。

第一篇 城市生态用地评价篇

第 2 章　国内外城市生态用地评价研究综述

本章从城市规划需求出发，以城市生态用地的生态服务功能为导向，研究城市生态用地空间结构与生态服务功能的关系，重点综述城市生态用地空间结构与服务功能的评价方法，以期为我国城市生态用地规划评估提供参考。

2.1　国外城市生态用地空间结构评价

国外城市生态用地空间结构评价的研究和实践开展较多，其评价对象一般分为两个层面：其一为对城市生态系统起支撑作用的市域生态用地；其二为用于提高居民生活质量的城市内部的公园绿地系统。对于前者，评价往往从生态用地空间结构及其过程出发，以生态型指标反映生态功能；对于后者，评价在把握绿色空间生态质量的同时，对于绿地的社会、人文和经济功能也相当的关注。针对城市生态用地的美国马里兰州绿色基础设施评价体系和关注城市居民生活质量的欧盟 URGE 项目是这两种评价的典型范例。

2.1.1　美国马里兰州绿色基础设施评价系统

美国马里兰州的绿色基础设施评价系统由马里兰州自然资源部（DNR）开发，用于确定与评估马里兰州重要的生态区域及各生态区域面临的开发风险强度。该评价系统已应用于马里兰州的生态核心区与廊道划定和评价，以指导大尺度的土地保护政策制定，马里兰州各郡政府也应用绿色基础设施评价标准辅助小尺度的绿色基础设施建设（Weber et al.，2006）。

绿色基础设施评估的宗旨是通过绿色廊道连接大型、重要的自然区域，形成内部互相连接的功能型网络，用以缓解自然土地破碎化带来的生态系统功能缺失。其评估流程主要包括以下几点：

（1）利用土地利用专题图和各类遥感影像图，结合政府文件、专家咨询进行重要生态区域（核心区、廊道、缓冲区）的划定。

（2）利用评价参数进行核心区与廊道的生态评价及开发风险评价。

（3）小尺度（基于遥感影像像元面积 $0.127hm^2$）的生态评价及开发风险

评价。

以下重点介绍生态核心区、廊道与小尺度的生态评价体系。

不同的自然地理特征导致生态系统和群落特征的差异，因此绿色基础设施的评价体系以地理小区为单位，应用评价参数对具有相似背景的生态核心区和廊道进行评价与比较。生态核心区的评价参数有 27 个，廊道的评价参数有 22 个，基于像元的小尺度生态评价参数有 11 个，每一个参数按照重要程度和数据可信度赋予权重。各参数值通过标准化处理后乘以权重，得到核心区或廊道的各参数得分，将各参数得分相加得到生态总分，依据生态总分进行核心区与廊道的生态分级。生态核心区的评价参数及权重见表 2-1，廊道的评价参数及权重见表 2-2，小尺度的生态评价参数及权重见表 2-3（Weber et al.，2003；2006）。

表 2-1　生态核心区评价参数及权重

参数	参数说明	权重
1. 稀有动植物存在状况	参照当地生物保护数据和生态要素评分表计算参数值	12
2. 德尔马瓦狐狸松鼠（DFS）生境面积	德尔马瓦狐狸松鼠是马里兰州的国家级濒危保护动物	3
3. 成熟与原生植物群落分值	涵盖范围从演替早期自然林到成熟自然林	6
4. 自然遗产区域面积	结合相关法律确定自然遗产区	6
5. 鱼类生物完整性指数（FIBI）	用以评定流域生物的完整性	1
6. 底栖无脊椎动物生物完整性指数（BIBI）	用以评定潮汐流域生物的完整性	1
7. 美洲红点鲑存在度	美洲红点鲑是马里兰州唯一的野生鲑鱼	2
8. 溯河产卵鱼指数	评定是否存在溪流供溯河产卵鱼使用	1
9. 核心区内部面积比例	定义距核心区边缘 300 英尺①的区域为内部区域	6
10. 高地森林内部面积	定义距森林边缘大于 300 英尺的区域为内部森林	3
11. 湿地森林内部面积	同上	3
12. 其他未经更改的湿地面积	森林内部以外未经人为干扰的湿地	2
13. 森林内部的河流长度	反映核心区的水生生境	4
14. 河流节点数量	包括河流源头（间歇河、泉水等）和连接节点（流域自然植被）	1
15. 植被类型数量	反映生境多样性的指标	3
16. 高程标准差	核心区内所有像元的高程标准差	1
17. 湿地类型数	反映湿地复杂性与多样性	2
18. 土壤类型数	反映潜在的植物群落多样性	1

---

① 1 英尺 = 0.3048m。

续表

参数	参数说明	权重
19. 核心区的地理小区数量	反映生态系统多样性	1
20. 易蚀性土壤面积	反映自然植被需受到保护的区域	2
21. 离主要道路的距离	核心区像元距离最近主次干道的平均距离	2
22. 核心区之间的面积	反映核心区之间的隔离程度	2
23. 与最近核心区的距离	反映核心区间的连接度	2
24. 斑块形状	反映核心区边缘与内部的比例，应用 FRAGSTATS 的 SI 指数计算	1
25. 缓冲区适宜度	核心区 300 英尺以内的区域为缓冲区	1
26. 距核心区边缘 10km 以内的森林	反映核心区周边的景观状况	1
27. 距核心区边缘 10km 以内的沼泽	反映核心区周边的景观状况	1

表 2-2　廊道评价参数及权重

参数	参数说明	权重
1. 廊道是否连接了一级核心区	参考核心区生态评价结果	8
2. 廊道连接的核心区等级	同上	4
3. 高地平均阻力	阻力为野生动物通过廊道的行进难度。不同土地类型拥有不同的阻力参考值	4
4. 湿地平均阻力	同上	4
5. 水产廊道平均阻力	同上	4
6. 总面积	将廊道按节点分段计算面积	1
7. 廊道断口数	反映廊道的完整性	4
8. 相交道路数	相交道路数＝一级道路×4+二级道路×2+乡村道路×1+铁路×1	8
9. 缺口区域比例	反映廊道的完整性	2
10. 稀有动植物生存状况	见表 2-1	2
11. 德尔马瓦狐狸松鼠生境面积	见表 2-1	1
12. 成熟与原生植物群落比例	见表 2-1	2
13. 鱼类生物完整性指数（FIBI）	见表 2-1	1
14. 底栖无脊椎动物生物完整性指数（BI-BI）	见表 2-1	1
15. 美洲红点鲑存在度	见表 2-1	1
16. 高地森林内部面积	见表 2-1	1

续表

参数	参数说明	权重
17. 湿地森林内部面积	见表 2-1	1
18. 其他未经更改的湿地面积	见表 2-1	1
19. 森林内部的河流长度	见表 2-1	1
20. 易蚀性土壤面积	见表 2-1	1
21. 距主干道的平均距离	见表 2-1	1
22. 缓冲区适宜度	见表 2-1	2

表 2-3　基于像元的小尺度生态评价参数及权重

参数	参数说明	权重
1. 稀有动植物存在状况	参照当地生物保护数据和生态要素评分表以及像元距离稀有物种距离计算参数值	4
2. 德尔马瓦狐狸松鼠生境	判断像元是否属于德尔马瓦狐狸松鼠生境范围	6
3. 自然遗迹邻近度	按像元与法定自然遗迹区和其他关键区域的距离赋予分值	3~5
4. 土地类型	按土地类型的生态价值赋予分值	4
5. 城市开发区域邻近度	按像元与各城市已开发区域的距离赋予分值	4
6. 偏远度	按像元与各级公路的距离赋予分值	2~4
7. 易蚀性土壤	判定像元是否属于易蚀性土壤	2
8. 自然湿地邻近度	判定像元是否位于自然湿地内或其缓冲区内	4
9. 内部森林	判定像元是否位于森林内部	4
10. 河流邻近度	按像元与各级河流距离赋值	2~6
11. 河流节点邻近度	按像元与河流节点的距离赋值	1

马里兰州的绿色基础设施评价体系关注的核心在于对城市生态用地生态价值的维护和生态过程的保持，具体包括以下几点：

（1）野生动、植物的保护需求。

（2）现存自然资源的价值（包括森林、湿地、流域的生态价值）。

（3）特定区域与大尺度绿色空间系统的有机融合。

（4）绿色基础设施在城乡的生态重要性。

（5）与各层次生态保护政策、规划的协调。

此评价系统全面而综合地反映了主要生态单元和地区的生态系统完整度，动、植物生境质量和生态功能的发挥潜力，其将森林、湿地等自然资源有机结合并纳入绿色基础设施体系的方法尤其值得借鉴。

2.1.2 欧盟 URGE 项目

　　欧盟的 URGE 项目（Development of Urban Green Spaces to Improve the Quality of Life in Cities and Urban Regions）开展于 2001 ~ 2004 年，从属于欧盟第五个框架计划"能源、环境和可持续发展"中的重点行动"明日城市与文化遗产"。该研究项目以提高城市居民生活质量、实现可持续发展为目标，深入探讨城市绿色空间各方面的服务功能，开发出顺应未来城市绿色空间发展需求的综合评价手段，此评价手段包括一套多学科的绿色空间评价指标体系 ICC（the interdisciplinary catalogue of criteria）和两种评价方法，从绿色空间数量特征、质量水平、使用状况和规划、发展、管理水平四个方面分别对城市绿色空间和场地绿色空间的生态功能、社会功能、经济效益以及规划设计水平进行评价（URGE-Team，2004；Stephen et al.，2004）。

　　表 2-4 为 ICC 评价体系中与城市绿色空间生态功能相关性较高的绿色空间数量和质量准则层评价指标，包括评价准则、评价指标、指标含义及评价对象。表 2-5 为偏重于绿色空间的社会及经济功能的绿色空间使用和规划管理准则层评价指标（URGE-Team，2004）。数量和质量指标的评价方法以定量为主，包括利用地图数据和问卷调查形式进行指标的计算或统计，而使用状况和规划管理水平指标则多以是非问题进行评估。

表 2-4　欧盟 URGE 项目 ICC 绿色空间数量与质量评价指标体系

类型	评价准则	评价指标	指标含义	评价对象
数量	绿色空间面积	绿地率	绿地面积与总用地面积之比	市域
		绿地面积	绿地面积（m²）	场地
	破碎度	平均形状指数	多个斑块宽度与周长比的均值	市域
	边缘效应程度	形状指数	斑块宽度与周长比	场地
	隔离度	平均斑块距离	最近邻斑块距离	市域、场地
	连接度	绿地连接数量	连接绿地间的景观元素数量	市域、场地
	土壤封盖度	非渗水表面比例	非渗水表面占总用地的比例	市域、场地
	绿色空间的供应	人均绿地面积	城市绿地面积与总人口之比	市域
	绿色空间可达性	可达绿地比例	步行 500m 可到达的绿地比例	市域
	内外部整合性	实施绿地系统整合的文件是否存在及其有效性	城市相关政策是否有效采纳了绿地系统理念，不同行政区是否存在绿色系统的协调	市域
		绿地是否纳入城市绿地系统	是否存在相关规划文件将特定绿地纳入城市绿地系统	场地

续表

类型	评价准则	评价指标	指标含义	评价对象
质量	物种多样性	鸟类与维管植物数量	收入名录的鸟类与维管植物总种数	市域
		濒危动植物数量	IUCN 中涉及的五类濒危动植物数量	市域、场地
		外来物种数量	外来动植物物种数量	市域、场地
	生境多样性	城市生境数量	基于植被结构的生境数量	市域
	表面干扰度	表面损坏绿地比例	地表植被严重破坏区域占绿地面积比例	场地
	自然度	外来种比例,乡土种与保护种比例	外来种比例越高,自然度越低;乡土种和保护种越高,自然度越高	场地
	受保护程度	受保护的绿地比例	受保护绿地占城市绿地比例	市域
	对自然、文化遗产的保护度	用于保护自然、文化遗产的绿地比例	用于保护自然、文化遗产的绿地占城市绿地的比例	市域
	空气质量	污染物最大浓度或超过排放阈值的天数	SO_2,CO,NO_2,O_3,灰尘颗粒和烟雾的最大浓度或超标天数	市域
	污染程度	土壤污染和质量	绿地土壤中污染物含量程度	场地
		空气质量	绿色空间 SO_2,CO,NO_2,O_3,灰尘颗粒和烟雾的浓度与绿地外浓度比较	场地
		水质	绿色空间中水体的各种污染物浓度	场地
		噪音消减量	绿地中央的噪声分贝值与绿地外围噪声分贝均值的比较	场地
		城市侵扰度	500m 范围内的工业以及交通影响程度	场地
	调节效应	植被体积	绿色空间森林(单一树木除外)体积	场地
		正午阴影区面积比例	12~16 时绿色空间地面阴影区域面积占总面积比例	场地
		风速调节程度	绿地中心风速与外围风速比较	场地
	城市标志	城市发展与绿地政策的关系	是否存在政策文件联系城市绿地系统与城市标志	市域
		市民对城市总体绿色空间重要性的看法	市民认为绿色空间对城市的总体形象是否重要	市域
		绿地中举办的重要活动	大型节庆、展览、音乐会等活动在绿色空间举办的次数	市域
		城市宣传中绿色空间的使用程度	宣传城市的海报、网站、广告中是否利用了绿色空间	市域

类型	评价准则	评价指标	指标含义	评价对象
质量	美学	市民对绿地美学价值的看法	市民对绿地的外观和美感是否满意	场地
		房屋增值程度	每平方米的房价或租金与同类房产相比增高多少	场地
	文化	绿地规划管理中对文化元素的识别	是否在绿色空间中进行过文化相关研究;是否在绿地的发展政策或设计中纳入了文化元素	场地
	本土标志	市民对场地绿色空间重要性的看法	市民认为该场地绿色空间对本地的形象是否重要	场地
	对绿色空间益处的认知程度	绿色空间开展的健康活动	与绿色空间相关的健康活动是否存在	场地
		居民对绿色空间的看法	居民认为绿色空间作为改善身心健康的场所,其质量是否合格	场地

表 2-5　欧盟 URGE 项目 ICC 绿色空间使用及规划管理水平评价指标体系

类型	评价准则	评价指标	评价对象
使用状况	服务范围	单位面积绿地的潜在使用人口	场地
	可达性	绿色空间的入口数量;前往绿色空间的交通方式;停车场数量;通往建成区的公交数量和频率;入口是否存在障碍	场地
	休闲	居民使用绿色空间的频率;使用形式;不同使用形式的重要程度	市域
		居民活动内容、使用形式;居民认为绿色空间是否适用;使用频率、使用时间;逗留时间;设施是否完善	场地
	运动设施	绿色空间系统中运动场的数量和类型;专业体育运动设施比例	市域
		是否作为运动场所;运动场的数量和类型;儿童游乐设施状况;不同类型路面质量	场地
	生活策略	绿色空间的社交功能;与日常活动的相关程度;绿地作为休闲场所的重要性	场地
	社会和谐度	使用者的多样性;是否缺少维护;是否有种族歧视因素;是否存在应对措施	场地

类型	评价准则	评价指标	评价对象
使用状况	安全性	绿色空间中发生的罪案数量、类型、占城市罪案比例；限时开放的公园比例；公众对绿色空间中罪案的恐惧程度	市域
		保安巡逻状况；年罪案量；罪案类型；居民对绿色空间内罪案的恐惧程度；阻止犯罪的社团工作	场地
	使用冲突	使用冲突是否存在及存在程度	场地
	多功能	永久功能数量；临时功能数量；永久功能的履行频率；临时功能的履行频率	场地
	社区活动政策	是否存在政策鼓励家庭或社区于绿色空间开展活动	场地
	教育功能	学生在绿色空间中受教育的时间；学习的科目；学校花园的数量；环保研习路径数量	市域
		是否使用绿色空间进行课程学习；是否使用绿色空间进行课外活动；学校与绿地提供者的合作；网络教育信息的提供；主题研习路径的提供	场地
	替代作用	居住不同类型房屋的人口比例	市域
		服务区域内居住不同类型房屋的人口比例；对公共绿色空间依赖的人口比例；游客收入状况	场地
	生产	绿色空间的产品数量及类型；绿色空间的利润占城市总利润比例；能源开发	市域
		绿色空间的产品数量及类型；单位面积生产量、单位面积生产利润	市域
	就业	单位面积绿地提供的岗位；绿色空间岗位薪水总额；资源开采度；资源开采计划是否存在	场地
		单位面积绿地职位数量；每千人游客对应的绿地职位	市域
规划、发展及管理水平	城市绿地政策及法律背景	国际法律对绿色空间规划及管理的影响程度；本国法律对绿色空间规划及管理的影响程度	市域、场地
	规划文件	规划文件对绿色空间规划及管理的影响；各类型绿色空间规划指引是否存在	市域
	绿色空间的美学及文化	绿色空间规划设计是否纳入美学和文化元素	市域
	市民对绿色空间规划管理的参与度	市民是否参与绿色空间规划和管理文件编写进程；市民是否参与绿色空间的管理	市域、场地

续表

类型	评价准则	评价指标	评价对象
规划、发展及管理水平	社区归属感	居民对绿色空间的个人情感联系程度	场地
	纳入本地"21世纪议程"	是否将绿色空间纳入"21世纪议程"规划	市域、场地
	绿色空间规划与其他规划的结合	城市规划和绿色空间规划的结合度	市域、场地
	管理责任	决策制定的效率；绿色空间规划管理人员的数量和经验	市域、场地
	与私人绿地的结合	私人绿地的资料清单是否具备；将私人绿地纳入城市绿地系统的规划文件是否具备	市域、场地
	政府部门重视度	政府向单位面积绿色空间投入的资金；绿地相关公共支出占环保支出的比例；绿地对街区发展和城市绿色空间结构的重要性	场地
	城市绿色空间预算	占城市预算比例；每一个绿地岗位的预算；单位面积绿地开发预算；单位面积绿地维持预算；单位面积绿地修理及管理预算	市域
		每年门票收入；各类型收入状况；每年单位面积绿地的总支出；单位面积绿地维持支出；单位面积绿地修理及管理支出；是否受资助；资助决策的公众参与度	场地
	增收活动	利用绿色空间增收的活动；经济活动的类型	市域、场地
	集资能力	政府为城市绿色空间集资的能力	市域
	可持续的垃圾治理	城市绿色空间政策与垃圾治理计划的协调	市域、场地

URGE 项目提出了两种评价方法：PFAM（多功能评价法）和 FLAG（旗帜法）。两种方法均基于 ICC 绿色空间评价指标体系，评价城市绿色空间系统或单个绿色空间在数量、质量、使用状况以及规划管理水平等方面是否需要改进。

PFAM 评价法应用步骤如下：

（1）根据 ICC 指标要求搜集评价对象相关数据，进行绿色空间各项指标计算。

（2）根据评价对象的实际状况，设定每项指标在准则层下的权重。

（3）将每项指标进行数量分级，ICC 已提供分级参考。

（4）确定指标每一级对准则层的影响系数（0~7）。

（5）计算指标绝对值，获得其影响系数。

（6）用指标权重乘以指标影响系数，获得指标得分。

（7）计算指标得分之和，获得准则层得分。

（8）按准则层最大和最小值范围将其分为五个等级，确定每个指标从属的等级以及规划等级，分析指标中所蕴含的绿色空间属性是否需要改善。

FLAG 评价法应用步骤如下：

（1）根据 ICC 指标要求搜集评价对象相关数据，进行绿色空间各项指标计算。

（2）将指标分为效益指标和成本指标，效益指标值越高越好，成本指标值越低越好。

（3）确定每一个指标的理论临界值（最小值、中值和最大值）。

（4）指标以及阈值确定后，进行指标判定，对于效益指标来说，若指标高于最大值，则赋予指标绿旗，意味着指标所反映的绿色空间状态良好，应保持；若指标低于最小值则赋予指标黑旗，意味着绿色空间质量恶劣，需要改善。黄旗和红旗则分别表示绿色空间质量值得注意以及有改善的必要。所有指标获得旗帜之后，统计各种颜色旗帜的数量，判断绿色空间的综合水平。

两种评价法各有特点，PFAM 的应用可在 URGE 提供的 Excel 表中进行，所需计算过程稍复杂，除了获得每个指标的分值之外，还可判定准则层分值，对绿色空间综合状况进行定量评估；FLAG 配备了相应的软件，操作比较简单，但是对于每一个指标的优劣阈值判定仍需丰富的经验和相关理论资料结合评价区域实际状况作为依据。

总的来说，URGE 项目为城市绿色空间的评价提供了一套系统方法，它以改善城市环境和提高居民生活质量为目标，注重绿色空间的质量、使用功能以及规划、管理水平，指标体系涵盖环境、社会、经济、人文等方面，全面而详尽，对城市绿色空间评价有较大的参考意义。但鉴于欧洲国家与我国经济社会体制、人口资源条件、技术人员配备等情况的差异，我国的绿色空间评价可结合国情适当借鉴 URGE 项目的研究成果（陈春娣等，2009）。

2.2　国内城市生态用地空间结构评价

近年来，国内学者针对城市生态用地空间结构评价进行了探索性研究，研究重点集中在城市绿地和水体等典型生态用地类型。

2.2.1　城市绿色空间结构评价

近年来，城市绿地景观格局特征研究与评价一般贯穿于城市化进程中的景观格局时空演变研究之中，以遥感和 GIS 技术支持，通过景观指数将城市绿地格局进行指标式定量分析，从而达到对城市绿地特征定量的认识，探讨城市绿地格局演变的驱动因子，提出优化城市绿地、改善城市生态功能的建议（尹海伟和孔繁花，2005；Liu et al.，2006；谭丽等，2008；熊春妮等，2008）。周亮和张志云等（2006）应用梯度分析与景观指数相结合的方法，评价了 2004 年北京城市绿地系统沿东西和南北两条城市扩展轴分布的空间格局；Zhang 和 Wang（2006）通过景观指数和网络分析结合的方法，评价了城市绿廊的完整性和连通性，并依此设计出绿地廊道的建设方案作为城市绿地规划的依据。

我国的城市绿地量化评价指标主要沿用 1993 年建设部发布的城市绿地规划建设三大指标：人均公共绿地面积、城市绿化覆盖率和城市绿地率（陈春娣等，2009）。如果仅以此三项基本指标对城市绿色空间进行评价，难以把握绿地格局与功能方面的特征。因此有学者针对此问题对城市绿色的多重综合指标进行了研究。荣冰凌等（2009）设计了涵盖城市绿色空间数量特征、布局结构、社会功能和生态功能四个方面的综合指标体系，其中绿色空间景观格局指标涉及绿地斑块破碎度、聚集度、连接度以及景观可达性，物种组成格局指标涉及绿化率、人均绿地面积、生物丰富度、乡土物种比例等，指标获取方法以遥感影像为基础，并结合绿地调查和统计年鉴，主要依托 ArcGIS 空间分析和 Fragstats 景观格局分析手段进行分析。刘滨谊和姜允芳（2002）对中国城市绿地系统指标体系进行了研究，其指标体系中涉及绿色空间结构的指标包括：绿地系统的连续性；绿地可达性；绿地廊道宽度与连通性；绿地斑块形状、面积；绿地空间景观多样性；城市绿地与周边或外界绿地的关系；城市绿地的区位；绿地空间的绿地及其他用地比例；绿地空间的郁闭度；群落树种配置；垂直绿化、立体绿地及屋顶绿化规划定量指标。

2.2.2　城市水体空间结构评价

王宪礼等（1997）选取了景观多样性指数、优势度指数、均匀度指数、景观破碎化指数、斑块的分维数和聚集度指数六个指标，利用遥感、GIS 手段对辽河三角洲湿地景观的格局与异质性进行了研究。丁圣彦和曹新向（2004）选取了斑块数量、斑块面积、斑块密度、平均斑块分维、优势度指数和景观连通性指数六个指标，借助历史资料和地理信息系统技术，对清末以来开封市水域景观格局的演变进行了分析。徐慧等（2007）运用景观生态学关于廊道与网络的分析方法，将河流与水系看做水景观元素中的廊道和网络，选取廊道长度和宽度、廊道曲度、廊道连通性、廊道的宽长比、廊道的周长面积比、廊道非均匀度和间断等河流廊道指标和连通度、环通度、廊道密度等水系网络指标，通过计算和比较水系规划前后指标值的变化，反映河流结构和水系网络特征的变化情况，评价水系规划的科学性和合理性，揭示水系规划在改善城市河流廊道的空间结构和提高水系网络的连接度方面的景观生态学本质，并以太仓市水系规划为例进行了研究。黄奕龙等（2008）应用深圳市1982年和2002年的二期水系详查图，选取了水系长度、密度、分枝比、分枝能力和分维数等指标，定量分析了城市化对水系结构的影响。岳隽等（2005）从景观生态学的角度出发，结合城市河流的特点，提出了综合的、景观水平上的城市河流研究的概念框架，特别针对景观生态学研究的核心问题，对城市河流的研究尺度、格局分析、干扰程度等方面进行了详细论述。

近年来，城市水空间形态规划日益引起规划工作者的重视（农英志，1999）。城市规划法律、法规层面对城市水体利用和保护的要求也不断提高。2005年建设部颁布的《城市规划编制办法》明确要求在编制城市规划时应划定绿线、蓝线和紫线，强调了三线管理在城市规划管理工作中的重要性。2005年年底，建设部颁布《城市蓝线管理办法》，旨在加强对城市水系的保护与管理，保障城市供水、防洪防涝和通航安全，改善城市人居生态环境，提升城市功能，促进城市健康、协调和可持续发展。然而，关于城市蓝线划定一直没有相关的技术规范出台，城市蓝线划定的技术和方法成为亟待研究和探讨的课题。2009年，为进一步加强水体和水系空间的保护和利用，指导各地水系利用和保护规划的编制，保证城市水系综合功能持续高效的发挥，促进城市健康发展，住房和城乡建设部批准发布了《城市水系规划规范》（GB50513—2009）。城市水系规划将成为城市规划中的一项强制性内容，同时对相应的技术方法和标准的需求也非常迫切。

2.3 城市生态服务功能评价研究

生态系统服务功能是指生态系统和生态过程所形成、所维持的人类赖以生存的自然环境条件与效用（Daily，1997），它不仅包括各类生态系统为人类所提供的食物及其他工农业生产的原料，更重要的是支持与维持了地球的生命支持系统，如维持大气化学的平衡与稳定，维持生命物质的生物地球化学循环与水文循环，维持生物多样性，净化环境等。类似于其他生态系统类型，城市生态用地的服务功能根据千年生态系统评估框架（MA）可分为四大类，包括产品提供功能、调节服务功能、生命支持功能和文化服务功能（表2-6）。

表 2-6　生态系统服务功能内容

序号	生态系统服务功能	功能组成
1	产品提供	食物与纤维，燃料，遗传资源，生物化学物，天然药物，装饰与观赏资源，淡水资源
2	调节服务	空气质量维持，气候调节，水文调节，水土保持，水净化，人类疾病的调节，生物控制，传粉，风暴的防护
3	生命支持功能	初级生产，空气中氧气维持，土壤形成与保持，维持生物地球化学循环与水循环，提供生物生境
4	文化服务	文化多样性，精神与宗教价值，知识体系，教育价值，灵感与启智，审美，社会联系，文化遗产价值，游憩和生态旅游

2.3.1　产品提供功能及其评价

1. 提供水资源

提供水资源功能一般根据水资源的功能使用对象、领域以及水资源在某地区的丰缺程度来衡量。国内通常根据《水功能区划》和《各类环境敏感区一览表》，结合《生态功能区划暂行规程（2003）》，将具有不同功能的水资源赋值，来确定重要性程度。

2. 提供农田产品

提供农产品和轻工业原料来源是农田生态系统的主要服务功能。评价农田提供产品的功能一般采用市场价值法，将农作物经济产量转换为农作物生物量（李文华等，2002）。另外，《基本农田划定技术规程》中基于各类型农田的功能、作用与发展目标，规定了应当纳入基本农田、优先纳入基本农田和禁止纳入基本农田的农地类型，此标准可以作为农田划分的重要依据。

2.3.2　调节服务功能及其评价

1. 营养物质保持

营养物质保持功能通常通过非点源污染调节情况来反映，由于非点源污染变化的复杂性和随机性不易被直观认识，建立非点源污染数学模拟成为研究非点源污染的重要手段。常采用多因子综合分析的方法，综合考虑影响污染物流失的主要因子，对各因子分级赋值，最后用数学关系综合成一个多因子判别模型。如 Lemunyon 等建立的农田、小流域尺度磷流失综合指数，Petersen 等建立的应用于较大区域尺度的 APPI 指数系统等（周慧平等，2005）。从近期的发展趋势看，水质数学模型正朝模块组合的大型集成系统方向发展。大多数水质模型都包括水文、土壤侵蚀和污染物迁移转化等多个子模型，而这些模型多数是从基本的 USLE 模型改进而来的。目前对非点源污染的模型研究较多采用 M- USLE（modified USLE）模型。M-USLE 是 USLE 模型的简化模型，其优势在于减少了对有关参数数据量的要求，适合运用于数据较少的大区域研究，而且便于与商业 GIS 软件协同运作（Sivertun et al.，2003）。

2. 调节地下水水质

研究人员研究流域范围地下水污染时，比较好的方法是采用地理信息系统来管理大量的历史数据和资料，并与专业模型相结合做一些宏观的预测和研究（Dennis，1998；Tim，1996）。其中，DRASTIC 模型被广泛运用于评估地下水潜在污染的脆弱性。DRASTIC 模型在国外已经广泛地应用在农药和硝酸盐污染风险评价，并在非洲和美国、以色列等地获得了满意的效果（董亮，2002）。在地下水水质保护重要性地区的识别与确定方面，《饮用水水源保护区划分技术规范》中对地下水饮用水源保护区的划分规定是重要的参考依据。

3. 土壤保持功能

通用土壤流失方程 USLE 作为早期简单的土壤侵蚀模型，经过不断的修正和改进依然是当今应用最为广泛的土壤侵蚀模型之一。其参数相对简单且易于获得，当采用 GIS 来执行时，可以用于大区域的土壤侵蚀研究。同时，将 USLE 用来评估土壤侵蚀也是国家环境保护部在《生态功能区划暂行规程（2003）》中推荐使用的一种方法。

4. 水文调蓄

葛小平等（2002）、刘仁义和刘南（2001）以数字高程模型（DEM）为基础，将三维立体地形和二维 GIS 技术相结合，尝试把三维地形能够较真实地反映地形地貌要素和二维 GIS 技术中矢量栅格一体化的空间分析功能这两大优势运用到洪水淹没范围的模拟研究中，采用分区平面模拟方法模拟淹没范围，能够更准确、科学地确定和模拟洪水淹没范围。俞孔坚（2005）在《反规划》中对洪水调蓄及防洪安全重要性运用径流强制性溢出模型进行了模拟分析，确定不同安全水平的潜在调洪湿地区。这种方法可以模拟得到不同安全水平如 50 年、20 年和

10 年一遇的洪水淹没潜在调洪湿地区，且可行性较大，比较容易实现。水文调蓄重要地区可通过洪峰水位、洪水频率及再现期等因素进行划分，划分标准可参考国家《防洪标准（GB50201—94）》；而河流、湖泊、水库、湿地等对城市内涝调蓄的作用近年来研究较多，具有调蓄功能生态要素的分布，为防洪调蓄重要性的划分奠定了基础（王慧玲等，2003）。

5. 水源涵养

生态系统通过截留降水、抑制蒸发、增强土壤的下渗、缓和地表径流以及增加降水等方式实现水源涵养。区域生态系统水源涵养服务功能的重要性在于整个区域对评价地区水资源的依赖程度以及洪水调节作用。本研究主要选取地貌类型、植被类型和降雨量作为重要性的评价指标（李艳春，2011）。国家《生态功能区划暂行规程（2003）》根据评价地区在对区域城市流域所处的地理位置，以及对整个流域水资源的贡献来评价，将评价地区分为城市水源地、农灌取水区以及洪水调蓄区，再根据地区的气候湿润程度确定各类型地区水源涵养的重要性。

6. 海岸带防护

海岸带防护功能评价集中于海岸自然脆弱性研究领域。Thieler（2000）等选取了地貌、海岸坡度、相对海平面上升率、海岸线侵蚀或堆积率、平均潮差和平均波高六个脆弱性评价变量，计算出海岸脆弱性指数。张伟强等（1999）在评价海平面上升对广东影响的综合模型中增加了抗灾能力指数，使脆弱性评价中增加了人类采取海岸管理减轻海岸脆弱性的度量。国家《生态功能区划暂行规程（2003）》中对海岸带防风暴潮区进行了级别划分，划分依据为海岸带地区用地功能类型、潮水再现期及抗风标准，同时，该技术规程将海岸侵蚀区、海洋多样性保护区、海洋资源保护区、地下水资源保护区也纳入重要海岸带保护区域，全面考虑海岸生态系统综合的生态服务功能。

7. 防风固沙

防风固沙功能的重要性评价较多基于土地沙化敏感性开展研究，国家《生态功能区划暂行规程（2003）》中用湿润指数、土壤质地及起沙风的天数等来评价区域沙漠化敏感性程度。刘淑珍等（2002）基于此评价标准对甘肃省土地沙漠化敏感性进行了评价，绘制了土地沙漠化敏感性单因素地图和综合评价图。范建荣等（2003）根据区域沙漠化敏感性与沙漠化程度及其对人类生命安全、农田和草场损失、基础设施（交通、水利设施等）、环境等所构成威胁程度的轻重，划分不同沙漠化控制等级。

2.3.3 生命支持功能及其评价

1. 维持碳循环

Leemans 等曾将陆地碳循环模型的发展分为三个阶段（耿元波等，2000），第一阶段的碳循环模型是碳平衡模型（Leemans，1995），例如，Esser 于 1987 年提出的 OBM 模型（Esser，1987）。这类模型根据陆地生态系统的分类，模拟各类生态系统的净初级生产力（NPP），并从实测数据分析不同生态系统类型的碳密度。第二阶段的陆地碳循环模型是在地理空间数据库基础上，通过植被—气候关系模拟陆地潜在的植被分布，从而预测气候变化对陆地碳平衡的动态影响，例如，CASA 模型（Potter，1993；Potter，1994）。模型发展的第三阶段是模拟生物地球化学循环的动态和机理过程，并将植被组成与结构变化及土地利用和土地覆盖变化（LUCC）等影响引入到模型中，预测全球变化情景下陆地碳循环的动态，例如，Melill 发展的 TEM 模型（Walker，1994）。Nelson（2009）研发的 InVEST 模型可以计算出共有多少碳储存和碳储存的地区、碳储存量增长或下降的机制，并了解如何改变土地使用来影响碳含量随时间的变化，模拟结果直接对城市土地利用规划提供参考。后两个阶段主要以动态模型为主。国内有关区域尺度的碳循环模型报道不多（汪业勖，1998），而且多是静态模型（王绍强，1999）。

2. 生物多样性保护

生物多样性包括生态系统多样性、物种多样性和遗传多样性。国内外相关研究侧重在生态系统多样性和物种多样性两方面。朱万泽等（2009）设计了由植被景观多样性指数、自然保护区多样性指数、基于生态系统类型的物种多样性指数、国家保护植物多样性指数和国家保护动物多样性指数五大指标构成的区域生物多样性综合评价指标体系及其计算公式，并以县域为评价单元，开展了长江上游生物多样性综合评价。李倦生等（2009）在对湖南省生物多样性现状进行调查的基础上，采用包括物种丰富度、生态系统类型多样性、植被垂直层谱的完整性、物种特有性、外来物种入侵度五个评价指标的生物多样性综合评价方法，以县（区）为单位，对湖南省 125 个县（区）进行了生物多样性评价。

2.3.4 文化服务功能

1. 文化遗产保护功能

城市文化遗产景观重要性评估涉及的环境要素众多，结构复杂。自 20 世纪

90 年代以后，欧美国家开始尝试将 GIS 技术与文化遗产景观研究相结合，UNESCO 应用 GIS 在东南亚作了一些文化遗产景观的风险评估研究（保罗·鲍克斯，2001）。近年来，国内学者也开始将 GIS 应用于城市历史街区（胡明星，2002）、历史文物管理等方面（曾群华，2004）。李凡（2008）从城市文化遗产景观所处背景环境和存在状况两个角度，构建城市文化遗产景观风险性评估体系和评估模型，应用 GIS 开发佛山历史文化地理信息系统，并实现城市文化遗产景观风险性的评估功能。俞孔坚（2005）在《反规划》中运用最小阻力面模型进行评价对台州文化遗产景观重要性安全格局进行了模拟分析，确定出不同安全水平的重要性安全格局。李艳春（2011）根据区域内各类自然与人文景观的分布，以其级别作为重要性分级，然后依据计算自然与人文景观的密度分布，归一化处理自然与人文景观密度和自然与人文景观重要性两个指标进行双因子叠加，得到整个研究区域自然与人文景观保护重要性。

2. 视觉景观功能

视觉景观维持功能多集中于城市设计过程中对城市景观要素的保护要求，包括高度控制、强度控制、建筑形式与色彩控制等。国内城市设计中关于视觉景观功能通常注重三个原则（徐娱辉，2007）：自然主导原则，应突出强化城市特有的山水自然格局，注重自然因素对城市轮廓线构成要素所产生的决定性影响，并维持其主导地位；和谐性原则，城市轮廓线各构成要素应作为一个统一整体，彼此和谐共存，不应为追求某单一要素的"夺目"而牺牲轮廓线的整体性；特色性原则，城市设计应细化城市轮廓线的个性特征，提高其可识别性。

2.4 小　　结

综上所述，目前国内外在城市生态用地空间结构评价方面进行了广泛研究，特别是国外已经形成了针对城市生态用地空间结构的评价体系。生态用地空间结构评价的一般思路：选取特定城市—确定评价指标—分析城市生态结构特征—提出优化策略。我国的研究重点集中在城市绿地和水体等典型生态用地的评价指标方面，在城市生态用地空间结构与生态服务功能的相互关系、以功能为导向的城市生态用地空间结构评价和优化等方面的研究还比较少。关于城市生态服务功能评价方面，已有研究多集中在单项生态服务功能，当前需要探讨一套科学的生态服务功能重要性评价体系，把生态服务功能保护理念纳入现代城市规划之中。

第3章 中国典型城市生态用地空间结构研究

城市空间结构研究是城市地理学与城市规划学研究的核心内容，而关于城市生态用地空间结构的研究目前主要集中在两个方面：一是基于可持续发展为目标的生态城市研究，二是基于以景观生态学为基础的城市景观空间格局研究。本章借鉴城市空间结构研究成果，通过分析我国100多个大型城市的生态用地空间布局，总结提出城市生态用地空间结构，并提出各种模式的生态空间发展策略。

3.1 研究目标

借助景观生态学的基本原理和城市空间结构分析方法，对我国城市生态空间结构的特征进行归纳分析，推导出可持续的城市生态用地空间结构模式，为城市空间布局提供生态规划指引。

3.2 研究对象的确定

本研究选取的对象以我国特大型和大型城市为主，主要城市包括直辖市、省会城市和人口为100万人以上的城市。经过资料收集和筛选，确定研究城市104个，其中直辖市4个，省会城市27个，其他人口为100万人以上的城市73个（表3-1）。本章涉及各个城市规划，资料均来自于相应总体规划。

表3-1　特大城市一览表

城市分类	城市名称	数量/个
直辖市	北京、上海、天津、重庆	4
省会城市	广州、长春、成都、福州、贵阳、海口、杭州、合肥、济南、昆明、兰州、南昌、南京、南宁、太原、武汉、西安、银川、西宁、郑州、沈阳、石家庄、哈尔滨、呼和浩特、拉萨、乌鲁木齐、长沙	27

续表

城市分类	城市名称	数量/个
人口100万人以上城市	唐山、大连、淄博、吉林、六安、烟台、贵港、南阳、随州、徐州、泰安、商丘、洛阳、鞍山、台州、齐齐哈尔、遂宁、淮安、青岛、无锡、常州、苏州、襄樊、宁波、莆田、临沂、南充、枣庄、阜阳、淮南、包头、宿州、泸州、内江、大同、厦门、亳州、抚顺、佛山、东莞、湛江、深圳、汕头、镇江、抚州、鄂州、济宁、资阳、湖州、邯郸、永州、绵阳、信阳、潍坊、中山、常德、菏泽、温州、江门、益阳、莱芜、广安、天水、钦州、茂名、日照、大庆、赤峰、乐山、扬州、荆州、巴中、宜昌	73

3.3 研究思路

首先对收集到的城市按自然地貌类型划分为平原、丘陵、山地、盆地、高原、海滨城市六大类，在此基础上结合城市空间结构的集中型、带形、组团型三种形态进行分类，借助景观生态学"斑块–廊道–基质"模式分析城市生态用地空间结构，进而总结集中型、带形、组团型和海滨城市生态用地空间结构模式。

3.3.1 城市群体类型的划分

城市群体按地貌类型划分，如表3-2所示。

表3-2 城市按地貌类型划分一览表

城市类型	城市名称	数量/个
平原	北京、长春、成都、杭州、合肥、济南、南昌、南京、南宁、太原、武汉、西安、银川、郑州、沈阳、石家庄、哈尔滨、唐山、吉林、南阳、徐州、泰安、商丘、洛阳、齐齐哈尔、淮安、无锡、常州、苏州、临沂、襄樊、枣庄、阜阳、淮南、包头、宿州、大同、佛山、东莞、镇江、鄂州、湖州、信阳、潍坊、济宁、邯郸、常德、菏泽、莱芜、茂名、大庆、赤峰、扬州、荆州	54
丘陵	长沙、淄博、六安、鞍山、中山、江门、抚州、益阳、永州、宜昌	10
山地	重庆、福州、呼和浩特、贵港、随州、遂宁、南充、泸州、内江、巴中、抚顺、资阳、绵阳、广安、乐山	15
盆地	兰州、乌鲁木齐、西宁、天水	4
高原	贵阳、昆明、拉萨	3
滨海	上海、天津、广州、海口、大连、烟台、青岛、宁波、厦门、亳州、湛江、汕头、钦州、日照、莆田、温州、台州、深圳	18

3.3.2 城市空间结构分类

我国特大城市空间结构按其城市形态特征可分为集中型、带型、组团型三种结构形态，结合海洋地貌特征增加滨海城市空间结构类型。

1. 集中型结构

集中型结构主要指城市建设用地集中成片聚集，形成块状城市形态。城市空间结构特征呈块状，城市建设用地以近地域扩展为主。从地理分布特征来看，多数城市处于平原地带，少量处于丘陵、河谷地形（表3-3）。

表3-3 集中型城市空间结构一览表（陆地）

平原				山地
北京	西安	南京	临沂	贵港
太原	常德	苏州	阜阳	六安
东莞	商丘	菏泽	郑州	
成都	石家庄	沈阳	信阳	

平原				山地
淮安	齐齐哈尔	泰安		

2. 带型结构

带型结构主要指城市建设用地沿山谷、河流线性集聚，形成带状城市形态。城市空间结构特征呈带状，城市建设用地以轴向扩展为主。从地理分布特征来看，多数城市处于中西部地区丘陵、山地、盆地以及平原地带（表3-4）。

表3-4 带型城市空间结构一览表（陆地）

平原	山地	丘陵	盆地	高原
济南	绵阳	宜昌	兰州	拉萨
镇江	南充	永州	天水	
荆州	随州		西宁	

平原	山地	丘陵	盆地	高原
武汉			呼和浩特	

3. 组团型结构

组团型结构主要指城市建设用地受自然地形的分割或城市功能的划分而形成的组团状城市形态。城市空间结构特征呈簇团状，城市建设用地以飞地式扩展为主。从地理分布特征来看，多数城市处于平面、丘陵、山地地带（表3-5）。

表3-5　组团型城市空间结构一览表（陆地）

平原			山地		丘陵	高原
扬州	佛山	唐山	重庆	长沙	抚州	昆明
宿州	鄂州	南阳	福州	鞍山	江门	贵阳
长春	邯郸	吉林	资阳	淄博	益阳	
无锡	银川	徐州	遂宁			

续表

平原			山地	丘陵	高原
洛阳  	杭州 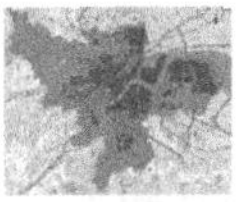 	常州  	泸州 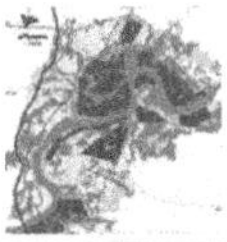 		
哈尔滨 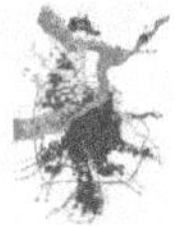 	南昌 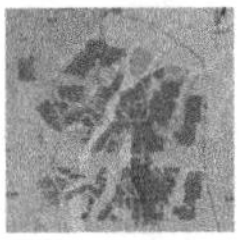 	大庆  	内江  		
枣庄  	济宁  	南宁 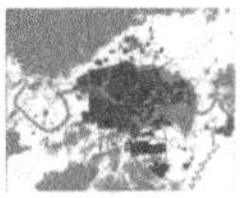 			
包头  	湖州 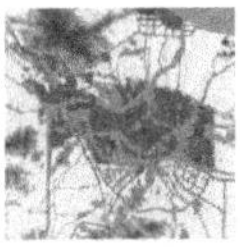 	莱芜 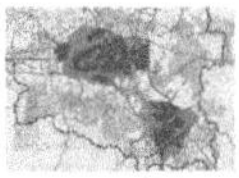 			

4. 滨海型

海滨城市结构按海湾形态分为半圆剧场型、河谷海湾谷地、半岛、河口四种城市形态。城市空间结构特征大多以组团型结构为主,城市建设用地以轴向扩展和飞地式扩展为主。从地理分布特征来看,多数城市处于海滨地带(表3-6)。

表3-6 滨海城市空间结构一览表(滨海)

结构类型	半岛	河口	半圆剧场型海湾	河谷海湾谷地
集中型结构	大连 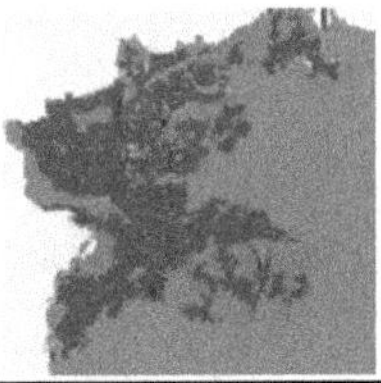	上海 	天津 	日照 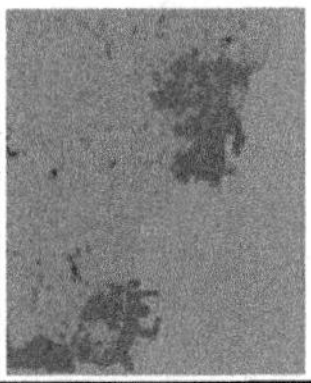

结构类型	半岛	河口	半圆剧场型海湾	河谷海湾谷地
带型结构	莆田	台州	海口	
组团型结构	厦门	宁波	青岛	
	湛江	汕头	深圳	
	温州	钦州		

3.3.3 城市生态用地的空间结构特征

针对我国城市空间结构的集中型、带型、组团型和滨海城市形态分类，城市生态结构中"斑块—廊道—基质"的组成要素各异。具体特征如表3-7所示。

表 3-7　我国城市生态结构特征一览表

城市空间结构类型	城市生态结构特征		
	生态斑块	生态廊道	生态基质
集中型	位于城市建设用地的内部，以城市公园为主，面积较小，形状较规整	生态廊道缺乏，以河流水系、生态防护绿地为主，廊道的连接度不高，宽度较窄	生态基质以农田、山体为主，连接度低，边界形状单一
带型	位于城市建设用地范围内，以城市公园、农田为主，面积较小，以块状、条状为主	生态廊道较为丰富，以河流水系、生态防护绿地为主，廊道的连接度较高，廊道宽度大小不一	生态基质比较丰富，以山体、河流为主，连接度高，边界形状多样
组团型	位于城市建设组团之间，以城市公园、农田、山体为主，面积较大，以不规则形状为主	生态廊道较为丰富，以河流水系、生态防护绿地为主，廊道的连接度最高，廊道宽度最大	生态基质比较丰富，以山体、河流、湖泊、农田为主，连接度高，边界形状多样
滨海型	位于城市建设组团之间，以山体、农田、城市公园为主，面积大小不一，以不规则形状为主	生态廊道较为丰富，以河流水系、生态防护绿地为主，廊道的连接度高，宽度大小不一	生态基质比较丰富，以大海、山体、农田为主，连接度高，边界形状多样

3.4　集中型生态用地空间结构

3.4.1　生态用地空间模式

集中型生态用地空间模式主要由生态廊道与生态斑块的关系决定，大体可以分为点轴模式、环楔模式两种。

1. 点轴模式

主要通过河流水系廊道、道路或市政生态防护绿地廊道与城市建设用地内部的水域斑块、公园斑块连接，与外围地区农田、林地等生态基质形成完整的生态网络（图 3-1）。

2. 环楔模式

主要通过在城市建设用地内部构建大型生态绿环，同时生态绿环与外部地区生态基质之间有大型的生态廊道衔接，城市建设用地内部通过步行绿道衔接水域斑块、公园斑块，从而与环楔绿地共同构成不同层次和体系的生态网络（图 3-2）。

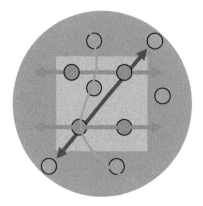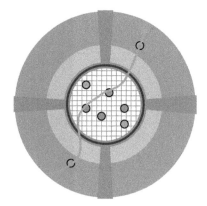

图 3-1　集中型生态用地空间点轴模式　　图 3-2　集中型生态用地空间环楔模式

3.4.2　典型案例分析

1. 点轴模式——南京

南京的点轴模式主要以玄武湖、老城为中心，以线性的长江、秦淮河、道路生态防护绿地廊道衔接城市内部的公园绿地，生态廊道和斑块主要发挥着休闲游憩功能，生态廊道的宽度大小不一，相互之间的连接度较高。生态斑块的规模不大，但区域位置都十分重要，斑块形状复杂程度较高，能充分发挥其休闲游憩的功能（图 3-3）。

2. 环楔模式——北京

北京市的环楔模式主要以环城绿化隔离带为环，规划若干条大型生态绿廊与环城绿化隔离带相衔接，城市建设用地内部结合现状水网和交通干道绿化形成次一级的生态廊道与环城绿化隔离带连接，同时串联起内部小型的水域和公园斑块，形成"斑廊"绿网格局。生态廊道主要发挥生态防护、通风廊道、休闲游憩的功能，廊道的宽度自外向内逐步减小，相互之间的连接度高。生态斑块的规模大小不一，区域位置都十分重要，斑块形状复杂程度较高，能充分发挥生态防护和休闲游憩功能（图 3-4）。

生态斑块建设：点状绿地与郊野公园相结合的生态斑块建设方式。其中，点状绿地主要是各级公园绿地、居住绿地、附属绿地，形成系统完整、布局合理、功能健全的中心城点状绿地布局，实现居民出行 500m 见绿地，消除公共绿地服

图 3-3　南京市生态用地分布示意图

图 3-4　北京市生态用地分布示意图

务盲区。郊野公园结合九片楔形绿色限制区，因地制宜，规划建设四个功能明确、规模适度、生态作用明显的郊野公园。

生态廊道重点建设第二道绿化隔离地区，它是控制中心城向外蔓延的生态屏障，规划由两个绿环、九片楔形绿色限制区及五片组团间绿色限制区构成绿地系统。

3.4.3 生态用地空间发展策略

（1）生态斑块：集中式城市的生态斑块主要为城市公园和自然山体。生态斑块的总面积不应小于城市建设用地的10%。生态斑块面积宜大于$10hm^2$，并应以2km为服务半径均匀布局，主要考虑生态斑块对布局休闲游憩、生物迁移的可达性以及对城市微气候的调节作用。在盛行风向的上风向，应规划设置大型绿地斑块，以改善城市大气环境质量。

（2）生态廊道：集中式城市的生态廊道较为缺乏，应在规划中通过保护河流廊道、设置绿锲，增加城市道路的绿化面积等手段来改善。生态廊道的构建应注重与盛行风向的结合，以改善城市的风环境。参考生物迁徙廊道的宽度需求，结合规划目标确定生态廊道宽度。环城绿地宽度不宜小于600m，城市生态主廊道宽度宜大于100m，生态次廊道宽度宜大于60m。

3.5 带状生态用地空间结构

3.5.1 生态用地空间模式

带状城市横向宽度有一定限度，城市同乡村自然界非常接近。以发挥生态廊道、生态斑块重要作用，提出带型城市生态结构的"鱼骨"模式（图3-5）。鱼骨模式主要以大型河流水系作为城市生态结构的主脊骨骼，串联城市主要的生态斑块，间或插入宽度不一的生态廊道，分割城市建设用地，形成绿化开敞空间。

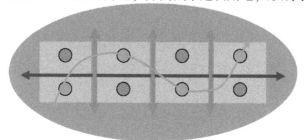

图 3-5 带型城市生态结构的"鱼骨"模式

3.5.2 典型案例分析

兰州的鱼骨模式主要以黄河为纽带串联起滨水开敞空间，以黄河支流水系、绿化开敞廊道相间其中，生态廊道、斑块主要发挥着生态防护与休闲游憩功能。生态廊道的宽度多样，相互之间的连接度较高。生态斑块的规模大小不一，但区域位置都十分重要，斑块形状复杂程度高，能充分发挥其休闲游憩的功能（图3-6）。

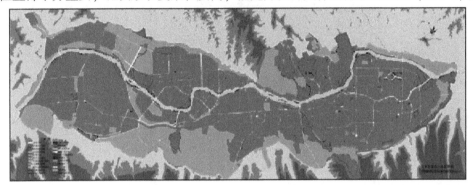

图 3-6 兰州城市生态用地分布示意图

3.5.3 生态用地空间发展策略

（1）生态斑块：带状城市主要沿河流或山谷呈纵向发展的趋势，建设用地横向宽度一般不大，可以通过设置规模较小的社区公园满足城市生活的需要。对于建设用地横向宽度大于2km的部分，应考虑沿主要生态廊道设置规模不小于10hm^{2}的城市公园，以缓解城市建设用地聚集带来的负面效应。

（2）生态廊道：带状城市的主廊道宜结合带状城市的延展方向设置，并应规则数条垂直于主廊道的次生态廊道，以保持良好的城市生态环境。

3.6 组团生态用地空间结构

3.6.1 生态用地空间模式

组团城市空间结构特征呈簇团状，生态廊道、斑块、基质与建设用地相间分布。根据其生态连接关系，确定其生态结构为"斑廊"模式（图3-7）。

图 3-7 组团型城市生态结构 "斑廊" 模式

3.6.2 典型案例分析：重庆

生态斑块建设：重庆市的生态斑块比较丰富，生态斑块主要有城市公园、街头绿地、林地、农田等。每个城市组团内的生态斑块都可以较好服务该组团。

生态廊道建设：重庆以长江和嘉陵江为主要生态廊道，将城区分为三大组团，利用多山的地形优势形成生态次廊道将组团分隔成较小的组团，从而保证组团内部优越的生态环境（图 3-8）。

图 3-8 重庆城市生态用地分布示意图

3.6.3　生态用地空间发展策略

（1）生态斑块：组团型城市的生态斑块主要为城市内部公园、水域。规划时注意城市组团以及生态斑块规模控制。特大及大城市的城市组团不宜超过10km²，中等城市的城市组团不宜超过5km²。组团内的生态斑块宜大小结合，较大的斑块安排在组团的中心，小斑块均匀分布在组团内。

（2）生态廊道：组团型城市通过河流、山地、绿廊等生态要素将城市分割成若干城市组团。规划时应重点保护生态廊道不被城市扩张所侵蚀，保障廊道的连接度和环通度。

3.7　海滨型生态用地空间结构

3.7.1　生态用地空间模式

滨海城市空间结构多样，大多以组团结构为主，围绕海湾形成星月型结构。根据生态廊道、斑块、基质的相互关系，确定滨海城市生态空间为"揽月"模式（图3-9）。

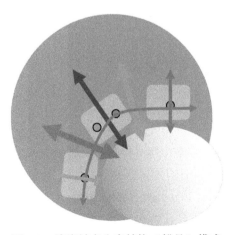

图3-9　滨海城市生态结构"揽月"模式

3.7.2　典型案例分析：青岛

生态斑块建设：主要为城市内的公园和海域。城市公园主要依托城市内的山地建设，创造了良好的城市生态景观。青岛的滨海岸线比较复杂，复杂的岸线将海域引入城市内部，在形成良好的城市景观的同时，也成为特殊的生态斑块。

生态廊道建设：青岛以白沙河、墨水河、大沽河、洋河四条主要河流为依托，形成城市生态控制带，既控制了城市蔓延，也形成了良好的城市环境（图3-10）。

图 3-10　青岛城市生态空间结构示意图

3.7.3　生态用地空间发展策略

（1）生态斑块：滨海城市的城市形态呈现带状组团式的发展模式，其生态斑块主要为组团内部的城市公园、自然山体等。生态斑块宜大小结合，较大的斑块可以安排在组团的中心，小斑块可均匀分布在组团内。

（2）生态廊道：滨海城市的生态廊道主要有河流、绿廊等。规划时应根据自然特征设置由海洋通向内陆的生态廊道，以阻止城市沿海滨蔓延式发展。规划应以廊道为依托向内陆延伸，使城市形成向内陆的指状组团式的发展格局。城市生态主廊道宽度宜大于100m，生态次廊道宽度宜大于60m。

第 **4** 章　城市生态用地空间结构评价方法

4.1　研究目标

城市生态用地空间结构是指城市生态用地及其周围环境组成的城市生态用地数量、形状、绿化结构以及连通、可达、镶嵌等空间结构特征。生态用地空间结构决定其生态服务功能，格局的变化将会引起生态服务功能的变化。

城市生态用地空间结构评价就是运用城市生态学、景观生态学、城市规划学以及环境科学等相关理论和方法，对城市生态用地及其周围环境的空间关系进行评价。本章从城市规划需求出发，基于景观生态学和生态系统服务功能理论和方法，以城市生态服务功能为导向，分析城市生态用地空间结构与生态服务功能的关系，并以生态服务功能优化和提升为目标，探讨生态用地空间结构的评价方法和标准，提出城市生态用地在市域、场地两个尺度上的评价内容与方法，为城市规划、绿地系统规划以及城市生态综合规划提供技术支撑。

4.2　研究思路

城市规划师要将可持续的生态理念融入各层次的土地利用与空间形态规划之中，最有效的方法是把握城市生态用地空间结构和生态系统服务功能之间的相互作用，以功能最优化为目标，利用有限的土地资源，实现城市生态用地的合理布局，从而合理安排城市的土地利用形式与空间形态，从可持续发展的角度解决城市生态用地的规模、布局、形态等问题。因此，通过研究生态用地空间结构与生态过程以及生态服务功能之间的相互关系，识别影响生态过程进而影响生态服务功能的主要生态用地空间结构要素，从而建立评价指标体系。

城市具有典型的尺度性特征，不同尺度反映出来的生态结构、过程与功能及其相互关系具有较大的差异性，因此城市生态用地空间结构的评价也应充分考虑尺度问题。本研究根据不同层次城乡规划深度和内容的差异，分城市和场地两个尺度进行评价，城市尺度评价方法可以为城镇体系规划和城市总体规划中生态用地空间结构的规划和评价提供技术手段，场地尺度评价方法可以为控制性详细规划和修建性详细规划中生态用地的规划和评价提供技术手段。

4.3 影响生态用地服务功能的空间结构指标

城市生态用地的数量、形状、连通性、可达性、镶嵌度以及物种结构等因素影响着生态用地的生态过程，从不同方面影响着生态服务功能的发挥，同时也是生态用地空间结构的主要表征因素。因此，本研究将生态用地的数量、形状、连通性、可达性、镶嵌度和物种结构六个方面的因素作为评价项，突出生态服务功能，建成区适当考虑生态用地的游憩功能，筛选评价指标，对生态用地的空间结构进行评价（表4-1）。

表4-1 城市生态用地空间结构评价指标体系

序号	评价项目	指标名称	适用尺度
1	数量	生态用地占国土面积的比例	市域
2		森林覆盖率	市域
3		城市水面率	市域
4		建成区绿地率	市域
5		人均公园绿地面积	市域
6		生态用地面积	场地
7		生态用地宽度	场地
8		岸线绿化平均宽度	场地
9	形状	建成区大型生态用地空间分布指数	市域
10		河流曲度指数	市域、场地
11	连通性	斑廊连通性指数	市域
12		大型生态斑块间隔离度指数	市域
13		重要生态廊道断点密度指数	市域
14		最小邻近距离	场地
15		断裂度指数	场地
16	可达性	公园绿地服务半径覆盖率	市域
17		生活性岸线公共化率	市域
18		主要出入口与公交站点的平均距离	场地
19		服务范围内自行车道和人行道密度	场地

序号	评价项目	指标名称	适用尺度
20	镶嵌度	受保护生态用地总边缘对比度指数	市域
21		水绿结合度指数	市域
22		生态岸线所占比例	市域、场地
23		生活性岸线开敞度	场地
24	物种结构	建成区绿化覆盖中乔、灌木所占比例	市域
25		本地木本植物指数	市域
26		乔灌草搭配	场地
27		本地种比例	场地

4.4 城市尺度生态用地空间结构评价

4.4.1 评价内容与指标

城市尺度生态用地空间结构评价内容应包括以下 16 个指标（表4-2）。

表4-2 城市尺度生态用地空间结构评价指标一览表

序号	评价项目	指标名称
1	数量	生态用地占国土面积的比例
2		森林覆盖率
3		城市水面率
4		建成区绿地率
5		人均公园绿地面积
6	形状	建成区大型生态用地空间分布指数
7		河流曲度指数
8	连通性	斑廊连通性指数
9		大型生态斑块间隔离度指数
10		重要生态廊道断点密度指数
11	可达性	公园绿地服务半径覆盖率
12		生活性岸线公共化率
13	镶嵌度	受保护生态用地总边缘对比度指数
14		水绿结合度指数
15	物种结构	建成区绿化覆盖中乔、灌木所占比例
16		本地木本植物指数

4.4.2 评价方法与标准

城市生态用地单项指标根据其对生态用地空间结构影响程度的不同采用打分法进行评价，由于大部分评价指标是越大越好或越小越好型指标，很难确定具体的评价值，本研究利用德尔菲打分法，结合案例经验给出了各个评价指标的评价标准以及打分区间，评价方法的准确性和适用性有待更多评价实践以及大样本统计数据的检验（表4-3）。

表4-3　城市尺度生态用地空间结构指标评价方法与标准

序号	指标名称	单位	打分标准		
			80~100分区间	60~80分区间	0~60分区间
1	生态用地占国土面积的比例	%	[60, 70]	[50, 60)	(0, 50)
2	森林覆盖率	%	[40, 50]	[35, 40)	(0, 35)
3	城市水面率	%	增加5~10	增加0~5	下降0~20
4	建成区绿地率	%	[35, 40]	[25, 35)	(0, 25)
5	人均公园绿地面积	m²/人	[12, 15]	[9.5, 12)	(0, 9.5)
6	建成区大型生态用地空间分布指数	无量纲	[1.5, 2.5]	[0.5, 1.5)	[0, 0.5)
7	河流曲度指数	无量纲	[10, 15]	[5, 10)	[1, 5)
8	斑廊连通性指数	无量纲	[50, 75]	[25, 50)	(0, 25)
9	大型生态斑块间隔离度指数	m	[0, 1000)	[1000, 2000)	[2000, 4000)
10	重要生态廊道断点密度指数	个	[0, 2]	(2, 5]	(5, 10)
11	公园绿地服务半径覆盖率	%	[90, 100]	[80, 90)	(0, 80)
12	生活性岸线公共化率	%	(80, 90)	[90, 95)	(95, 100)
13	受保护生态用地总边缘对比度指数	%	[0, 20]	[20, 40)	(40, 80)
14	水绿结合度指数	%	[80, 100]	[60, 80)	(0, 60)
15	建成区绿化覆盖中乔、灌木所占比例	%	[70, 90]	[50, 70)	(0, 50)
16	本地木本植物指数	%	[50, 70]	[30, 50)	(0, 30)

4.4.3 生态用地空间结构综合指数计算

城市生态用地空间结构评价指数计算方法

$$EPI = \frac{\sum_{i=1}^{16} P_i \times W_i}{16}$$

式中，EPI 为城市生态用地空间结构评价指数；P_i 为单项指标评价得分值；W_i 为单项指标权重。

通过德尔菲法专家打分法，提出了城市尺度生态用地空间结构评价单项指标权重（表4-4）。

表4-4　城市尺度生态用地空间结构评价单项指标权重一览表

序号	类型	分类权重	指标	指标权重	综合权重
1	数量	0.20	生态用地占国土面积的比例	0.25	0.050
2			森林覆盖率	0.20	0.040
3			城市水面率	0.15	0.030
4			建成区绿地率	0.20	0.040
5			人均公园绿地面积	0.20	0.040
6	形状	0.15	建成区大型生态用地空间分布指数	0.60	0.090
7			河流曲度指数	0.40	0.060
8	连通性	0.15	斑廊连通性指数	0.40	0.060
9			大型生态斑块间隔离度指数	0.30	0.045
10			重要生态廊道断点密度指数	0.30	0.045
11	可达性	0.20	公园绿地服务半径覆盖率	0.60	0.120
12			生活性岸线公共化率	0.40	0.080
13	镶嵌度	0.15	受保护生态用地总边缘对比度指数	0.50	0.075
14			水绿结合度指数	0.50	0.075
15	物种结构	0.15	建成区绿化覆盖中乔、灌木所占比例	0.60	0.090
16			本地木本植物指数	0.40	0.060

4.5 场地尺度生态用地空间结构评价

4.5.1 评价内容与指标

生态用地场地尺度评价包括 16 个指标，不同类型生态用地可根据需要从指标集中选取（表4-5）。

表 4-5　生态场地评价指标一览表

序号	评价项目	指标	综合公园	社区公园	人工景观水体	河流	生态廊道
1		面积	√	√	√		
2		绿地率	√	√			√
3	数量	郁闭度	√				√
4		宽度				√	√
5		岸线绿化平均宽度				√	
6	形状	弯曲度指数				√	
7		主要出入口与公交站点的平均距离	√	√			
8	可达性	生活性岸线公共化率				√	
9		服务范围内自行车道和人行道密度					
10	连通性	最小邻近距离	√	√	√		
11		断裂度指数				√	√
12		边缘对比度	√	√		√	√
13	镶嵌度	生态岸线所占比例				√	
14		生活性岸线开敞度				√	
15	物种结构	乔灌草搭配	√	√			√
16		本地种比例	√	√			√

4.5.2 评价方法与标准

生态场地单项指标根据其对生态用地空间结构影响程度的不同采用打分法进行评价，与城市尺度评价思路一致，初步确定了各个评价指标的评价标准以及打分区间，评价方法的准确性和适用性有待更多评价实践以及大样本统计数据的检验（表4-6）。

表4-6　生态用地场地尺度指标评价方法与标准

序号	准则	指标	单位	打分标准	评价对象				
					综合公园	社区公园	人工景观水体	河流	生态廊道
1	数量	面积	hm²	0~60分	(0, 10)	(0, 5)	(0, 0.04)	—	—
				60~80分	[10, 50]	[5, 10]	[0.04, 1]	—	—
				80~100分	(50, +∞)	(10, +∞)	(1, +∞)	—	—
2		绿地率	%	0~60分	(0, 85)	(0, 80)	—	—	(0, 75)
				60~80分	[85, 90]	[80, 90]	—	—	[75, 90]
				80~100分	(90, 100)	(90, 100)	—	—	(90, 100)
3		郁闭度	%	0~60分	(0, 40)	—	—	—	(0, 40)
				60~80分	[40, 70]	—	—	—	[40, 70]
				80~100分	(70, 100)	—	—	—	(70, 100)
4		宽度	m	0~60分	—	—	—	五年相对变小	(0, 100)
				60~80分	—	—	—	五年保持不变	[100, 1200]
				80~100分	—	—	—	五年相对扩宽	(1200, +∞)
5		岸线绿化平均宽度	m	0~60分	—	—	—	(0, 12)	—
				60~80分	—	—	—	[12, 30]	—
				80~100分	—	—	—	(30, +∞)	—
6	形状	弯曲度指数	%	0~60分	—	—	—	(0.4, 0.15)	—
				60~80分	—	—	—	[0.15, 0.05]	—
				80~100分	—	—	—	(0.05, 0)	—
7	可达性	主要出入口与公交站点的平均距离	m	0~60分	(+∞, 200)	—	—	—	—
				60~80分	[200, 50]	—	—	—	—
				80~100分	(50, 0)	—	—	—	—
8		生活性岸线公共化率	%	0~60分	—	—	—	(80, 90)	—
				60~80分	—	—	—	[90, 95]	—
				80~100分	—	—	—	(95, 100)	—
9		服务范围内自行车道和人行道密度	km/km²	0~60分	—	(10, 13)	—	—	—
				60~80分	—	[13, 18]	—	—	—
				80~100分	—	(18, +∞)	—	—	—
10	连通性	最小邻近距离	m	0~60分	(+∞, 500)	(+∞, 500)	(+∞, 300)	—	—
				60~80分	[500, 200]	[500, 200]	[300, 100]	—	—
				80~100分	(200, 0)	(200, 0)	(100, 0)	—	—
11		断裂度指数	%	0~60分	—	—	—	(15, 8)	(15, 8)
				60~80分	—	—	—	[8, 2]	[8, 2]
				80~100分	—	—	—	(2, 0)	(2, 0)

序号	准则	指标	单位	打分标准	评价对象				
					综合公园	社区公园	人工景观水体	河流	生态廊道
12	镶嵌度	边缘对比度	无单位	0~60分	(0.5, 0.3)	(0.5, 0.3)	—	(0.5, 0.3)	(0.5, 0.3)
				60~80分	[0.3, 0.1]	[0.3, 0.1]	—	[0.3, 0.1]	[0.3, 0.1]
				80~100分	(0.2, 0)	(0.2, 0)	—	(0.2, 0)	(0.2, 0)
13		生态岸线所占比例	%	0~60分	—	—	—	(60, 80)	—
				60~80分	—	—	—	[80, 95]	—
				80~100分	—	—	—	(95, 100)	—
14		生活性岸线开敞度	%	0~60分	—	—	—	(80, 50)	—
				60~80分	—	—	—	[50, 30]	—
				80~100分	—	—	—	(30, 0)	—
15	物种结构	乔灌草搭配	无单位	0~60分	一般	一般	—	—	一般
				60~80分	良好	良好	—	—	良好
				80~100分	优秀	优秀	—	—	优秀
16		本地种比例	%	0~100分	本地种/所有物种×100				

4.5.3　生态用地空间结构综合指数计算

场地尺度生态用地空间格局指数计算方法

$$EPI = \sum_{k=1}^{m} (ZZ_k \times proportion_k)$$

$$ZZ_k = \frac{\sum_{i=1}^{n} grade_{ki}}{n}$$

式中，EPI 为生态用地空间格局指数；ZZ_k 为评价项 k 的得分；$proportion_k$ 为评价项 k 的权重；m 为该生态场地评价项的数量；$grade_{ki}$ 为评价项 k 内指标 i 的得分；n 为评价该生态场地的评价项 k 的指标数量。

通过德尔菲法专家打分法，初步确定了场地尺度生态用地空间结构评价单项指标权重（表4-7）。

表4-7　各类生态场地准则层指标权重一览表

类型	综合公园	社区公园	人工景观水体	河流	生态廊道
数量	0.2	0.2	0.5	0.2	0.25

类型	综合公园	社区公园	人工景观水体	河流	生态廊道
形状	—	—	—	0.2	—
可达性	0.2	0.2	—	0.2	—
连通度	0.2	0.2	0.5	0.2	0.25
镶嵌度	0.2	0.2	—	0.2	0.25
物种结构	0.2	0.2	—	—	0.25

4.6　评价指标内涵与计算方法

4.6.1　城市生态用地占国土面积比例

1. 指标内涵

城市生态用地占国土面积的比例指城市各类生态用地面积占城市总面积的百分比。城市生态用地具有重要的生态、社会以及经济功能，保持一定比例的生态用地面积是维持城市生态安全的基础。

2. 计算方法

$$\mathrm{ER} = \frac{E_1 + E_2 + E_3 + E_4 + E_5 + E_6 + G_1 + G_2}{A} \times 100\%$$

式中，ER 为城市生态用地占国土面积比例；E_1 为水域；E_2 为耕地；E_3 为园地；E_4 为林地；E_5 为牧草地；E_6 为弃置地生态用地面积；G_1 为公共绿地面积；G_2 为生产防护绿地面积；A 为城市国土总面积。

4.6.2　森林覆盖率

1. 指标内涵

评价范围内森林面积占土地面积的百分比，既是反映一座城市森林面积占有情况或森林资源丰富程度及生态平衡状况的重要指标，又是确定森林经营和开发利用方针的重要依据之一。森林覆盖率与物种多样性维持功能联系最为紧密，对绿色空间水文调蓄和土壤保持功能的指示作用也很重要。物种多样性维持功能方面，受人为干扰较小的生态绿地是城市物种多样性维持的热点地区，具有较为丰富的动、植物生境，为物种的生存繁殖提供了场地和资源条件。水文调蓄方面，森林覆盖率的增加在不同的气候区域有不同的影响，在多雨地区，森林覆盖率的增加会减少年径流量，增加地下径流量，而在干旱、半干旱地区，森林覆盖率的增加，年径流量也增加（王礼先和张志强，1998；Moiseev，1984）。因此，森林覆盖率的提高能在一定程度上削洪补枯，稳定河川径流。土壤保持方面，有学者认为土壤侵蚀量随森林覆盖率的增加而减少，当覆盖率增加60%时，林地减少土壤侵蚀量的效益最显著（侯喜禄，1996）。

2. 计算方法

$$C = F/L \times 100\%$$

式中，C 为区域森林覆盖率；F 为森林面积；L 为区域土地面积。根据2000年1月国务院颁布的《森林法实施条例》，森林面积包括郁闭度0.2（包含0.2）以上的乔木林地面积和竹林地面积，国家特别规定的灌木林地面积、农田林网以及四旁（村旁、路旁、水旁、宅旁）林木的覆盖面积。可利用近5~10年的土地利用图以及土地利用现状图或者通过遥感影像解译的方法评价区域内的森林覆盖率。

4.6.3 城市水面率

1. 指标内涵

水面率是指承载水域功能的区域面积占区域总面积的比率。维持合理的水域面积，是发挥水体多种功能的基础，也是城市健康发展的需要。

2. 计算方法

合理水面率的计算主要考虑行洪蓄洪、污染净化、调节气候和景观功能。其中，考虑行洪蓄洪功能，可根据规划行洪除涝标准，评价现状水域防洪能力，如达到行洪除涝标准，则保持现状水面率，如不能达到标准，则采取措施增加蓄洪湖库的面积或增加工程外排能力。考虑污染净化功能，可根据某水体要达到的水环境质量标准，采用水质模型预测水环境质量，从而确定是否需要纳污水体规模或水体形态。考虑景观功能，可从城镇水域面积与人居舒适度、水域建设与房产开发、水景观与人水和谐等方面着手，综合确定城镇景观合理水面率。考虑调节气候功能，可从降低温度、提高湿度等方面评估合理水面率。

4.6.4　建成区绿地率

1. 指标内涵

评价范围内各类绿地总面积与区域面积的比率。城市绿地率则指各类绿地（含公共绿地、居住区绿地、单位附属绿地、防护绿地、生产绿地、风景林地六类）总面积占城市面积的比率。绿地率主要用于衡量建成区绿地的量化指标，是保证绿色空间对建成区密度疏解程度的重要指标，直接关系各土地类型的环境质量、宜居程度以及景观视觉效果，对城市居民的身心健康有重要影响，对调节小气候、净化空气、景观游憩等生态服务功能均有指示作用。

2. 计算方法

$$R = G/C \times 100\%$$

式中，R 为绿地率；G 为绿地面积；C 为区域总面积。若评价对象为市域，G 对应《城市绿地分类标准》（CJJ/T85—2002）中的公园绿地、生产绿地、防护绿地、附属绿地和其他绿地。

4.6.5　人均公园绿地面积

1. 指标内涵

城市公园绿地面积与城市常住人口之比，是反映城市发展规模与公园绿地建设是否配套的重要指标。

2. 计算方法

$$PG = \frac{G_1}{P}$$

式中，PG 为人均公园绿地面积；G_1 为城市公园绿地面积；P 为城市常住人口。

4.6.6　生态用地面积

1. 指标内涵

生态用地面积作为基本的量化指标，是所有生态功能发挥的前提，对于调节局部气候、生物多样性维持、防险避灾以及景观游憩等功能具有重要作用。

2. 计算方法

通过实测、航拍图描绘或遥感解译获得；对设计进行评价，可用详细设计图纸量算获得。

4.6.7　生态用地宽度

1. 指标内涵

生态用地宽度是线性或带状生态用地的基本量化指标之一，主要影响到生物多样性维持和环境净化等。生态用地的类型、功能及环境背景等因素决定了其合适宽度的选取。

2. 计算方法

通过实测、高精度航拍图量算获得；对设计进行评价，可用详细设计图纸量算获得。

4.6.8　岸线绿化平均宽度

1. 指标内涵

岸线绿化带平均宽度是水域周边岸线绿化情况的基本量化指标之一。河流作为城市中最重要的一种生态廊道，是城市中多种动、植物迁徙的主要通道，保证岸线绿化的宽度，有利于保证城市的生物多样性。

2. 计算方法

通过实测、高精度航拍图量算获得；对设计进行评价，可用详细设计图纸量算获得。

4.6.9　建成区大型生态用地空间分布指数

1. 指标内涵

建成区大型生态用地空间分布指数是通过建成区大型生态用地之间的距离反映建成区生态用地分布特征的指标，可定量化评估建成区生态用地分布的均衡性。

2. 计算方法

$$LI = D\sqrt{\frac{P}{A}}$$

式中，LI 为最近邻点指数；D 为各绿地与最近绿地之间距离的平均值；P 为绿地斑块总数；A 为区域总面积。当 LI≤0.5，则表示生态用地呈聚集式分布，值越小，聚集程度越大；0.5<LI<1.5，表示生态用地呈随机式分布；LI≥1.5 则为均匀分布，值越大，斑块之间隔离度越强（图4-1）。

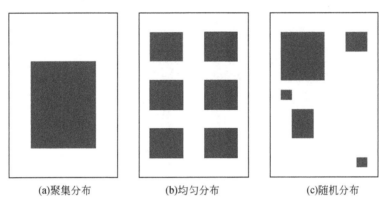

(a)聚集分布   (b)均匀分布   (c)随机分布

图4-1　生态用地空间分布形式

4.6.10　河流曲度指数

1. 指标内涵

河流道曲度指数指河流的直线长度与自然长度之比，曲度指数反映河流、河涌的弯曲程度。曲度指数越小，说明河流、河涌越弯曲。

2. 计算方法

使用高精度航拍图描绘河流或河涌的中线，然后量算其长度，最后通过计算公式计算得到；对设计进行评价时，可用详细设计图纸量算并进行计算获得。

$$CI = \frac{L}{NL} \times 100\%$$

式中，CI 为河流曲度指数；L 为河流或河段的直线长度；NL 为河流或河段的自然长度。

4.6.11 斑廊连通性指数

1. 指标内涵

连接度指数是通过景观要素之间连接数和潜在连接数的比，衡量要素之间连接程度的指标。从生物多样性保护角度，主要影响物种迁移，通过合理的生态廊道与绿地斑块有效连通性，发挥源和踏脚石的连接程度。从景观游憩角度，高连接度的城市斑廊，方便居民接近绿色空间，并且在绿色廊道中开展各项有利于身心的活动。可通过连接度指数进行定量评价。

2. 计算方法

$$C = D/[n(n-1)/2] \times 100\%$$

式中，C 为斑廊连通性指数；D 为市域内连接具有较大规模绿地的廊道数；n 为纳入计算的绿地斑块数量。

C 的取值范围为 $0 \sim 100\%$；当绿地之间无廊道连接时，$C=0$；当绿地之间的廊道连接数达到最大值时，$C=100\%$。如图 4-2 所示，4 个绿地斑块之间，最大连接数为 6，即 C 图中绿地达到的状况，因此其连接度为 100%，B 图中有 3 条连接斑块的廊道，其连接度为 50%，A 图中斑块间无廊道，其连接度为 0。

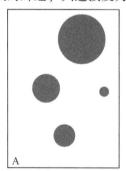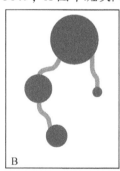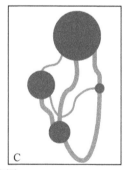

图 4-2 绿色空间连接度示意图

A，连接度 $C=0$；B，连接度 $C=50\%$；C，连接度 $C=100\%$

4.6.12 大型生态斑块间隔离度指数

1. 指标内涵

两个斑块之间的最近距离，这是表征物种迁移难易程度的重要指标。主要用于相同区域内生态绿地中破碎斑块的评价。

2. 计算方法

$$I\!I = \frac{\sum\limits_{i=1}^{n} \min(D_i)}{n} \times 100\%$$

式中，$I\!I$ 为生态斑块隔离度指数；$\min(D_i)$ 为大于 $10hm^2$ 生态斑块间的最小距离；n 为参与评价的生态斑块数量。

4.6.13 重要生态廊道断点密度指数

1. 指标内涵

重要生态廊道断点密度指数指重要生态廊道断点数与生态廊道长度之比，反映生态廊道的连通程度。一般要求应尽量降低生态廊道的断点密度，根据生态廊道功能的不同，可以提出生态廊道断面密度的控制指标，同时要加强生态廊道断点区的生态规划和建设。

2. 计算方法

$$BD = \frac{\sum\limits_{i=1}^{n} \dfrac{B_i}{L_i}}{n}$$

式中，BD 为生态廊道断点密度指数；B_i 为第 i 条生态廊道的断点数；L_i 为第 i 条生态廊道的长度；n 为参与评价的廊道条数。

4.6.14 最小邻近距离

其原理与大型生态斑块间隔离度指数相同。

4.6.15 断裂度指数

1. 指标内涵

断裂度指数为生态廊道断裂段的长度与生态廊道总长度的比值，其值越小说明该线性生态用地的连续性越好。廊道连续性是评价廊道完整度与系统性的指标，既包括廊道的线性连接，也包括廊道间的节点设置情况。

2. 计算方法

通过实地调研并结合高精度航拍图描绘，获得线性生态用地的长度和缺口长度，并通过公式计算得到指标数值；对设计进行评价时，可用详细设计图纸量算并进行计算获得。

$$CC = \frac{L_{gap}}{L} \times 100\%$$

式中，CC 为断裂度指数；L_{gap} 为线性或带状生态用地缺口长度；L 为线性或带状生态用地总长度。

4.6.16　公园绿地服务半径覆盖率

1. 指标内涵

公园绿地服务半径覆盖率指公园绿地服务半径覆盖的居住用地面积占居住用地总面积的比例。公园绿地为城市居民提供方便、安全、舒适、优美的休闲游憩环境，该指标反映了居民利用公园的公平性和可达性。

2. 计算方法

$$RI = \frac{C_{500} + C_{300}}{R} \times 100\%$$

式中，RI 为公园绿地服务半径覆盖率；C_{500} 为大于 $1hm^2$ 公园绿地 500m 覆盖居住用地面积；C_{300} 为 $0.4 \sim 1hm^2$ 公园绿地面积 300m 覆盖居住用地面积；R 为居住用地总面积。

4.6.17　生活性岸线公共化率

1. 指标内涵

生活性岸线公共化率指公众不受阻碍可直接进入的岸线长度与河流生活性岸线长度的比值。该指标用于评价河流、河涌、湖泊岸线的公众可进入程度。生活性岸线的公共化率越高说明该水体更易于被公众使用。

2. 计算方法

通过实地调研并结合高精度航拍图描绘，获得河流生活性岸线长度和公众不受阻碍可直接进入的岸线长度，并通过公式计算得到指标数值；对设计进行评价时，可用详细设计图纸量算并进行计算获得。

$$\mathrm{CRSA} = \frac{L_{\mathrm{sa-c}}}{L_{\mathrm{sa}}} \times 100\%$$

式中，CRSA 为生活性岸线公共化率；$L_{\mathrm{sa-c}}$ 为河流生活性岸线中公众不受阻碍可直接进入的岸线长度；L_{sa} 为河流生活性岸线长度。

4.6.18 主要出入口与公交站点的平均距离

1. 指标内涵

主要出入口与最近公交站点的平均距离用于评价综合公园可达性。该指标主要反映公众通过公共交通到达公园的难易程度，可以反映综合公园景观游憩功能的发挥程度。该指标越小，说明该公园越容易被公众所到达。

2. 计算方法

通过实地调研或使用高精度航拍图描绘获得各个出入口与最近公交站点的距离，通过公式计算得到指标数值；对设计进行评价时，可用详细设计图纸量算并进行计算获得。

$$\mathrm{ADPS} = \frac{\sum_{i=1}^{m} D_i}{M}$$

式中，ADPS 为主要出入口与公交站点的平均距离；D_i 为出入口 i 与最近公交站点的距离；M 为公园出入口的数量。

4.6.19 服务范围内自行车道和人行道密度

1. 指标内涵

社区公园服务范围内自行车道和人行道长度与社区公园服务范围的面积的比值，反映了社区公园周边居民到达社区公园的便利程度。

2. 计算方法

通过实地调研或使用高精度航拍图描绘获得社区公园服务范围内自行车道和人行道的长度，通过公式计算得到指标数值；对设计进行评价时，可用详细设计图纸量算并进行计算获得。

$$RL = \frac{L_r}{S_{offer}}$$

式中，RL 为服务范围内自行车道和人行道密度；L_r 为社区公园服务范围内自行车道和人行道的长度；S_{offer} 为社区公园服务范围的面积。

4.6.20　受保护生态用地总边缘对比度指数

1. 指标内涵

受保护生态用地主要指城市各类（级）自然保护区、风景名胜区、森林公园、地质公园、水源保护区、封山育林地以及其他需要特殊保护的生态功能保护区。受保护生态用地总边缘对比度指数是反映城市受保护生态用地与其他类型城市用地间交错程度的指标。受保护生态用地总边缘对比度指数越大，说明城市中不同类型用地间的交错程度越高，越不利于受保护生态用地的保护。

2. 计算方法

$$PE = \frac{\sum_{i=1}^{n}(P_i \times d_i)}{P} \times 100\%$$

式中，PE 为受保护生态用地总边缘对比度指数；P_i 为受保护生态用地 i 与其他城市用地共边长度；d_i 为受保护生态用地 i 与其他城市用地差异权重（表4-8）；P 为受保护生态用地边界总长度。

表4-8　受保护生态用地与其他城市用地的差异权重

周边用地类型		生态用地
	其他生态用地	0
城市建设用地	居住用地	0.3
	工业、仓储用地	0.9
	交通设施用地	0.9
	采矿用地	0.9
	区域交通设施用地	0.9
	其他建设用地	0.5

注：1表示周边用地对受保护生态用地有重大影响，0表示周边用地对其影响很小或没有。

4.6.21 水绿结合度指数

1. 指标内涵

水绿结合度指数指单侧绿地宽度不小于 5m 的滨水绿带长度占水体岸线总长度的比例，主要反映水体及其周边绿带对面源污染控制、游憩功能等。

2. 计算方法

$$WG = \frac{L_{G5}}{L} \times 100\%$$

式中，WG 为水绿结合度指数；L_{G5} 为单侧绿地宽度不小于 5m 的滨水绿带长度；L 为水体岸线总长度。

4.6.22 生态岸线所占比例

1. 指标内涵

根据《城市水系规划规范》（GB 50513—2009），生态岸线是指为保护城市生态环境而保留的自然岸线。生态岸线所占比例指生态水体岸线长度与规划区水体岸线总长度的比值。水体的生态岸线所占比例越高，说明该水体自然程度越好，越有利于生物多样性和生态环境保护。

2. 计算方法

通过实地调研并结合高精度航拍图描绘，获得水体生态岸线长度和岸线总长度，并通过公式计算得到指标数值；对设计进行评价时，可用详细设计图纸量算并进行计算获得。

$$SER = \frac{L_{se}}{L} \times 100\%$$

式中，SER 为生态岸性所占比例；L_{se} 为水体生态岸线长度；L 为水体岸线总长度。

4.6.23 生活性岸线开敞度

1. 指标内涵

生活性岸线开敞度指生活性岸线的滨水区建筑垂直于岸线的最大投影长度与

河流生活性岸线长度的比值，反映了滨水区建筑对水体景观的利用程度。滨水区建筑界面控制总体上应表现出韵律感，但在重要的视廊区间应断开，避免出现单一、封闭景观界面，该指标的控制目的是利用巧妙的界面穿插变化和细部处理而取得良好的空间景观效果。

2. 计算方法

通过实地调研并结合高精度航拍图描绘，获得河流生活性岸线长度和建筑垂直于岸线的最大投影长度，并通过公式计算得到指标数值；对设计进行评价时，可用详细设计图纸量算并进行计算获得（图4-3）。

$$ORSA = \frac{L_b}{L_{sa}} \times 100\%$$

式中，ORSA为生活性岸线开敞度；L_b为河流生活性岸线中位于滨水区内的建筑垂直于岸线的最人投影长度；L_{sa}为河流生活性岸线长度。

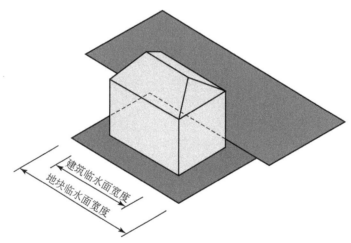

图4-3 生活性岸线开敞度计算示意图

4.6.24 建成区绿化覆盖中乔木、灌木所占比率

1. 指标内涵

建成区绿化覆盖中乔木、灌木所占比率是指建成区乔木、灌木垂直投影面积占建成区所有植被垂直投影面积的比例。城市绿化应提倡植物种类和配置层次的丰富，该指标旨在控制园林绿地中单纯草坪的种植比例，以提高单位面积绿地的

生态功能。

2. 计算方法

$$TS = \frac{P_{ts}}{P} \times 100\%$$

式中，TS 为建成区绿化覆盖中乔木、灌木所占比率；P_{ts} 为建成区乔木、灌木垂直投影面积；P 为建成区所有植被垂直投影面积。

4.6.25 本地木本植物指数

1. 指标内涵

本地木本植物指数指本地木本指数种数占木本植物物种总数的比例。本地木本植物经过长期的自然选择及物种演替后，对某一特定地区有高度生态适应性，具有抗逆性强、资源广、苗源多、易栽植的特点，不仅能够满足当地城市园林绿化建设的要求，而且还代表了一定的植被文化和地域风情。

2. 计算方法

$$DT = \frac{C_{dt}}{C}$$

式中，DT 为本地木本植物指数；C_{dt} 为本地木本植物种数；C 为城市木本植物物种总数。

4.6.26 乔灌草搭配

1. 指标内涵

评价区域内乔木、灌木和草本植物冠层投影面积的比例。

2. 计算方法

组织专家对生态用地内绿化用地的乔木、灌木和草本植物搭配情况进行评价，获取评分值。一般而言，乔木、灌木和草本植物搭配优秀的绿化用地，其叶面积指数（LAI）较高，植物生长茂密，从绿化用地外围较难看清用地对面的景色。

第5章 城市生态服务功能评价方法

5.1 研究目标

伴随着城市迅猛发展和无序扩张，土地退化、资源短缺、生态功能下降以及自然灾害频发等已成为区域可持续发展的障碍，严重威胁着城市生态安全。为促进城市全面协调可持续发展，《城乡规划法》提出划定城市禁建区、限建区和适建区，《城市规划编制办法》将资源的节约与集约利用、生态环境保护、公共安全保障等作为强制性的规划内容。新时期，我国城乡规划对城市重大生态环境和资源等问题引起了高度重视，要求在城市规划过程中要确保生态系统服务功能。

系统定量评价城市生态功能，预先辨识出城市服务功能重要区域以及生态敏感区域，划定城市规划建设禁止或限制建设区，为城市规划与生态建设提供科学依据，成为当前急需解决的重大科学问题。因此，本章根据生态系统结构、过程与服务功能的关系原理，建立城市生态服务功能重要性评价方法，提出服务功能重要性的空间分布格局分析方法，为城市空间布局和市区划定提供科学依据。

5.2 城市生态服务功能评价流程

城市生态服务功能评价技术流程主要包括以下几个步骤。

（1）根据城市自然特征和区域典型生态系统，建立生态服务功能重要性评价指标体系。

（2）通过现场踏勘、资料调查等方式，参照生态服务功能重要性评价方法，进行单项指标的计算与评价，形成覆盖规划范围的单项生态功能重要性指数图与生态功能重要性分级地图。

（3）在单项指标评价的基础上，参照综合评价方法，进行城市生态功能综合评价，形成覆盖评价范围的城市生态功能综合指数地图与生态功能重要性综合分级地图。

（4）根据生态功能单项评价及综合评价结果，明确区域生态服务功能分异规律和生态系统功能的关键区域，落实城市生态功能管制分区。

5.3 城市生态服务功能评价指标体系

城市生态服务功能重要性评价指标体系由生态系统服务功能类型和具体评价指标项目构成，每个指标项反映一项具体的生态服务功能。指标体系覆盖四大生态系统服务功能（产品提供功能、调节服务功能、生命支持功能、文化服务功能）共计 13 个评价指标项目（表 5-1）。

表 5-1 城市生态功能评价指标体系

序号	评价类型	评价指标项目	指标项功能及内容
1	产品提供功能	水资源供给	用于评价各地区提供水资源功能的重要性。主要从水资源的使用功能方面进行评价，具体通过水资源功能分级指标反映
		农产品供给	用于评价城市农田生态系统提供食物、经济作物、第二产业原料等产品的功能在各地区的重要性。主要依据城市基本农田、耕地种类进行评价，具体通过农产品供给功能重要性指标来反映
2	调节服务功能	营养物质保持	用于评价各地区城市生态系统维持元素及养分循环功能的重要性。从营养物质流失脆弱性和营养物质保持重要性两个角度进行评价，具体通过非点源污染危险性指标和集水区营养物质保持重要性指标来反映
		调节地下水水质	用于评价各地区调节地下水水质功能的重要性。从地下水潜在污染脆弱性以及地下水源保护的角度进行评价，通过地下水污染脆弱性分级指标和基于水源位置的保护地下水水质功能重要性指标来反映
		土壤保持	用于评价各地区土壤保持功能的重要性。从土壤侵蚀敏感性和土壤侵蚀对水资源危害的角度进行评价，通过土壤保持重要性分级指标反映
		水源涵养	用于评价生态系统水源涵养功能的重要性。从生态系统水源涵养地类型重要性角度进行评价，通过生态系统水源涵养重要性、市域水源地重要性以及河湖水库重要性分级指标反映

序号	评价类型	评价指标项目	指标项功能及内容
2	调节服务功能	洪水调蓄	用于评价各地区洪水调蓄功能的重要性。依据洪水再现期以及城市内涝调蓄重要性区域进行评价，通过洪水区调蓄重要性分级指标以及城市内涝调蓄重要性分级指标来反映
		海岸带防护	用于评价海岸带对台风、海洋风浪与风暴、海岸侵蚀等的防护作用，以及海洋生物多样性保护、自然景观保护、地下水资源保护等功能的重要性。通过海岸带防护功能重要性分级指标来反映
		防风固沙	用于评价地区防风固沙功能的重要性，主要从风沙易发程度以及风沙影响程度的角度来评价，通过沙漠化敏感程度指标以及沙漠化影响人口指标来反映
3	生命支持功能	维持碳循环	用于评价区域各地区生态系统维持碳循环功能的重要性，主要利用 InVEST 模型方法计算碳循环及分布重要性指标
		生物多样性保护	用于评价区域内各地区对生物多样性保护的重要性，主要从生境敏感性评价、生物多样性保护重要地区和生态廊道保护重要性评价三个方面进行
4	文化服务功能	自然及文化遗产保护	用于评价区域自然及文化遗产景观的重要性。主要从自然及文化遗产自身景观、历史文化价值方面进行评价，利用自然及文化遗产保护重要性分级指标来反映
		景观视觉保持	用于评价区域景观的视觉保持重要性。主要从景观山体、标志建筑与重要开敞空间的视线通廊保持的重要性方面进行评价，利用景观视觉保持重要性分级指标来反映

5.4 评价指标内涵与计算方法

5.4.1 水资源供给

1. 指标内涵

水资源供给功能是指生态系统为人类生产、生活提供水资源的功能，包括提供饮用水、工业用水、农业用水等，是水生态系统最基本的生态功能之一。

2. 评价方法

水资源供给评估对象重点包括各类水源地和水体，根据水资源利用功能以及质量要求的差异，确定不同的重要性（表5-2）。

表5-2　水资源功能重要性分级赋值表

水资源利用功能	定性分级	定量赋值
饮用水源地一级保护区、珍贵鱼虾保护区	极重要	9
饮用水源地二级保护区、一般鱼类保护区、游泳区	高度重要	7
工业用水	中等重要	5
农业用水及一般景观用水	比较重要	3
其他	一般重要	1

3. 生态保护策略

根据水资源供给功能重要性评价等级，提出不同的生态保护策略（表5-3）。

表5-3　水资源供给功能的生态保护策略

序号	生态功能重要性	生态保护策略
1	极重要和高度重要	1. 尽量保存该区域内的原地形、地貌和植被，保证该区域内山系、水系的连续性 2. 禁止沿江地域的开发建设，避免对水体的污染和破坏
2	中等重要	1. 加强生态建设涵养水源，提高水质量 2. 合理规划人工岸线和自然岸线的比率，保证水陆过度敏感区的生态平衡和健康发展 3. 达成生态廊道系统与城市环境的网络状有机融合
3	比较重要	1. 加强沿岸城镇地域滨河景观游憩带的建设 2. 控制和引导流域沿线的产业发展，防止不当产业发展对环境造成危害
4	一般重要	1. 保护岸线景观，防止开发过程中侵占公众景观资源，以及对沿江景观的不当占用 2. 合理利用滨水岸线

5.4.2　农产品供给

1. 指标内涵

农产品供给功能是指城市农田生态系统提供食物、经济作物、第二产业原料等产品的功能。

2. 评价方法

农产品供给评估对象重点是指各类农田，包括耕地、园地等，具体等级划分参考《基本农田划定技术规程》，按照农田保护重要性以及生产能力确定不同的重要性（表5-4）。

表5-4　农产品供给重要性分级赋值表

农田种类	定性分级	定量赋值
基本农田	极重要	9
粮、油、棉、蔬菜生产基地内的耕地；有良好水利与水土保持措施的耕地；正在改造的中低产田；农业科研教学试验田	高度重要	7
其他平整的集中连片耕地	中等重要	5
地形坡度大于25°、田面坡度人于15°的耕地；规划期内列入退耕达林、还草、还湖（河）的耕地	比较重要	3
其他现状及规划期内的非农田、非耕地	一般重要	1

3. 生态保护策略

农产品供给功能的生态保护策略如表5-5所示。

表5-5　农产品供给功能的生态保护策略

序号	生态功能重要性	生态保护策略
1	极重要	根据当地土地资源特点和土地利用总体规划所提出的土地利用目标、方针，确定基本农田保护指标，建立起相应的保护措施。基本农田保护规划内容包括确定保护区位置；划分保护区级别；落实保护区界线，设立保护标志；指定规划的实施措施
2	高度重要	应当在基本农田调整划分时将此类用地优先划入基本农田，并按基本农田保护要求进行规划与保护
3	中等重要	加强耕地的水利与水土保持措施

5.4.3　营养物质保持

1. 指标内涵

营养物质保持功能是指城市生态系统具有固氮、维持氮（N）、磷（P）和其他元素及养分的循环功能。生态系统格局的改变往往造成营养物质的流失与严重的面源污染灾害,导致河流水环境污染。

2. 评价方法

营养物质保持重要性评价可通过非点源污染敏感性的空间评估,识别非点源污染高危地区,从而确定地区的营养物质保持功能的重要性。另外,该指标也可以根据湖泊湿地的重要性等级及其所在河流的级别和河流上的位置,确定湖泊湿地汇水区营养物质保持重要性的级别。

1) M-USLE 模型识别关键源区法

识别关键源区是非点源污染治理的首要问题。关键源区的识别常采用多因子综合分析方法。M-USLE 模型集成利用 GIS 栅格空间分析的功能,通过 4 个因子栅格图层的叠加复合处理即可得到侵蚀和非点源输出的关键区域。目前,该模型在世界各地已成功进行应用并取得良好的效果(Sivertun,2003)。M-USLE 模型计算公式为

$$D = K \times LS \times W \times U$$

式中,D 为计算结果年土壤流失量;K 为土壤可蚀性因子;LS 为地形因子;W 为水系因子;U 为土地覆被类型因子。

2) 营养物质保持重要性评价

营养物质保持重要性评价的另一个比较简单的方法可以参考生态功能区划规程,主要根据评价地区氮(N)、磷(P)流失可能造成的富营养化后果与严重程度。如评价地区下游有重要的湖泊与水源地,该地区域的营养物质保持的重要性大。否则,重要性不大。

5.4.4 调节地下水水质

1. 指标内涵

调节地下水水质功能是由于生态系统对地下水污染物的迁移、转化、分散和富集过程的影响,使得污染物的形态、化学组成和性质随之发生一系列变化,最终达到净化水质的功能。

2. 评价方法

评价地下水存在潜在污染脆弱性空间差异,可采用 DRASTIC 模型,该模型在国外已经广泛地应用在农药和硝酸盐污染风险评价,并在非洲和美国、以色列等地获得了满意的效果(图 5-1)。该模型由美国国家环境保护局开发,综合 7

个水文地质因子，评价地下水受污染的敏感程度，其表达式如下：

$$DRASTIC\ Index = D_r D_w + R_r R_w + A_r A_w + S_r S_w + T_r T_w + I_r I_w + C_r C_w$$

式中，D、R、A、S、T、I、C 分别代表地表到地下水的深度、地下水年水位变幅、含水层母质、土壤母质、地形坡度、包气带介质、水力传导率；D_r、R_r、A_r、S_r、T_r、I_r、C_r 分别为因子 D、R、A、S、T、I、C 的分级值，结合评价区域的地下水实际情况进行分级打分，如表 5-6 所示；D_w、R_w、A_w、S_w、T_w、I_w、C_w 分别为因子 D、R、A、S、T、I、C 的权重值，权重设置如表 5-7 所示。

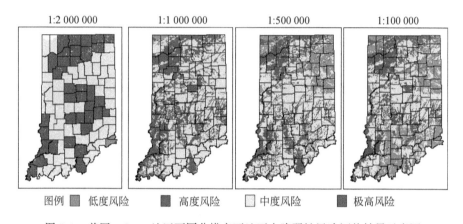

图 5-1　美国 Indiana 地区不同分辨率下地下水脆弱性风险评价结果示意图

表 5-6　DRASTIC 模型的因子分级值打分表

因子评分	地表到地下水的深度 D/m	地下水年水位变幅 R/（mm/a）	含水层母质 A	土壤母质 S	地形坡度 T/%	包气带介质 I	水力传导率 C/（m/d）
1							
2							
3							
4							

注：因子评分规则为，地下水深度越小，分值越高；地下水年水位变幅越大，分值越高；含水层母质渗透能力越强，分值越高；土壤母质渗透能力越强，分值越高；地形坡度越小，分值越高；包气带介质渗透能力越强，分值越高；水力传导率越高，分值越高。

表 5-7　DRASTIC 模型的因子权重设置表

DRASTIC 模型因子	权重
地下水水位深度（D）	5
年水位变幅（R）	4

续表

DRASTIC 模型因子	权重
含水层母质（*A*）	3
土壤母质（*S*）	2
地形坡度（*T*）	1
包气带介质（*I*）	5
水力传导率（*C*）	3

根据 DRASTIC 指数计算结果进行调节地下水水质功能等级划分，划分标准如表 5-8 所示。

表 5-8　基于 DRASTIC 指数的调节地下水水质功能重要性分级

DRASTIC 指数	定性分级	定量赋值
>165	极重要	9
141～165	高度重要	7
116～140	中等重要	5
90～115	比较重要	3
<90	一般重要	1

5.4.5　土壤保持

1. 指标内涵

土壤保持功能主要通过生态系统减少土壤侵蚀，主要包括水蚀和风蚀两种类型，本部分土壤保持仅针对水土流失。

2. 评价方法

土壤保持的重要性评价要在考虑土壤侵蚀敏感性的基础上，分析其可能造成的对下游河床和水资源的危害程度与范围。

1）土壤侵蚀敏感性评价方法

土壤侵蚀敏感性评价是为了识别容易形成土壤侵蚀的区域，评价土壤侵蚀对人类活动的敏感程度。一般采取通用土壤流失方程（USLE），综合考虑降水、地貌、植被与土壤质地等因素，运用地理信息系统进行评估。

通用土壤流失方程（USLE）法

$$A = R \times K \times \mathrm{LS} \times C \times P$$

式中，*A* 为土壤侵蚀量；*R* 为降雨侵蚀力指标；*K* 为土壤可蚀性因子；LS 为坡长坡度因子；C 为地表植被覆盖因子；P 为土壤保持措施因子。

2）土壤侵蚀敏感性综合评价

土壤侵蚀敏感性指数计算方法

$$SS_j = \sqrt[4]{\prod_{i=1}^{4} C_i}$$

式中，SS_j 为 j 空间单元土壤侵蚀敏感性指数；C_i 为 i 因素敏感性等级值。C 值获取方法如表5-9所示。

表5-9 土壤侵蚀敏感性影响的分级

分级	不敏感	轻度敏感	中度敏感	高度敏感	极敏感
R 值	<25	25~100	100~400	400~600	>600
土壤质地	石砾、沙	粗砂土、细砂土、黏土	面砂土、壤土	砂壤土、粉黏土、壤黏土	砂粉土、粉土
地形起伏度/m	0~20	20~50	51~100	101~300	>300
植被	水体、草本沼泽、稻田	阔叶林、针叶林、草甸、灌丛和萌生矮林	稀疏灌木草原、一年二熟粮作、一年水旱两熟	荒漠、一年一熟粮作	无植被
分级赋值（C）	1	3	5	7	9
分级标准（SS）	1.0~2.0	2.1~4.0	4.1~6.0	6.1~8.0	>8.0

3）土壤保持重要性评价方法

土壤保持重要性的评价在考虑土壤侵蚀敏感性的基础上，分析其可能造成的对下游河流和水资源的危害程度，分级指标如表5-10所示。

表5-10 土壤保持重要性分级指标

影响水体 ＼ 土壤保持敏感性	不敏感	轻度敏感	中度敏感	高度敏感	极敏感
1~2级河流及大中城市主要水源水体	不重要	中等重要	极重要	极重要	极重要
3级河流及小城市水源水体	不重要	较重要	中等重要	中等重要	极重要
4~5级河流	不重要	不重要	较重要	中等重要	中等重要

5.4.6 水源涵养

1. 指标内涵

森林、湖泊、沼泽蓄积大量的淡水资源，从而起到补充和调节河川径流及地下水水量的作用。生态系统类型和区域降水、径流条件是影响区域水源涵养能力的主要因素。区域降水主要与地区气候条件有关，径流条件则与气候、土地利用和土壤层有关。水源涵养功能评价重点是评估生态系统调节和涵养水资源的能力及其重要性的空间差异。

2. 评价方法

水源涵养重要性可以根据评价城市在流域的地理位置以及对整个流域水资源的贡献来评价。参照国家环境保护部有关标准，水源涵养重要性评价可从生态系统、市域水源地以及河流、湖泊类型进行评价。生态系统水源涵养重要性分级参考《生态功能区划暂行规程》，如表5-11 和表5-12 所示；市域水源地重要性分级如表5-13 所示；河流、湖泊重要性分级如表5-14 所示。

表 5-11　水源涵养重要地区湿度划分标准

指标	半干旱	半湿润	湿润
干燥指数/K	大于 1.6	1.0～1.5	小于 1.0
多年平均降水量/mm	小于 800	800～1200	大于 1200

表 5-12　生态系统水源涵养重要性分级

类型	干旱	半干旱	半湿润	湿润
河流	极重要	极重要	极重要	极重要
湖泊	极重要	极重要	极重要	极重要
城市水源地	极重要	极重要	极重要	极重要
农灌取水区	极重要	极重要	中等重要	不重要
洪水调蓄区	不重要	不重要	中等重要	极重要

表 5-13　市域水源地重要性分级标准

植被覆盖类型	定性分级	定量赋值
平原耕地、园地、水域	比较重要	3
丘陵台地疏林地、灌丛、草地	中等重要	5
山地森林植被（以针叶林为主）	高度重要	7
山地森林植被（以阔叶林、针阔混交林为主）	极重要	9

表 5-14　河流和湖泊水源涵养重要性分级

河流湖泊饮用水源保护区类型	定性分级	定量赋值
河流型饮用水源一级保护区、湖泊水库型饮用水源一级保护区	极重要	9
河流型饮用水源二级保护区、湖泊水库型饮用水源二级保护区	高度重要	7
河流和湖泊饮用水源准保护区（一、二级保护区外的汇水区）	中等重要	5

3. 生态保护对策

水源涵养功能重要性地区应重点进行植被恢复与营造，包括树种选择、林地配置和经营管理（表 5-15）。

表 5-15　水源涵养功能的生态保护策略

序号	营造技术	生态保护策略
1	树种选择	在适地、适树原则指导下，水源涵养林的造林树种应具备根量多、根域广、林冠层郁闭度高（复层林比单层林好）、林内枯枝落叶丰富等特点。因此，最好营造针阔混交林，其中除主要树种外，还要考虑合适的伴生树种和灌木，以形成混交复层林结构 选择一定比例深根性树种，加强土壤固持能力。在立地条件差的地方，可考虑对土壤具有改良作用的豆科树种作先锋树种；在条件好的地方，则要用速生树种作为主要造林树种
2	林地配置	不同气候条件下取不同的配置方法。在降水量多、洪水危害大的河流上游，宜在整个水源地区全面营造水源林 在因融雪造成洪水灾害的水源地区，水源林只宜在分水岭和山坡上部配置，使山坡下半部处于裸露状态，这样春天下半部的雪首先融化流走，上半部林内积雪再融化就不致造成洪灾 为增加整个流域的水资源总量，一般不在干旱、半干旱地区的坡脚和沟谷中造林，因为这些部位的森林能把汇集到沟谷中的水分重新蒸腾到大气中去，减少径流量 在中国南方低山丘陵区降雨量大，要在造林整地时采用竹节沟整地造林；西北黄土区降雨量少，一般用反坡梯田整地造林；华北石山区采用水平条整地造林；在有条件的水源地区，也可采用封山育林或飞机播种造林等方式
3	经营管理	水源林在幼林阶段要特别注意封禁，保护好林内地被物层，以促进养分循环和改善表层土壤结构，利于微生物、土壤动物（如蚯蚓）的繁殖，尽快发挥森林的水源涵养作用 当水源林达到成熟年龄后，严禁大面积皆伐，一般宜弱度择伐 重要水源区要禁止任何方式的采伐

5.4.7　洪水调蓄

1. 指标内涵

植被通过固持、蒸发、蒸腾水分，改善微循环等作用，改变了区域能量循环流动过程。改善森林区域水量平衡和水分循环影响地表径流量和区域降水分布，对水资源供给以及洪水调节等有重要作用。湖泊、沼泽等湿地对河川径流起到重要的调节作用，可以削减洪峰、滞后洪水过程，从而均化洪水，减少洪水造成的经济损失。

2. 评价方法

洪水重现期和洪水频率反映地区洪水出现概率与潜在洪水灾情的大小，通过历史洪水资料确定地区洪水重现期与洪水等级，确定不同等级洪水的潜在影响地带（无防洪措施条件下的自然淹没地带）的调蓄重点地区，从而确定洪水调蓄重要性（表 5-16）。

表 5-16　基于洪水等级的洪水调蓄功能重要分级

调蓄重点地区类型	定性分级	定量赋值
受低于 5 年一遇洪水影响	极重要	9
受 5~10 年一遇洪水影响	高度重要	7
受 10~20 年一遇洪水影响	中等重要	5
受 20~50 年一遇洪水影响	比较重要	3
受高于 50 年一遇洪水影响	一般重要	1

注：调蓄重点地区包括洪水潜在影响地带中的森林植被覆盖地区、河流、湖泊、水库、湿地等。

3. 生态保护对策

洪水调蓄生态保护对策如表 5-17 所示。

表 5-17　洪水调蓄生态保护对策

安全水平	生态保护对策			
	生态系统	河道	河岸	开发建设
比较重要地区	植被类型可考虑乔、灌、草合理搭配	避免截弯取直	应优先考虑自然改造型护岸	允许城市开发和村镇建设，但应提高相应建筑标高和设施的防洪安全标准，应限制大中型项目和有严重污染的企业
中等重要地区	可保留农田，但应调整生产结构和经营开发方式；农业生产宜种植耐涝、早熟、秸秆作物；开辟草场，发展畜牧业、养殖业；植被类型以阔叶林和针叶林为主	疏浚河道，避免截弯取直	应优先考虑增加自然型驳岸	避免城市开发和村镇建设，否则应达到相关防洪标准；可建设湿地公园、养殖场，并发展科普教育和科学研究；要退耕还湿，恢复自然河道

安全水平	生态保护对策			
	生态系统	河道	河岸	开发建设
极重要和高度重要地区	应退耕还湿，植被种植以阔叶林和针叶林为主，恢复自然河道	疏浚河道、维持自然蛇形河道、考虑增加调蓄湖面修建水库	应优先考虑构建湿地公园或滞洪区	禁止城市开发和村镇建设；保留自然湿地，满足洪水、生物功能需要；应退耕还湿，恢复自然河道

5.4.8　海岸带防护

1. 指标内涵

海岸带是全球环境变化最为敏感的地区之一，随着人口的增加和经济的发展，对海岸带的开发不断加剧，海岸带防护功能直接作用于风暴潮的减轻、盐水倒灌与海洋生物多样性的维持。

2. 评价方法

从海岸带受侵蚀区、受风暴潮危害地区的识别以及近海生态系统生物多样性保护重点地区的识别，确定海岸带防护功能重要性地区。参考《生态功能区划暂行规程》中对海岸带保护重要地区的界定，以保护海岸带生物多样性、海岸带生命安全防灾保障地区为最重要，文化历史遗迹的保护为次重要（表5-18）。

表5-18　海岸带防护功能重要性分级

海岸带地区分类	定性分级	定量赋值
受海流蚀退速度大于0.4m/a的海岸防侵蚀区；Ⅰ级防风暴潮区；海岸防护林带区；地下水资源保护区；海洋生物多样性保护重要区	极重要	9
Ⅱ级防风暴潮区；自然遗迹和景观分布区；海洋资源保护区	高度重要	7
Ⅲ级防风暴区	中等重要	5
其他海岸带地区	比较重要	3

注：防风暴潮区Ⅰ级——重要城镇、工矿附近岸段，应防1000年一遇的最高潮位及抗12级风；Ⅱ级——较重要的工业、农业区，应防100年一遇的最高潮位及抗11级风；Ⅲ级——一般的工业区、养殖区、盐田区，应防20年一遇的最高潮位及抗9级风。

3. 生态保护对策

海岸带保护重要地区生态保护策略包括：①城市功能布局应考虑风暴潮、洪涝等灾害影响，合理使用土地资源，针对不同地域配置不同的功能区。临海区域，可以利用自然地形或人工填土适当提升计划开发街区的高程，城市主要发展区域布置在离海较远的丘陵地带。②基础设施规划应提高防洪标准，进一步提高低洼区防洪标准。③加强生态防护林体系构建，适宜区域应营建红树林防灾屏障。④加强城市内涝区域的综合治理。

5.4.9 防风固沙

1. 指标内涵

生态系统的防风固沙重要性表现为减少和控制土地沙化。土地沙化导致可利用土地面积减少、土壤吹失损失、生物生产力下降、空气、水源和食物污染等，因此需明确防风固沙的重要性区域，加强防风固沙的生态建设。

2. 评价方法

参考《生态功能区划暂行规程》，防风固沙功能重要性从沙漠化敏感程度以及沙漠化影响人口数量两个指标来评价。其中，沙漠化敏感程度可通过气候湿润程度、大风天数、土壤质地、植被覆盖进行分级（表5-19）。然后根据直接影响人口数量，评价该区防风固沙功能的重要性（表5-20）。

沙漠化敏感性综合评价公式：

$$DS_j = \sqrt[4]{\prod_{i=1}^{4} D_i}$$

式中，DS_j 为 j 空间单元沙漠化敏感性指数，分级标准见表5-19；D_i 为 i 因素敏感性分级值。

表5-19 沙漠化敏感性分级指标

敏感性指标	不敏感	轻度敏感	中度敏感	高度敏感	极敏感
湿润指数	>0.65	0.5~0.65	0.20~0.50	0.05~0.20	<0.05
冬春季大于6m/s大风的天数	<15	15~30	30~45	45~60	>60
土壤质地	基岩	黏质	砾质	壤质	沙质
植被覆盖（冬春）	茂密	适中	较少	稀疏	裸地
分级赋值（D）	1	3	5	7	9
分级标准（DS）	1.0~2.0	2.1~4.0	4.1~6.0	6.1~8.0	>8.0

表5-20 基于影响人口的防风固沙重要性分级指标

直接影响人口	重要性等级	定量赋值
>2000 人	极重要	9
500~2000 人	高度重要	7
100~500 人	中等重要	5
<100 人	较重要	3

3. 生态保护对策

控制沙漠化的主要措施如表5-21所示。

表5-21 控制沙漠化的主要措施

措施	内容
植物固沙	建立人工植被或恢复天然植被；营造大型防沙阻沙林带，以阻截流沙对绿洲、交通线、城镇居民点的侵袭；营造防护林网，控制耕地风蚀和牧场退化；保护封育天然植被，防止固定、半固定沙丘和沙质的沙漠化危害
化学固沙	在流动沙地上通过喷洒化学胶结物质，使其在沙地表面形成一定强度的保护壳，隔开气流对沙面的直接作用，提高沙面抗风蚀性能，达到固定流沙的目的
旱地节水	开发节水技术，采取喷灌微灌、田间节水、低压管道输水等技术发展节水灌溉农业
退化地开发	在防止荒漠化的同时，适度进行开发利用，农业方面主要采用引水造田、老绿洲农田改造、沙地衬膜水稻栽培、盐碱化土地改良等方法

5.4.10 维持碳循环

1. 指标内涵

植物通过光合作用将大气中的碳储存到植物体内，并通过食物链从植物体转移到动物体以及各类分解者，最后重新回到大气中。森林、海洋等生态系统作为碳汇，对于维持大气中合理的二氧化碳浓度、调节气候具有重要作用。但是，生态系统变化如火灾、疾病等，或土地利用变化导致植被减少均可以释放大量的二氧化碳，因此，如何管理陆地生态系统是调节碳循环与气候至关重要的环节。

2. 评价方法

采用InVEST模型评估法，该模型可以评估碳储存量及其所在区域，以及碳储

存量增长或下降情况，并可分析土地利用变化对碳含量的影响。计算公式为

$$C = \sum_{i=1}^{n} S_i \times (L_i C_{\text{above}} + L_i C_{\text{below}} + L_i C_{\text{soil}} + L_i C_{\text{dead}})$$

式中，C 为评价单元的年固碳量；S_i 为第 i 种土地覆被类型的面积；$L_i C_{\text{above}}$、$L_i C_{\text{below}}$、$L_i C_{\text{soil}}$ 和 $L_i C_{\text{dead}}$ 分别为第 i 种土地覆被类型的地上生物量、地下生物量、土壤和凋落物每公顷年固碳量，以上数值均可通过样地调查或查找地区森林植被、土壤资料获得 InVEST 模型输入数据与结果输出，如表 5-22 所示。

表 5-22　InVEST 维持碳循环模型输入数据与输出结果

序号	输入数据		输出结果
	数据名称	数据要求	
1	土地利用/土地覆被现状图	GIS 的栅格数据集，每个栅格有一个 LULC 分类代码	–tot_ C_ cur：每个栅格的现状碳存储量 –tot_ C_ fut：每个栅格的未来碳存储量 – sequest：每个栅格在给定期限内的碳吸收量 –value_ stor：现状所存储碳的经济价值 –value_ seq：给定期限内所吸收碳的经济价值
2	碳库表	对应 LULC 的属性表，包含不同土地覆被类型的四类碳库（地上生物量、地下生物量、土壤和凋落物有机质）每公顷储存碳量，可通过样地调查获得	
3	木材收获年度变化地图（可选数据）	GIS 多边形数据，包含地块每公顷获取木材量、首年收获木材年份、收获木材频率、收获木材的碳密度等	
4	土地利用/土地覆被规划图（可选）	GIS 的栅格数据集，每个栅格有一个 LULC 分类代码	
5	经济数据（可选）	填写包括碳价格、折扣率、价格年变化率等数据	

计算获得 C 值后，在指标重要性评价分级时，采用 ArcGIS 空间分析功能中的自然分类法（natural break），将 C 值分为五级（极重要、高度重要、中等重要、比较重要、不重要），C 值递增则反映碳存储功能重要性等级的升高。

5.4.11　生物多样性保护

1. 指标内涵

生物多样性是指在一定时间和一定地区所有生物（动物、植物、微生物）物种及其遗传变异和生态系统的复杂性总称，包括基因多样性、物种多样性和生态系统多样性三个层次。生物多样性保护重要性是用于评价区域内各地区对生物多样性保护的重要程度，主要从生境重要性、生物多样性保护重要地区和生态廊

道保护重要性三个方面进行评价。

2. 评价方法

1）生境重要性评价方法

生境重要性评价包括以物种保护为依据的生境敏感性评价（表5-23）和从物种多样性程度出发的生境重要性评价（表5-24）。

表 5-23　基于保护物种的生境敏感性评价标准

序号	国家与省级保护物种	生境敏感性等级	定量赋值
1	国家一级	极敏感	9
2	国家二级	高度敏感	7
3	其他国家与省级保护物种	中度敏感	5
4	其他地区性保护物种	轻度敏感	3
5	无保护物种	不敏感	1

表 5-24　基于物种多样性的生境重要性评价标准

生态系统或物种占全省物种数量比例	重要性	定量赋值
优先生态系统或物种数量比例 > 30%	极重要	9
物种数量比例 15% ~ 30%	高度重要	7
物种数量比例 5% ~ 15%	中等重要	5
物种数量比例 < 5%	较重要	3

2）生物多样性保护重要地区评价方法

森林生物多样性重要性评价主要以植被起源类型（自然林或人工林起源）、演替阶段、健康程度、郁闭度以及物种分布规律和生态系统受人为干扰程度等因素进行综合评估，识别生物多样性保护重要地区（表5-25）。

表 5-25　生物多样性保护重要地区分级

评价条件	重要性	分级赋值
优势生态系统；郁闭度0.6以上或自然度为一、二级的天然林（自然度分级标准见表5-26）	极重要	9
自然度为三级的天然林；郁闭度0.6以上人工林；海涂及河滩等湿地	高度重要	7
其他物种丰富度较高的天然及人工林地	中等重要	5
灌木林地、疏林及覆盖度高的草地	较重要	3
城镇人为活动集中区域	一般重要	1

表5-26　自然度分级标准

植被特征	自然度
原始植被；生物多样性热点地区	一级
受人为影响很小、基本原始的植被	二级
有明显人为干扰的天然植被或处于演替中期或后期的次生群落	三级
人为干扰大，处于残次的次生植被阶段	四级
人为干扰很大，天然植被几乎破坏殆尽，难以恢复的逆行演替后期	五级

3）生态廊道保护重要性评价方法

生态廊道保护重要性主要评价生态廊道作为生物迁移、传播及发挥生物保护功能的重要程度，针对生态廊道的保护目标、宽度、连通性、植被构成等进行评价（表5-27）。

表5-27　生态廊道保护重要性分级

生态廊道类型	重要性	分级赋值
国家级保护动物迁移通道；廊道宽度大于600m；廊道内部物种多样性极高	极重要	9
省级保护动物迁移通道；廊道宽度为100~600m，与节点型生态斑块连接，廊道内部物种多样性高	高度重要	7
地区级保护动物迁移通道；廊道宽度为30~100m，节点型生态斑块连接，廊道内部物种多样性较高	中等重要	5
保护小型动物迁移；廊道宽度为3~30m	较重要	3
其他廊道宽度低于3m的线形绿地	一般重要	1

3. 生态保护对策

生态多样性保护对策如表5-28所示。

表5-28　生态多样性保护对策

序号	重要性	地区	保护对策
1	极重要	优势生态系统	严格限制种植经济林，保护森林和野生生物生境，防止生境破碎化；保护珍稀濒危物种，构建地带性植被群落，改善山体林相，提高生态效益；全面加强林草资源保护，重点保护天然次生林、水土保持林和水源涵养林，恢复和保护自然植被及山区生态屏障功能

序号	重要性	地区	保护对策
1	极重要	自然保护区	严格保护区的管理，加强保护区建设，保护生态系统的完整性，防止生境破坏和生境破碎化；优化自然保护区功能分区，打通各保护区或森林公园间的"生态廊道"
		森林公园	以保护森林生态环境和郊野地区的观赏价值为主体，可适当开发健体游览、科普教育等活动
2	高度重要	天然林和高郁闭度人工林	加强森林经营和管理，禁止乱砍滥伐；严格控制发展污染型工业；防止旅游带来的破坏，限制外来物种的引种
		海涂及河滩等湿地	治理湖泊水体污染和流域区的面源污染；控制沿水系的绿化带宽度，形成生态走廊
	中等重要	物种丰富度高的天然林	加强森林经营和管理，禁止乱砍滥伐，调整产业结构，减少经济作物对植被的消极影响
3	比较重要	灌木林地、疏林	防止由于灌木林砍伐造成的生境破碎化和生物多样性丧失
		覆盖度高的草地	划定合理放牧区，协调好保护和开发的关系
		物种丰富度较高地区	控制资源开发和产业建设，协调和处理好保护与开发的关系

5.4.12 自然及文化遗产保护

1. 指标内涵

自然及文化遗产保护功能是人们通过精神感受、主观印象、消遣娱乐和美学体验从生态系统的自然特性中获得的非物质利益。

2. 评价方法

自然及文化遗产保护重要性评价可根据区域内各类自然与人文景观分布作为重要性分级依据（表5-29）。

表5-29 自然及文化遗产保护重要性评价分级标准

自然人文遗产类型	定性分级	定量赋值
国家级风景名胜区、自然保护区、森林公园	极重要	9
国家级文物保护单位；省级风景名胜区、森林公园、自然保护区	高度重要	7
省级文物保护单位	中等重要	5
市县级风景名胜区、文物保护单位	比较重要	3

5.4.13 景观视觉保持

1. 指标内涵

视觉是景观价值体现的重要方式，主要考虑视频、视觉质量（悦目性）、独特性。本研究主要通过城市天际线设计与视觉敏感性分析，确定城市关键景观节点与廊道的类型。

2. 评价方法

景观视觉保持重要性评价主要将城市关键景观点、重要开敞区域以及关键景观视廊分布作为评价依据（表 5-30）。

表 5-30　景观视觉保持重要性评价分级标准

景观视觉重点区域类型	定性分级	定量赋值
城市景观山体及周边；文物保护单位和历史文化街区的保护范围	极重要	9
城市主要开敞空间及其与景观山体之间的视线通廊区域（城市主要湖泊水体、综合公园、大型广场绿地）；文物保护单位和历史文化街区的建设控制地带	高度重要	7
城市标志性高层建筑及其与城市开敞空间之间的视线通廊区域；文物保护单位和历史文化街区的环境协调区	中等重要	5
其他开敞空间及其周边区域	比较重要	3

5.5　城市生态服务功能综合评价

城市生态服务功能综合评价采用评价单元的多项生态服务功能指标分值的等权叠加计算方法，计算公式为

$$SF = \sqrt[k]{\prod_{i=1}^{k} D_i}$$

式中，SF 为评价单元的生态服务功能重要性计算分值；k 为评价指标的个数；D_i 为单项城市生态服务功能重要性分值；i 为评价指标的序号。城市生态服务功能综合评价结果的定性分级依据计算分值确定，如表 5-31 所示。其中，单项城市生态服务功能重要性评价采用指标项定性评价和定量计算相结合的方法，根据其生态服务功能的重要性程度分为"极重要、高度重要、中等重要、比较重要、一般重要"五级。评价指标的定量分值，与定性分级对应设置，如表 5-32 所示。

表 5-31　综合评价结果的定性分级

综合评价结果定性分级	综合评价结果计算分值
极重要	(8, 9]
高度重要	(6, 8]
中等重要	(4, 6]
比较重要	(2, 4]
一般重要	[1, 2]

表 5-32　评价指标项的定量分值

评价指标定性分级	评价指标定量分值
极重要	9
高度重要	7
中等重要	5
比较重要	3
一般重要	1

5.6　小　　结

　　本章中有关生态服务功能重要性评价方法均是基于国内外研究成果，并在广州等区域进行了验证应用，具有较高的推广适用性。但由于城市生态系统的复杂性，以及不同区域、不同城市的生态系统多样性，本评价方法的应用应根据城市自身环境资源情况、生态环境问题进行指标的选取，而指标的分级标准可根据城市自身情况进行一定的修正，本研究中给出的计算标准可作为参考。

第二篇 | 城市生态用地规划篇

第 6 章　城市生态用地规划发展历程

6.1　城市生态用地规划思想发展历程

纵观整个人类文明发展史，人与自然的关系经历了人类从畏惧自然、依赖自然、征服自然到回归自然的变化，相应地，人类经历了原始文明、农业文明、工业文明、生态文明诸阶段。目前人类文明正处于从工业文明向生态文明过渡的阶段。从生态用地思想的演进历程来看，与人类文明发展的过程相对应，经历了原始文明时期、农业文明时期、工业文明时期和生态文明时期。原始文明时期，人类出于自身生存的需要，活动范围有限且寄居在自然环境范围之内，对生态用地的保护处于集体无意识状态，对其心怀畏惧和顶礼膜拜。农业文明时期，人类开始建立自身的居所、村庄聚落和城镇，开辟农田、牧场以及花园，对生态用地的保护处于潜意识阶段，通过适应自然对生态用地进行有限的利用。工业文明时期，人类通过产业革命实现机械化大生产，建立以城市为中心的生产消费市场，积极拓展交通网络，使城市建设用地急剧扩张，人类通过对生态用地的无情掠夺来服务于城市生产与消费的需要。与此同时，频发的自然灾害、恶劣的城市卫生条件以及工业环境污染，使人类对生态用地的保护意识被唤醒。生态文明时期，在经历了工业文明阶段对生态用地的强力征服，所带来的恶果不断，之后，促使人类对自身的发展方式和生存意识进行反省，可持续发展的概念也逐步深入人心，已成为当前人类发展的共识，既关注于当代，也着眼于未来。

从生态用地无意识到主动意识的思想演进可以看出，生态用地保护与利用主要集中在工业文明、生态文明的近现代时期，其主要的思想转折点从 1898 年霍华德提出"田园城市"的理想开始，开辟了生态用地规划的先河，引领了近现代生态用地规划思想的集聚与发展（表6-1）。

表6-1　城市生态用地规则思想发展近现代历程一览表

类别	时间	主要内容
启蒙时期	1898 年	霍华德《明日，一条通向真正改革的和平道路》，"田园城市"理论：城乡一体

类别	时间	主要内容
初期探索时期	19 世纪末	索里亚提出了"带形城市"理论：贴近自然
	1901 年	戛涅提出"工业城市"理论：卫生防护、绿化隔离
	1915 年	盖迪斯在《进化中的城市》：城市的区域观、生态学应用于城市
	20 世纪 20 年代	恩温提出了"卫星城"概念：分散主城人口，控制城市蔓延
	20 世纪 30 年代	芒福德提出区域整体发展理论：真正的城市规划必须是区域规划
		柯布西埃提出"光辉城市"规划：城市应该修建成垂直的花园城市
	1932 年	赖特提出了"广亩城市"的设想：自给自足的供需平衡
	1933 年	国际现代建筑协会提出《雅典宪章》：现代城市由居住、工作、游憩和交通四大活动所组成
	1943 年	沙里宁《城市，它的生长、衰退和将来》提出"有机疏散"的城市结构的观点
	1944 年	阿伯克隆比完成大伦敦规划：区域规划思想，将大伦敦地区划分为城市内环、郊区环、绿带环和乡村环四个同心圆地区
	1947 年	哥本哈根提出"指状"城市空间发展模式：在"指状"城市空间空隙处，保留和营造楔形绿色开放区域
生态觉醒时期	20 世纪 50 年代	战后重建时期
	1962 年	卡森《寂静的春天》：质疑现代人征服自然、控制自然的观念和狂妄的科学态度，提出生态整体主义思想
	1972 年	罗马俱乐部《增长的极限》：对现代发展观提出批评，提出"持续增长"和"合理的、持久的均衡发展"的概念
主要理论建构时期	1967 年	麦克哈格《设计结合自然》：建立城市与区域规划的生态学框架
	1971 年	联合国教育、科学及文化组织在第 16 届会议上提出了"生态城市"的概念：强调人与自然的和谐统一
	1972 年	联合国人类环境研讨会提出"可持续发展"的概念：既满足当代人的需求，又不对后代人满足其需求的能力构成危害的发展
	1975 年	美国城市土地协会机构在《增长管理与控制》中提出"增长管理"的概念：通过政策法规途径能有效地引导新的增长
	1977 年	国际现代建筑协会（CIAM）在秘鲁利马提出《马丘比丘宪章》：强调对自然环境和资源进行有效保护和合理利用
	1985 年	日本学者岸根卓郎提出"城乡融合设计"理论：一种新型的、集成了城市和乡村优点的设计思想

续表

类别	时间	主要内容
深化提升时期	1992 年	钱学森的"山水城市"理论:城市要结合自然强调人、社会与自然的和谐
	20 世纪 90 年代	欧洲社区委员会(CEC)发布的布鲁塞尔绿皮书中提出"紧凑城市"的概念:城市采取集中、紧凑的布局模式
		美国 DPZ、卡尔索普的新城市主义:传统邻里社区开发(TND)、公交导向的邻里社区开发(TOD)
		爱荷恩(Ahern)的"绿道"理论:一种由线状物构成,经规划、设计和管理形成的网络体系,它兼备生态、自然保护、康乐、文化、美学、交通、城区分隔等多重功能,具有可持续土地利用特征
		景观生态学领域的"生态网络"理论:众多绿色廊道相互交织则形成网络,包括景观框架、生态结构、生态基础设施、绿道、景观安全格局等理论与实践
	2006 年	我国的《城市规划编制办法》:城市总体规划和中心城市规划中都要明确划定"禁止建设区"、"限制建设区"和"适宜建设区",并要求制定相应的空间管制措施
	2008 年	《中华人民共和国城乡规划法》:城市总体规划、镇总体规划的内容应当包括禁止、限制和适宜建设的地域范围

6.2 近现代城市生态用地规划研究进展

6.2.1 启蒙时期(1898 年)

1898 年,霍华德针对当时的城市尤其像伦敦这样的大城市所面临的拥挤、卫生等方面的问题,提出了一个兼有城市和乡村优点的理想城市——田园城市(garden city)。霍华德在他的著作《明日,一条通向真正改革的和平道路》中认为,田园城市是为健康、生活以及产业而设计的城市。田园城市的平面为圆形,道路骨架为环形放射,四周由永久性农业地带围绕,农业地带除耕地、牧场、果园、森林外,还包括农业学院、疗养院等。农业地带是保留的绿带,永远不得改作他用,这一理念在大伦敦规划环城绿带中得到了广泛的应用。同时外围农业地带与中心市内部的大公园遥相呼应,功能各异,农业地区的生产功能与公园的生活游憩功能相互补充,通过铁路、交通干道两侧的道路防护绿带以及林荫大道联系在一起。霍华德提出田园城市生态用地的城乡一体利用模式和环状放射形空间结构所产生的影响深远,田园城市群体之间具有可生长性,通过铁路联系在一起，相互生态隔离和缓冲，以实现城市生态用地的融合。

田园城市理论通过"环形、心形、楔形"绿色空间布局构建了生态用地空间结构的理想范式，对生态用地进行定性、定量的界定，为英国环城绿带和卫星城生态用地规划的成功实践提供了理论基础，同时促进了生态用地规划理论的极大发展，为后期生态用地规划理论的构建提供了思想渊源。

6.2.2 初期探索时期 (19 世纪末 ~ 20 世纪 40 年代)

19 世纪末 20 世纪初，有关生态用地规划的思想开始了初期探索阶段。1882 年，西班牙工程师索里亚提出了带形城市的理论，并于 20 世纪初在马德里进行实践，主张城市平面布局呈狭长带状发展的规划理论，以交通干线作为城市布局的主脊骨骼，城市的生活用地和生产用地，平行地沿着交通干线布置，交通干线一般为汽车道路或铁路，也可以辅以河道。通过交通干线将原有的城镇联系起来，组成城市的网络，不仅使城市居民便于接触自然，也能把城市设施带到乡村。带形城市理论指导了 20 世纪城市性扩展诸多范例，如苏联的线性工业城市 (19 世纪 30 ~ 40 年代)、哥本哈根 (1947 年) 的"指状"式发展规划和巴黎 (1971 年) 的城市群轴向延伸等。

1901 年，法国建筑师戛涅提出"工业城市"的设想，其目的在于探讨现代城市在社会和技术进步背景中的功能组织，从卫生防护功能出发，突出生态用地在城市功能组团之间的生态绿化隔离作用，继承田园城市的绿带思想，同时提出居住建筑周边地区设置公共绿地，在这些绿地中布置可以贯穿全城的步行小道，增强了公共绿地与开敞空间的可达性，把公园深入到居民的日常生活之中。

1915 年，盖迪斯在《进化中的城市》中强调把自然地区作为规划的基本框架，突出了生态用地在城乡规划中的地位，同时把生态学的原理和方法应用于城市规划与建设，为研究生态用地规划奠定了理论基础。作为一名生物学家，盖迪斯最早注意到了工业革命、城市化对人类社会所产生的影响，通过对城市进行基于生态学的研究，强调人与环境的相互关系，指出城市从来就不是孤立的、封闭的，而是和生态用地互相依存，把城市当做有机的整体，以区域观来看待城市的问题，融合生物学、社会学、教育学和城市规划学于一体，把生态用地提升到城市建设用地同等地位的区域观，重视现状调查和客观现实，以一种崭新的视角来研究人类与生态用地的依存关系。

20 世纪 20 年代，恩温提出了"卫星城"概念来继续推进霍华德的思想。恩温曾在霍华德的指导下主持完成了第一个田园城市莱彻沃斯的规划方案和建筑设计，并积极参加了当时的田园城市运动。1924 年，在阿姆斯特丹召开的国际城市会议，提出建设卫星城是防止大城市规模过大和不断蔓延的一个重要方法。1944 年，阿伯克隆比完成了大伦敦规划，该规划在伦敦周围建立 8 个卫星城，其主要目的是为了控制大城市人口过分膨胀和建设用地无序蔓延，在卫星城与主城之间利用生态用地进行有效隔离，对生态用地进行控制性的保护。卫星城的建设延承霍华德"田园城市"的理想，积极利用生态用地构建城市生态空间结构，为居民提供休闲游憩的场地。

1930 年以来，美国学者芒福德在盖迪斯理论的基础上更为明确地提出区域整体发展理论，并指出"真正的城市规划必须是区域规划"。芒福德强调对生态用地的永久性保护，主要用于农业、园艺栽培以及有关的乡村工业，形成区域性的生态整体。对整个生态用地区域进行风景设计，强调户外空间的休憩功能，通过设计步行游径把所有户外风景联系在一起。而在城市中，生态用地主要通过带状绿地串联各个街区绿地及开敞空间，形成一个连续不断的花园和林荫道网，在城市边缘地带，逐步扩大融入防护绿带，使生态用地的自然风景和花园成为城市整体的组成部分，既可供平时使用，也可供节假日使用。从生态用地规划思想来看，芒福德的生态理想是霍华德田园城市思想的延续，但同时注入了生态用地的游憩服务功能，实现生态系统为人类服务的社会理想。

如果说城市公园运动对生态用地是"点"状利用，那么城市美化运动对生态用地就是"线"状利用，而柯布西埃的绿色城市则是"面"状利用。柯布西埃在 1930 年的"光辉城市"规划里设计了一座由高层建筑组成的"绿色城市"，房屋底层透空，屋顶设花园，地下通地铁，距地面 5m 高的空间设置汽车运输干道和停车场，居住建筑日照间距充分，形成宽敞、开阔的空间。他主张"城市应该修建成垂直的花园城市"，并希望在房屋之间能看到树木、天空和太阳，实现城市用地与生态用地的相互渗透、相互融合。

1932 年，赖特提出了"广亩城市"的设想。其理想是把集中的城市重新分散在一个地区性农业的网格之上，建议发展一种完全分散的、低密度的城市，每户周围都有一英亩土地，足够生产粮食和蔬菜。居住区之间以公路相连，提供便捷的汽车交通，公路两侧分布着道路绿带，并将其自然地分布在为整个地区服务的商业中心之内。广亩城市抛弃城市的所有结构，真正融入生态用地之中，作为分散城市的代表，其生态理想是自给自足的供需平衡，生态用地的边界被消融，城市之间变得模糊或消失，形成无边界的区域城市。

1933 年，以勒·柯布西耶为首的国际现代建筑协会（C. I. A. M），在雅典以城市规划为中心议题形成现代城市规划重要的纲领性文件《雅典宪章》。该宪章认为城市和乡村的关系是构成区域的两个要素，城市是区域的一个组成部分，不能脱离区域研究城市，把城市研究置于广阔的生态用地背景之下。宪章指出现代城市由居住、工作、游憩和交通四大活动所组成，其中游憩功能与生态用地利用息息相关，通过利用城市空地建设绿化游憩场所，而在外围地区保护自然风景区等生态用地。

1943 年，沙里宁在其《城市，它的生长、衰退和将来》一书中提出有机疏散的城市结构的观点。他认为城市作为一个机体，它的内部秩序实际上是和有生命的机体内部秩序相一致的，有机疏散就是把大城市的那一整块拥挤的区域分解成为若干个集中单元，并把这些单元组织成为"在活动上相互关联的有功能的集中点"，这样原先密集的城区将分裂成一个一个的集镇，它们彼此之间将用保护性的绿化带隔离开来。有机疏散继承了"田园城市"理想，通过将衰败地区城市建设用地分散还原为生态用地，使人们居住在一个兼具城乡优点的环境中，同时通过老城区的改造，将内部空置地开辟为绿地开敞空间供居民享用。

1944 年，阿伯克隆比完成大伦敦规划，规划在盖迪斯的区域规划概念的基础上，将整个规划地区划分为城市内环、郊区环、绿带环和乡村环四个同心圆地区。针对生态用地的规划方面，在整个建成区（城市内环、郊区环）外围将绿带环扩展至 16km 宽，规划设置森林公园、大型公园、绿地以及各种游憩运动场地，以阻止伦敦现状城市建设用地的扩展，同时为整个地区提供休闲活动场所，并在绿带环外围的乡村环中规划设置 8 个卫星城来承担内环疏散出来的 50 万人口，每个卫星城人口规模应在 6 万~8 万人，通过内城人口的疏解来强化绿带环政策的实施。

1947 年，哥本哈根提出"指状"城市空间发展模式，在"指状"城市空间空隙处，保留和营造楔形绿色开放区域，并且尽可能地使其延伸至中心城区内。楔形绿色空间既包括林地、农田、河流及荒地等自然类型，也包括人工改造的公园、绿地等。通过楔形绿地内生态用地的保留和建设，一方面可以阻隔郊区市镇之间的横向扩张，使它们能够在规划的区域内合理发展；另一方面可以保护环境，为居民提供丰富、多样、宜人的休闲与娱乐空间（杨滨章，2009）。

6.2.3 生态觉醒时期（20 世纪 50~70 年代）

20 世纪 50 年代以来，不断暴发的环境危机以及骇人听闻的"八大公害事件"，向人类敲响了警钟。人们开始重新审视自己与自然的关系，雷切尔·卡森的《寂静的春天》、罗马俱乐部的《增长的极限》等系列著作，不断敲打人类的灵魂，唤醒人类的生态良知。

1962 年，卡森在《寂静的春天》一书中，以大量的事实和科学知识为依据，揭示了滥用杀虫剂等化学药物所造成的全球性环境污染和严重的生态危机，质疑现代人征服自然、控制自然的观念和狂妄的科学态度，表达了自己反人类中心主义的生态整体主义思想。同时呼吁关注人类生活方式与自然环境的关系，成为此后的环境保护和可持续发展的先声。

1972年，罗马俱乐部出版了《增长的极限》，对现代发展观提出批评，提出决定和限制增长的五个基本因素是人口、农业生产、自然资源、工业生产和污染，对后来以及人口控制、环境保护等在理论和政策层面都发挥了重要的作用。在讨论增长及发展的可持续问题方面，提出"持续增长"和"合理的、持久的均衡发展"的概念，为可持续发展理论的提出与形成作出了重要贡献。该书给人类社会的传统发展模式敲响了第一声警钟，从而掀起了世界性的环境保护热潮。

6.2.4 主要理论建构时期（20世纪60~80年代）

第二次世界大战结束后，各国纷纷致力于重建家园、发展经济。世界人口和城市增长都大大加快，导致了生态、能源和粮食供应出现严重危机。从20世纪60年代末开始，在全世界人民生态觉醒的同时，对于生态用地的规划与保护进入主要理论建构时期，包括生态城市、可持续发展、城市增长管理、城乡融合设计、城市空间管制等生态用地规划理论。

1967年，麦克哈格在其著作《设计结合自然》中提出了应当在规划中注重生态学的研究，并建立具有生态观念的价值体系。在其生态用地规划思想方面，既不把重点放在设计方面，也不放在自然本身上面，而是把重点放在"结合"上面，最充分地利用自然提供的潜力。他认为："如果要创造一个善良的城市，而不是一个窒息人类灵性的城市，我们需要同时选择城市和自然，缺一不可。两者虽然不同，但互相依赖；两者同时能提高人类生存的条件和意义。"而在生态用地规划实践方面，麦克哈格提出建立一个城市与区域规划的生态学框架，根据区域自然环境与自然资源性能，对其进行生态适宜性分析，以确定土地利用方式与发展规划，从而使自然的利用和开发及人类其他活动与自然特征、自然过程协调统一。麦克哈格在生态用地规划理论和实践方面将生态用地规划与城市规划并重，强调人类与城市、自然的和谐相处，这一思想在当时的时代背景下是具有深远影响和现实意义的，直至今日依然对我们的规划工作有着指导作用。

1971年，联合国教育、科学及文化组织在第16届会议上提出了"生态城市"的概念。生态城市强调人与自然的和谐统一，它的本质是实现城市经济、社会、环境系统的共赢。在人居环境方面，理想的生态城市应具有适度的人口密度，合理的土地利用，良好的环境质量，充足的绿地系统，完善的基础设施，有效的自然保护。在城市—区域层次，生态城市规模和发展必须控制在自然生态系统的合理承载能力以下，城市的集聚和布局应充分利用生态用地，城市开发应与生态用地相协调，使之不破坏自然生态的完整性。

1972 年，在斯德哥尔摩举行的联合国人类环境研讨会上最先提出"可持续发展（sustainable development）"的概念，1987 年，由世界环境及发展委员会所发表的布特兰报告书将可持续发展进行了定义：既满足当代人的需求，又不对后代人满足其需求的能力构成危害的发展。经济发展与自然环境是一个密不可分的系统，既要达到发展经济的目的，又要保护好人类赖以生存的大气、淡水、海洋、土地和森林等自然资源和环境，使子孙后代能够永续发展和安居乐业。可持续发展强调生态用地对人类生存的重要价值，目标是社会、经济、环境三系统的和谐统一。

1975 年，美国城市土地协会机构在《增长管理与控制》中提出"增长管理"的概念，20 世纪 80 年代中后期，"增长管理"开始出现在美国一些州的立法文件中，20 世纪 90 年代中后期"增长管理"的内容和涵盖面进一步拓展。增长管理的核心在于保证经济增长与城市发展的协调化发展，旨在保持发展与保护之间、各种形式的开发与基础设施同步配套之间、增长所产生的公共服务需求与满足这些需求的财政供给之间，以及进步与公平之间的动态平衡。通过政策法规途径能有效地引导新的增长，中心城市和旧城区的复兴，从而成为保护生态用地的政策手段。与"增长管理"政策相对应，"城市增长边界"则从规划技术的层面对于蔓延扩张的控制通过划定允许城市发展的界限，划出若干"拟发展区"供开发公司发展，各种新开发区之间用永久性的绿带隔离，并以公共交通将它们连接，然后根据需要选择不同的开发密度，并赋予边界一定的灵活性，在必要时可允许调整。从某种意义而言，划出"城市增长边界"的目的是"鉴别区域中在哪里发展、哪里不能发展以及如何合理的发展"，作为一种理论模式，"城市增长边界"强调了新的开发方式，即要在适当的地方进行适当的高质量开发，提高土地的集约利用。而保护生态用地等绿色空间既是控制城市蔓延扩张的目标，也是阻挡城市蔓延扩张的有力屏障。

1977 年，国际现代建筑协会（CIAM）在秘鲁对《雅典宪章》的人本主义规划理念的反思和修正，提出了《马丘比丘宪章》，重新调整人与自然的关系，客观理性地看待人的需要，强调对自然环境和资源进行有效保护和合理利用。在城市与区域的关系方面，《马丘比丘宪章》认为城市与其周围区域之间存在发展动态的一致性和潜在的功能关联性，而城市人口的发展和用地的增长，加重了区域自然资源和环境资源被污染的压力，因此，为了与自然环境、现有资源和形式特征相适应，每一特定城市与区域应当制定合适的标准和开发方针，合理疏解区域环境资源的压力，引导城市合理增长。同时，宪章注重历史文化建筑保护，提倡建筑、城市与园林绿化三者相统一。

1985 年，日本学者岸根卓郎提出"城乡融合设计"理论，认为 21 世纪的国土规划目标应体现一种新型的、集成了城市和乡村优点的设计思想，其基本思想是创造自然与人类的信息交换场，实现其新国土规划的具体方式是以农业、林业、水产业的自然体系为中心，在绿树如荫的田园上、山谷间和美丽的海滨井然有序地配置学府、文化设施和先进的产业及住宅，使自然与学术、文化、生活浑然一体，形成一个与自然完全融合的社会。城乡融合设计理论继承和发扬了田园城市、广亩城市的思想，从城市和乡村的人工、自然、空间要素融合出发，创造新的城乡空间形态，实现城市用地与生态用地优势互补。同时，从自然和公共设施相互融合的角度构建城乡融合的社会，对建设城乡宜居的生态用地形态有极大的借鉴意义。

6.2.5 深化提升时期（20 世纪 90 年代至今）

经历了对生态用地主要理论建构时期后，从 20 世纪 90 年代开始，人们将越来越多的目光从生态用地转向对城市建设用地的控制，出现了紧凑城市、新城市主义、可持续发展的规划和社区、绿色城市规划、低碳城市、生态恢复（修复）、生态区划等。

1990 年，欧洲社区委员会（CEC）发布的布鲁塞尔绿皮书中提出"紧凑城市"的概念。紧凑城市是一种集中布局的城市结构，其核心思想是城市采取集中、紧凑的布局模式，占地少，减轻对机动车的依赖，提倡公共交通和步行，节约资源消耗，以实现城市的可持续发展。紧凑城市通过集中设置的公共设施，有效地减少交通距离、废气排放量并促进城市的发展，为城市居民提供质量更高的生活，同时将城市开发遏制在城区范围之内，有利于阻止生态用地的进一步丧失，这一思想是城市增长管理思想的延续。

新城市主义是美国 20 世纪 90 年代促进邻里和地区健康发展、提高生活质量的运动。新城市主义的奠基人是安德雷斯·杜安尼（A ndres Duany）和伊丽莎白·普拉特（Elizabeth Plater Zyberk）夫妇（DPZ），新城市主义的重要人物还有彼特·卡尔索普（Peter Calthorpe）等。其主要理论包括由 DPZ 提出的传统邻里社区开发（TND）和卡尔索普倡导的使用公交的邻里社区开发（TOD）。在生态用地规划理论方面，新城市主义认为限定城市规模最重要的因素是自然生态环境，他们主张城镇发展要有一定的边界，这一边界是由自然环境容量所限定的，人们不能模糊和消除这一边界的存在。这种城市边界的发展模式，从生态学角度看，实际上是承认城市发展以及人类赖以生存的生态系统所能承受的人类活动强度是有极限的，亦即城市的发展存在着生态极限（沈清基，2001）。新城市主义所倡导的设计原则对可持续社区规划影响较大，深化了土地利用和交通发展的互动，对抑制城市的无序蔓延起到了积极的示范效应。如加利福尼亚州 Village Homes 新城、佛罗里达州 Seaside 新城等。

在"绿带"对欧洲城市产生巨大影响的同时，自20世纪90年代起，北美洲诞生了另一种城市绿色空间的规划思想——绿道。相对于"绿带"，"绿道"较少依赖于高强度的政策干预，空间模式上也显得更为自由。绿道概念的发展受到田园城市构想的影响，同时结合了景观规划理论中都市开敞空间设计思维（陈爽和张皓 2003）。爱荷恩（Ahern）将绿道定义为：一种由线状物构成，经规划、设计和管理形成的网络体系，它兼备生态、自然保护、康乐、文化、美学、交通、城区分隔等多重功能，具有可持续土地利用特征。绿道具有多功能性，它不仅为城市带来新鲜空气、为野生动植物提供活动空间，还可通过空间分割兼顾康乐休闲、历史文化保护和交通等功能。基于这种兼容性，采用绿道的空间组织形式可以在保护自然的同时充分利用自然资源为人类服务。绿道是一种较为灵活的生态用地发展策略，不强调对景观的改变和控制，而将主要视角放在河滨、山谷、路边等环境敏感地带，降低了获取土地的难度。绿道规划设计的关键在于结点的定位及结点组成网络的模式。其主要内容包括规划区土地覆盖状况分析、野生动植物生长和生存环境分析及绿道网络社会、经济和生态效应评价。目前，绿道规划理念在我国珠江三角洲地区得到了很好的应用和发展。

与绿道规划和实践相关联，景观生态学领域于20世纪90年代提出了"生态网络"概念。斑块、廊道和基质是构成景观的基本元素，众多绿色廊道相互交织则形成网络，景观生态学将这一客观存在的自然景观现象称为生态网络。一般而言，生态网络具有引导养分、能量和基因迁移的功能，其本身可作为生物的栖息地，而良好的植被则有助于防止水土流失，保护生态环境，因而视为一种能从空间结构上解决环境问题的规划范式。相应地，在规划实践中出现了很多类似生态网络理念的名词，如景观框架、生态结构、生态基础设施、绿道、景观安全格局等。生态网络是植根于景观生态学及其相关理论如岛屿生物地理理论和种群变化理论的基础研究，关注生物及其栖息环境之间的动态变化关系。生态网络实践大多基于河流水系的构建，如加拿大多伦多市曾于1998年完成《加里森溪流链接规划》（*Garrison Creek Linkage Plan*）。生态网络作为一种规划范式，不局限于纯粹的生态学研究，而与社会经济密切联系，在保全现有的生态要素，或进行生态修复与重建的基础上，生态网络规划将生态环境规划与其他规划整合，在城市或土地利用规划伊始就融入生态保护的理念，调和规划的各项内容，提升规划整体质量，绿道的规划正是基于这一理念进行的（陈爽和张皓，2003）。

　　国内生态用地规划自 20 世纪八九十年代以来发展迅速，1992 年，钱学森教授提出"社会主义中国应该建山水城市"，引起学界的普遍关注，现已出版《钱学森论山水城市》、《城市学与山水城市》、《山水城市与建筑科学》等专著。山水城市是在现代城市理论和建设实践发展的基础上，以民族文化为内涵，以高科技技术为手段，以特定的城市地理环境为条件，创造人与自然、人与人相和谐的，具有地方特色和中国风格的，最佳人居环境的中国城市艺术空间。山水城市主张城市要结合自然、人、社会与自然的和谐，就意味着环境污染、生态失衡和物种灭绝加剧现象的消失，使城市、社会、人与自然共生共荣，自然化的城市，或者说城市的自然化。山水城市在涵盖生态城市和园林城市的同时，也强调中国文化的特征。山水城市是我国宜居城市建设的理论探索，是对我国城市出现大规模的生态环境问题的积极应对方式，对园林城市、生态园林城市的建设起到了推动作用。

　　为有效控制城市蔓延所带来的生态和环境破坏，强化生态用地控制和管理。2006 年，我国建设部公布了新的《城市规划编制办法》，规定城市总体规划和中心城市规划中都要明确划定"禁止建设区"，"限制建设区"和"适宜建设区"，并要求制定相应的空间管制措施。2008 年颁布实施了《中华人民共和国城乡规划法》，规定城市总体规划、镇总体规划的内容应当包括禁止、限制和适宜建设的地域范围，为生态用地纳入城市规划与管理提供了法律上的依据。

第 7 章　城市生态用地规划模式

从生态用地规划思想的产生和发展历程来看，生态用地规划落实到实践层面只是时间问题。国外最初的实践从 19 世纪中期英国的绿带规划开始，绿带规划典型案例包括巴黎环城绿带规划、首尔绿带规划以及北京的两道绿化隔离带规划等。进入 20 世纪，绿带规划政策日渐成熟和规范化，对生态用地规划实践的影响深远。20 世纪 60 年代，北美针对生态用地规划实践以划定城市增长边界为目标的政策性规划，其成功实践包括波特兰城市增长边界规划，随后一大批北美城市加入到这一实践行列，在世界范围内产生了巨大的影响，如澳大利亚墨尔本城市增长边界与绿楔规划。与城市增长边界规划并行的生态用地规划实践有绿色基础设施规划、绿色网络规划以及更深层次的生态修复规划等，其中绿色基础设施规划主要受麦克哈格生态规划的影响而形成，在马里兰州得到了成功的实践；而绿色网络规划则受绿带规划、生态空间结构规划的影响，在新加坡得到了很好的实施；而生态修复规划在城市更新和棕地改造中应用广泛。与国外生态用地规划实践相比，我国生态用地规划实践起步于 20 世纪 80 年代末，大致经历了空间结构型、分类控制型、边界控制型、网络构建型、生态修复型等规划的实践，到目前为止，对生态用地规划实践尚处于探索阶段。

7.1　空间结构型规划

生态空间结构性规划源于综合结构性规划和物质型结构规划，其结构化的要素在宏观、中观层面得到很好的体现，对城市生态空间结构的塑造发挥着战略性控制引导的作用。

7.1.1　乐山市绿心环型生态城市模式

1. 规划背景

乐山，位于中国四川盆地的中南部，是著名的山水城市和历史文化名城。20世纪 80 年代末，乐山市在面临经济发展与环境污染的矛盾下开展了城市总体规划的编制工作。重庆大学黄光宇教授（1998）以生态学理论为指导，结合乐山的自然、生态环境条件，提出中心城区采取"绿心环型生态城市"的布局结构，形成"山水中的城市、城市中的山林"大环境圈的总体构思（图7-1）。

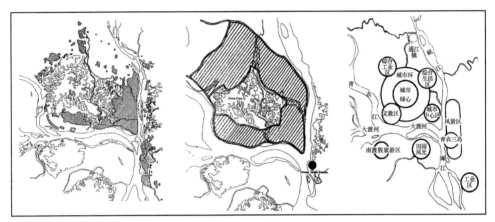

图 7-1　乐山市绿心环形生态城市模式示意图

资料来源：黄光宇，1998

2. 规划主要内容

在生态用地规划方面，在城市发展范围的中心地带（现状为丘陵林地）开辟 817km² 的城市绿心，以保持自然生态环境，建设森林公园，作为永久性的绿地。根据乐山优越的自然山水条件及绿心的地形、地貌、土壤条件，绿心内按不同的功能，将开辟自然森林区、花卉绿茵观赏区、珍贵动物放养区、小鸟天堂、水景区、野营露宿区等，使之既满足市民游乐、休息的需要，又能维持城市良好的自然生态平衡，使山林置于城市之内，城市又处于几重生态圈之中，即绿心—城市环—江河环—山林环。

3. 绿心的功能

从生态学与社会学的角度来看，大面积的绿心有重要的作用与意义。第一，它可以调节城市中心地区的小气候，改善日照、气温、湿度和通风条件，消除中心地区的热岛效应；净化城市空气，提高空气透明度；储蓄雨水、涵养水源，提高地表的吸水与透水性，减少水土流失，提高江河对洪水的自动调节能力；为鸟类及其他动物提供栖息、繁衍场所等，使城市的生态环境得到优化。第二，满足人们心理与生理需求，创造良好的游憩、健身和交往活动空间，增进身心健康。第三，防灾、隐蔽、疏散等实用功能。第四，利用绿心巨大的生物生产能力，可以产生显著的综合效益。

7.1.2 北京市两道绿化隔离地区

1. 规划背景

北京两道绿化隔离地区起始于 1991 年编制的《北京城市总体规划 1991～2010 年》，规划提出"两个战略转移"，即城市发展重点要逐步从市区向郊区转移，市区建设要从外延向调整改造转移，并据此构筑了"分散集团式"布局模式，在中心地区与分散集团之间划定第一道绿化隔离地区，规划总面积约 350km²。2003 年，在分散集团与卫星城之间提出第二道绿化隔离地区规划，规划用地面积约 1650km²。

2. 规划主要内容

第一道绿化隔离带规划：在三环和四环内外，目的是构筑市区分散集团式布局，防止继续"摊大饼"。这道绿带位于市区中心地区与 10 个边缘集团之间，以及边缘集团与边缘集团之间，规划用地面积为 350km²。由于没有及时实施，已经减少为 240km²。市区中心地区与边缘集团的隔离已不明显，若二者继续黏合，分散集团式布局就得宣告失败。因此，2000 年启动了第一道绿化隔离带工程，新增了大量绿地，勉强维护住了分散集团布局模式。

第二道绿化隔离带规划：用来分隔中心大团（市区）和外圈的卫星城，确切地说是将 10 个边缘集团与 8 个卫星城（包括空港城、海淀北部科技园区）分隔。规划提出环状加楔形"两个绿环、九个楔形绿色限建区、五个组团间绿色限建区"的绿化结构，规划绿色空间总面积为 1061km²，规划绿化用地占绿色空间 50% 以上。

3. 规划控制效果

第一道绿化隔离带由于处于城市建设用地范围之内，一直没有更明确的规划内容对其加以控制，致使绿化隔离地区被蚕食 1/3，直至 20 世纪末分别对两道绿化隔离地区进行了专项规划，才使得它们的建设得到了保障。2007 年，针对第一道绿化隔离带启动编制《北京绿化隔离地区公园环总体规划》，通过调整、拓展绿化隔离地区绿地的功能，规划建设"公园环"，在满足市民日益提高的休闲需求的同时，最有效地利用和保护已有的绿化成果，发挥绿化隔离地区绿地的综合效益。

第二道绿化隔离带在 2004 年的北京城市总体规划中得以落实，为其实施提供了一定程度上的保障。至此，北京市的两道绿化隔离地区成为联系城市内外绿地系统的重要桥梁，并且阻断了中心城、边缘集团、新城等各城市化地区的连片发展, 建立了城乡一体的生态用地体系 (图7-2)。

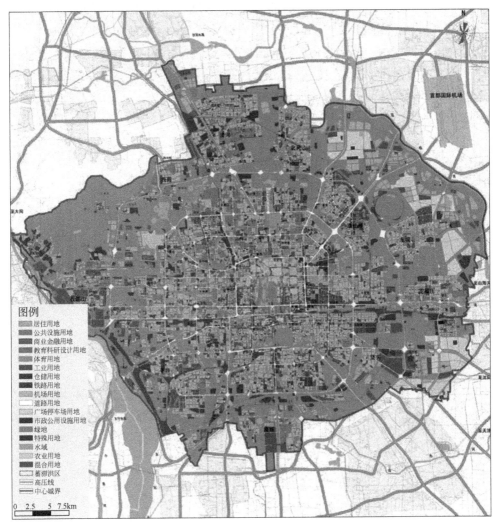

图例
- 居住用地
- 公共设施用地
- 商业金融用地
- 教育科研设计用地
- 体育用地
- 工业用地
- 仓储用地
- 铁路用地
- 机场用地
- 道路用地
- 广场停车场用地
- 市政公用设施用地
- 绿地
- 特殊用地
- 水域
- 农业用地
- 混合用地
- 蓄滞洪区
- 高压线
- 中心城界

图 7-2 北京市中心城区用地规划示意图 (2004~2020 年)

资料来源: 北京市人民政府, 2004

7.1.3 英国绿带规划

1. 概况

英国的绿带规划因其悠久的历史、持续的规划实施力度成为同类规划的经典。早在 1955 年便出台的绿化带规划政策及与其相关的开发管理条例的效力一直延续至今。英国经正式批准的绿化带目前大约为 15 560km²，约占英国国土面积的 12%。其中共分为 14 个不同的绿化带，面积则由（伦敦附近的）4860km²到（特伦特-伯顿的）700hm² 大小不等。绿化带内的生态用地的主要功能包括五个方面：一是为城市居民提供广泛接触乡村开敞空间的良好机会；二是为城市居民创造户外体育运动和其他户外文化娱乐活动的场所；三是保护自然生态环境、农业、林业及其他相关产业用地；四是保护各历史名镇的自然布局与特色；五是帮助弃置地和其他城市用地的循环再利用。整体而言，绿化带的合理规划对于城市的可持续发展有着深远的影响。1995 年发布，2001 年修订的英国绿化带规划政策指引（PPG2）对绿带划定、开发规划等给出了指导原则，对生态用地的区域规划和法定管制均有借鉴意义。

2. 绿带规划要求

（1）一旦正式确立，不能轻易更改。修改绿带的前提是地方政府首先将绿化带内部及其相邻市区的未来规划可能对绿化带造成的影响综合加以考虑。在地方性规划进行了修改和更新时，原有的绿化边界也不得随意更改，除非与边界密切相关的结构规划已被批准更改。

（2）不得将不具备永久开敞性，但暂时闲置的土地划入绿带。不具备永久开敞条件的土地往往在将来会面临开发需求，若日后必须把绿化带内因画线失误而导致的误划部分分离出来时，绿化带就会遭到不应有的破坏。

（3）绿化边界不应太靠近现有建成区，否则可能破坏绿化带的永久开敞性，降低绿化带的价值，违背区域规划的宗旨，使区域规划无法为地方规划提供准确的参考。

3. 绿带开发管制

（1）杜绝不合理开发。开发规划中的绿化带方案应当保证所有规划步骤均无不合理开发行为。立项阐述存在不合理的项目，若在另一些层面对绿带有积极正面的影响，经政府权衡后证实利大于弊，并出于某种原因而非立项不可时，才可以批准这个不完全合理项目的开发。

（2）对绿地实施控制性的保护，原则上不允许绿化带内部兴建新建筑物，对于某一些用途的建筑物可放宽限制，但是此类建设必须严格符合兴建的理由，不破坏绿化带的开阔性视野，并与绿化带内圈地的效用不产生任何冲突。可放宽限制的建筑物包括用于农业、林业、户外体育、娱乐设施以及墓地等用途的建筑物。

（3）绿化带内原有的住宅需要扩建、改建或翻新时应该遵从的原则：包括不大规模破坏原来造型，达到绿化带内景观的统一和谐；若需将建筑物周围地域重新规划，应该严格管理施工范围，确保绿化带内的开阔视野与统一性；经过重复利用以后的建筑物必须是用于永久性的切实用途；改建后的建筑物的外部造型、主干结构和整体设计必须与周围环境相协调。

7.1.4 巴黎环城绿带规划建设实践

1. 环城绿带规划的起因

巴黎以蒂埃尔城墙为界，内部为中心城区，外部又分为近郊和远郊两个圈层。1853 年，巴黎行政长官奥斯曼（George E. Haussman）主持的巴黎市区改造开始了巴黎早期的近代城市绿地建设工作。1913 年，巴黎将城市郊区的生态用地纳入城市规划中，对生态用地的规划分为两个层次：巴黎市中心区，在现有绿地的基础上规划多处公园，以小而分布均匀的绿地为建设重点；以城墙外大型的林地为基础，在已有的城市化地区周边建设绿带。在这两个空间层次之间是沿蒂埃尔城墙原址形成的环状公园绿带，尽管由于巴黎环路建设和城市开发的侵扰导致这条环城绿带失去了早期的连贯性，但是规划环城绿带为市民提供了多种休闲、娱乐的场地，而且在巴黎的环路上形成了良好的森林景观，同时它还起到了串联"绿肺"（布洛涅森林和文塞纳森林）和其他城市公园的作用，在巴黎的生态用地系统中发挥重要的作用。

2. 巴黎大区域规划中的环城绿带规划

自 1932 年到 20 世纪末，巴黎地区先后进行了多次区域规划。为协调解决城市人口膨胀与保护郊区生态用地之间的矛盾，区域范围内的生态用地的保护是历次规划中不可缺少的内容。正是通过将生态用地的保护和城市发展同步进行考虑，才奠定了巴黎地区内的绿地系统发展格局，使得巴黎在城市化如此密集的环境条件下，仍能保持丰富的森林、绿地景观。1994 年的 SDRIF 规划在整个大巴黎地区范围内，规划以巴黎为中心，分别以 10km 和 30km 为半径，将巴黎地区划分为内环、中环（绿环）、外环（黄环或农业环）。内环为巴黎的城市密集区，绿地匮乏，通过城市更新的过程增建城市各类公园绿地，以道路和河流沿线形成的绿色廊道相联系，形成绿色网络，为居民提供就近服务并改善城市环境；中环内包括空地 1000km²，永久型绿地 400km²，规划严格保护这两类用地，使之继续发挥限制巴黎城市密集区扩散、向居民提供多样化的游憩场所、保持城市近郊的农业生产功能、促进家庭园艺业的发展等现有职能；外环是巴黎地区重要的农业生产基地，拥有 6000km² 的农业用地和 2700 km² 的茂密森林，经济和生态并重，并维护人文景观和自然景观的连续性，规划要求在节约使用的前提下谨慎地进行建设。

3. 绿带控制规划启示

面对严峻的城市化进程，巴黎地区规划的主导思想经历了由以限制为主题到以发展为主题的变化过程，其经验表明，简单的划定界限是不能够左右城市化的节奏和进程的，只有通过有效的引导才能使城市发展的步伐走上预定的生态用地规划轨道上来。

绿地是生态用地保护与利用的重要控制要素，巴黎市坚持中心地区的绿化整治和郊区生态用地内的公园开发并重，中心地区的绿地建设与城市更新、城市环境整治相结合，以小而多且分布均匀的点状绿地以及林荫道与滨河绿带等线状绿地形成了网络化的绿地系统。郊区生态用地的保护一方面在宏观上保护能够控制城市连片发展的林地和农田，另一方面在新城的规划建设上充分考虑自然条件，在规划之初就将城市与公园绿地紧密地结合在一起，使新城与周边的生态用地背景自然融合在一起。

7.1.5 首尔的绿带政策

1. 背景

20 世纪 60 年代末，首尔的人口从不足 300 万人发展到了 500 万人，快速的人口增长引发了城市的无序蔓延，致使住房状况恶化及基础设施严重不足，整个城市呈现出失控的局面。同一时期，韩国其他城市也出现了类似的情况。由此，如何控制城市蔓延、保护农耕地免遭侵蚀成为韩国政府亟待解决的问题（杨小鹏，2008）。

2. 绿带政策的颁布与实施

绿带的概念是在韩国政府 1971 年制定的《韩国全国总体空间规划（1972 ～ 1981）》中作为重要内容出现的，之前出现在 1971 年的城市规划法修改内容中，只是被称为"限制开发地区"，而不是"绿带"。绿带政策制定的主要目的包括：降低人口和工业向首都集聚的速度；阻止城市蔓延和城市之间连片发展；减少空气和水污染；保护自然环境；提供休闲空间；保护国家安全（图7-3）。

绿带法案制定后的两年内，韩国政府在 14 个大中城市设定了绿带。绿带的总面积为 5297.1 km²，约占全国土地面积的 5.4%。绿带的绝大部分（77.6%）为私人拥有，只有 22.4% 属于国有。其中，首尔的绿带面积最大，距市中心约 15 km 的首尔绿带宽约 10 km，总面积为 1556.8 km²。绿带边界的确定更多是基于政治方面的决策而不是对土地利用情况的调查。禁止绿带内的土地改变任何用

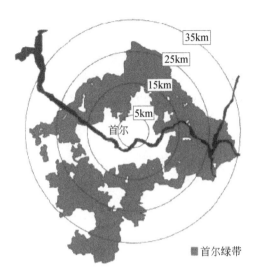

图 7-3　首尔绿带示意图

资料来源：杨小鹏，2008

途，除非重建或改变现有建筑的结构，并获得相关政府部门的批准，否则任何人都不能在绿带内进行任何建筑工程。韩国的绿带政策自颁布后一直被严格的执行，直至 1999 年中央政府宣布对绿带的边界进行调整。

3. 绿带政策存在的问题

绿带政策是为了限制城市的蔓延和保护农田及生态环境，但缺乏自足性的新城政策却助长了蛙跳式的城市蔓延，造成了资源浪费、社会不公、土地价格高涨、农田及开放地等生态用地被侵占等各种问题的发生（杨小鹏，2008）。

一是绿带建设的主要目的是阻止城市蔓延，但新城建设在绿带之外，却恰恰导致了蛙跳式的城市蔓延。新城居民往返于新城和母城之间，绿带的宽度又加大了这一通勤距离，造成汽车使用数量和公共设施建设投入的增多，加大了能源消耗和空气污染的程度。

二是对土地开发的限制加剧了社会的不公平现象和土地住宅价格高涨。一方面，绿带政策的严格限制使绿带内任何工程都被禁止，绿带内可建设用地的价格只有绿带外的 40%（因为土地开发和现有房屋修缮都被严格限制），绿带内居民的土地开发权因被限制而受到的损失没有得到任何的补偿，从而使绿带内地产业主的利益严重受损。另一方面，绿带政策又限制了可供开发的土地数量，从而导致土地住宅价格的高涨，使绿带之外不受限制的地产业主获利。这样，本来是从整个城市乃至区域的整体利益出发而制定的绿带政策，却剥夺了个人的财产权，破坏了市场的开放性，造成了绿带内外土地不平等的价格。

三是对农田及环境的保护效益有限。虽然由首尔政府主导的 5 座新城有 120 多万人，但实际上，依托于新城与母城的交通联系，围绕这些新城，绿带外还分布着上百个分散的、不连续的私人开发项目。这些项目所容纳的人口达到 230 万人，接近新城人口的两倍，这在造成更大交通和环境压力的同时，也导致了蛙跳式开发对农田和开放地资源的侵占。

7.1.6 兰斯塔德"绿心"规划

1. 概况

荷兰是一个人口稠密、高度城市化的发达国家，全国的经济活动主要集中在西部的兰斯塔德（Randstad）地区。兰斯塔德地区横跨 4 个省（北荷兰、南荷兰、乌得勒支和弗莱福兰）、包含全国最大的 4 个城市（阿姆斯特丹、鹿特丹、海牙和乌得勒支）及其间众多小城市的松散城市群，整个地区面积约为 830 km²，占荷兰国土总面积的 1/4，居住着全国 45% 的人口，提供了全国 50% 的工作岗位。

2. 兰斯塔德"绿心"的形成

20 世纪 50 年代以来，荷兰开始向"规划的社会"迈进，中央政府进行了五次国家空间规划，希望通过保持"绿心"的开放性、尽可能地在城市地区安排城市化活动等措施来提升兰斯塔德地区的空间质量，为居民提供舒适的生活环境。在兰斯塔德内部有一个面积约 400km² 的农业地带，这一绿色开放空间就是"绿心"。兰斯塔德"环形"空间结构的形成是由于阿姆斯特丹、鹿特丹等城市之间的地段因地势低洼而难以利用，城市开发与基础设施建设都只能环绕"绿心"进行，"绿心"内包含了 43 个完整的行政区和另外 27 个行政区的部分地区，"绿心"大多为乡村地带。在 20 世纪 50 年代之前，"绿心"相对完整，城市建设基本上沿着绿心的边缘展开，此后绿心有了相当程度的开发，如住宅、工业、道路设施等各种建设。1960 年，第一次国家空间规划制定了疏散政策，通过引导周边地区的发展来减少兰斯塔德的压力。对于主要作为农业地区的"绿心"，规划要求保持其绿色。1966 年，第二次国家空间规划以"相对集中的分散"方式将人口就近分散到北荷兰省、弗莱福兰省、三角洲等周边地区，以保护"绿心"。然而，"绿心"政策并没有得到很好的贯彻，"绿心"中的人口持续增长。20 世纪 70 年代以来，"绿心"内的很多居民点都逐渐失去了乡村特征，公路和铁路线开始穿越、切割"绿心"，"绿心"的城乡一体化进程加快。第三次国家空间规划以具体的开发规划代替分散布局，该规划提出将 14 个城镇作为生长中心。20世纪80年代，规划界认为商业布局和居住区应尽量接近现有城市，以公共交通代替小汽车交通，保护"绿心"及其他开放空间。在这一指导思想下，第四次国家空间规划于1988年出台，1990年修订。规划将居住生活中心（又称VINEX区域）全部布置在"绿心"界区之外，实施中尽管有所突破（如海牙东面的祖特梅尔生活中心、海牙与鹿特丹之间的东部铁路线和乌得勒支城市西侧界线的划定都不同程度地影响了"绿心"），但是总体上还是优先保护"绿心"的，仍然通过"绿心"来分隔城乡。第五次国家空间规划草案引入了"红线"与"绿线"，作为防止城市蔓延和保存空间的基本战略。"红线"被用来划定城市及其发展区；"绿线"被用来划定城市发展过程中要保护的特殊生态或景观地段，以及具有全国重要性或区域重要性的绿地。

3. 启示

（1）建立区域性联合机构。在1985年之前，兰斯塔德很少从区域规模上进行整体的协作与管理。随着第四次国家空间规划的颁布，该地区逐渐出现了一些区域联合体。通过组建一些政府机构（如区域城市网、兰斯塔德南翼的管理平台、兰斯塔德管委会、三角洲大都市协会、绿心平台、兰斯塔德南翼顾问委员会等）协调该地区的发展与管理，以更好地保证兰斯塔德在全国乃至国际经济中的地位（图7-4）。

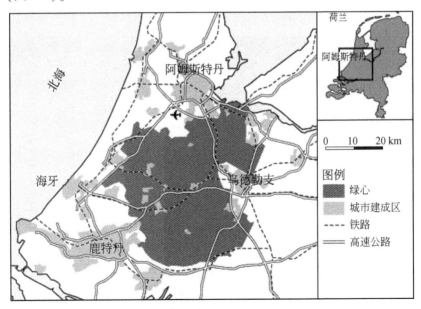

图 7-4　兰斯塔德"绿心"示意图

资料来源：王晓俊和王建国，2006

（2）使空间规划走向明确与具体。荷兰第一次国家空间规划和第二次国家空间规划的政策在保护"绿心"方面都没有得到很好的贯彻，使"绿心"遭到了蚕食与挤压。其中一个重要教训就是国家不能仅仅制定宏观政策，也应有具体措施。

（3）增强保护政策的弹性。20世纪80年代以来，政府开始反思城乡二元对立问题，放弃了保持"绿心"永远天然无损的理想。从1990年开始，保护"绿心"不再是"绿心"土地利用规划政策的唯一目标，除了严格控制商业及居住发展外，政府鼓励在"绿心"内积极发展旅游、休闲等服务业，甚至允许有条件的建设具有区域重要性或很高经济效益的政府项目，保护与维持"绿心"特有的开放性，进一步提高"绿心"特殊的自然景观价值和文化景观价值（王晓俊和王建国，2006）。

7.2 分类控制型规划

分类控制型规划在生态空间结构型规划的基础上，借鉴麦克哈格生态规划分析的思想，对生态空间要素进行了分类识别和整合，限于生态空间要素的多样性和地域差异性，对生态用地的分类控制大多删繁就简、去粗存精，同时分类控制与行政管理主体进行有效衔接，在生态用地规划管理层面作出有益的探索。相对于生态空间结构型规划，在生态用地规划的实施控制层面，分类控制型规划前进了一大步，是城市增长边界型规划的前奏。

7.2.1 北京限建区规划

1. 背景和主要内容

北京城市在快速发展的进程中，城市无序蔓延的趋势愈演愈烈，生态用地朝建设用地的非科学演变呈上升之势。为了促进城市及区域生态环境的可持续发展，避免城乡建设空间与生态限制性条件发生冲突，保护北京市域自然生态和人文环境的完整性，正确处理好城市发展与生态资源保护、自然风险避让、历史文化资源保护等多方面的关系，建设限制性规划应运而生。

《北京市限建区规划（2006～2020年）》于2007年5月编制完成，"限建区"指对城乡建设有限制条件的地区。规划以建设限制要素信息为基础，参考多个相关法规文件、规划成果，对要素类别、空间分布、限制要求等属性进行综合分析，通过限建分级、限建要素叠加、限建单元处理等，最终划定绝对禁止建设区、相对禁止建设区、严格限制建设区、一般限制建设区、适度建设区和适宜建设区六大建设限制分区，并提出相应的规划策略、法规依据、主管部门规划导则等，为加快城镇化时期的北京城市空间发展提供了合理的规划与决策依据（图7-5）。

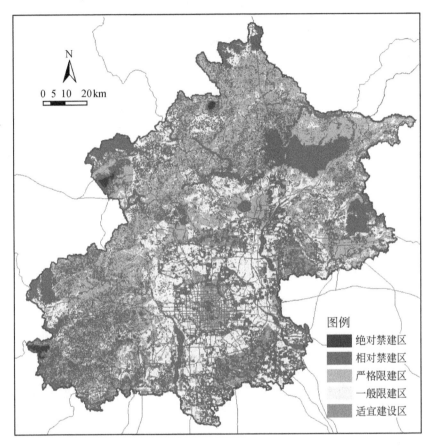

图 7-5　北京市市域建设限制性分区示意图

资料来源：龙瀛等，2006

2. 重点：限建级别的划分

对于禁建区、限建区、适建区不同限建级别的划分，主要依靠五大类建设限制要素。这五大要素分别是水、绿、文、地、环。"水要素"包括河湖湿地、水源保护、地下水超采、超标洪水风险；"绿要素"包括绿化保护、城镇绿化隔离、农地保护；"文要素"包括文物保护、地质遗迹保护；"地要素"包括平原区工程地质条件、地震风险、水土流失与地质灾害防治；"环要素"则包括污染物集中处理处置设施防护、电磁辐射设施（民用）防护，以及噪声污染防护等。

划定建设限制分区，是以避让灾害风险为原则，分析建设限制要素，依据自然灾害易发的风险、资源环境保护的价值、污染源防护的影响等方面的因素进行综合判断的结果（表7-1）。

表7-1　北京各类限建分区面积统计

限建类别	面积/km²	占市域总面积比例/%
绝对禁建	58.1	0.4
相对禁建	2266.6	13.8
严格限建	3187.8	19.4
一般限建	9216.7	56.2
适度建设	1575.7	9.6
适宜建设	95.2	0.6

7.2.2　广州市空间管制与城市增长边界规划

1. 规划背景

2007年，为了优化广州市城市空间结构，提升宜居环境品质，根据《城乡规划法》的要求，广州市组织编制了《广州市空间管制与城市增长边界规划》，主要目标是划定城市禁建区、限建区、适建区和已建区，划定城市增长边界，促进城市从粗放型扩张到集约型持续发展转型。

2. 禁建区、限建区规划

规划基本思路是在传统的生态评估的基础上，重点考虑城市自身增长动力机制，通过建立 CA 城市增长动力模型与自然生态限制模型，从城市规模与发展模式两个角度，预测不同规划情境下城乡空间增长特征，从而确定空间管制分区以及城市增长边界。

首先，通过综合考虑自然保护与绿地系统、水源与湿地、矿产资源与地质环境和其他4大类39个要素，根据各个限制要素相关的法律等，明确限制条件，建立综合限建指数模型，结合现状用地以及近期重点建设项目修正，确定了广州市域的禁建区、限建区、适建区，以及中心城区的禁建区、限建区、适建区、已建区（表7-2、图7-6）。

表7-2 广州市禁建区、限建区和适建区面积

分区	面积/km²	比例/%
禁建区	5062.5	68.1
限建区	1237.3	16.6
适建区	1134.6	15.3
合计	7434.4	100.0

其次，划定中心城区城市增长边界。城市增长边界分为刚性和弹性两种类型。刚性增长边界为一般理解的最大城市规模，即城市发展的基本生态底线，即无论在什么时候城市增长均不能超越的范围，边界内面积为1668km²。弹性增长边界是通常意义上规划期末的城市规模，包括已建区、部分的适建区和限建区。利用CA城市增长模型，模拟不同发展规模与发展模式下城镇空间格局，综合城市总体发展战略、人口规模等因素，初步划定2020年弹性城市增长边界为1320km²（图7-7）。

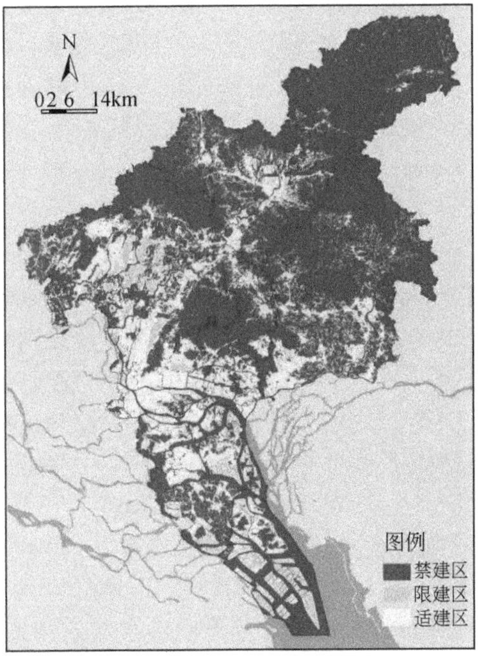

图7-6 广州市域管制分区示意图

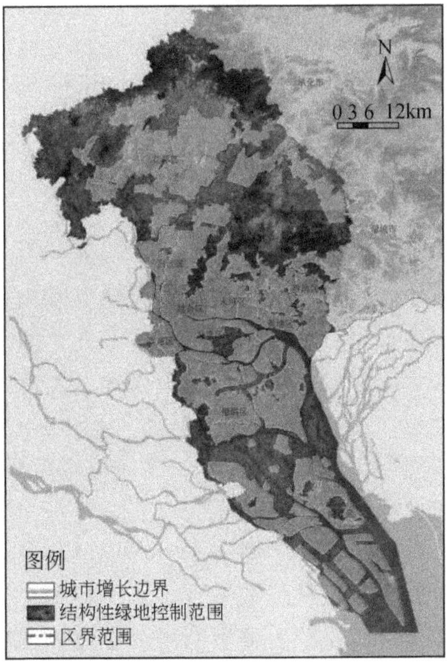

图7-7 广州市中心城区刚性增长边界示意图

3. 启示

一方面，针对快速城市化地区发展实际与规划管理需要，在国内率先提出刚

性与弹性的城市增长边界类型，并建立不同的空间准入机制，在保证生态资源强制管制的基础上实现规划的弹性引导。另一方面，综合考虑城市增长动力与生态阻力两个方面因素，探索利用 CA 技术进行城市增长情景模拟，建立城市增长边界与四区划定的技术方法。

7.2.3　杭州市非建设用地规划

1. 规划背景

杭州市规划局于 2004 年编制完成了《杭州城市非建设用地控制规划研究》。首先，该项目将杭州城市规划区的非建设用地纳入城市规划管理为基本出发点，对规划区应该予以控制保护的非城市建设用地的基本类型、数量规模、空间分布进行了比较深入的分析研究。其次，对城市建设用地扩张过程中产生的侵占森林绿地、湿地、农田或其他一些不适宜进行城市建设的用地与实施各类城市规划的冲突行为进行了剖析。最后，通过对各类非建设用地的保护和控制要求与现实建设行为之间的矛盾和冲突分析，从技术与政策两方面提出了基本的应对策略和措施，并以"非建设用地控制规划大纲"的形式对杭州市区非建设用地的控制规划提出初步意见，作为正式编制《杭州市区非建设用地控制规划》的参考（罗震东和张京祥，2007）。

2. 分类控制规划的主要内容

研究采用因子分析法，从景观与生态、人文与历史、地形与工程地质、基本农田保护及城市可持续发展等几个方面分析，同时参照国内其他城市非建设用地规划的经验，提出非建设用地的技术性、景观性、生态性、政策性、经济性五种类型。根据上述分类，研究将杭州市区的非建设用地数量、空间分布、控制范围进行了划定（图 7-8）。具体分类控制内容如下（冯再峰和陈玮，2003；罗震东和张京祥，2007）。

（1）技术性非建设用地基本类同于城市用地评定中的"三类用地"，即不适于修建的用地。如地基承载力较小、泥炭层或流沙层较厚，需要采用复杂的人工地基和加固措施才能修建的用地；大江、深海或经常被洪水淹没的水域或用地；地形坡度大于 20%，布置建筑物很困难的用地；有严重的活动性冲沟、滑坡等不良地质现象，需花费很大的工程量和工程费用才能予以防治的用地等。

（2）景观性非建设用地包括自然景观资源丰富的风景名胜区和人文景观丰富的历史文化保护区、历史建筑群和重要地下文物埋藏区。如杭州的西湖风景名胜区、城市西部自然风景保护区、良渚文化遗址保护区等。

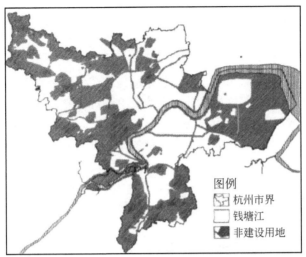

图 7-8　杭州市非建设用地规划示意图

资料来源：李健等，2006

（3）生态性非建设用地主要指城市内部或周边的森林保护区、湿地或水源保护区等生态保护区，城市规划中明确的生态保护地带等。如杭州的小和山森林公园、西溪湿地、苕溪水源保护区及钱塘江等。

（4）政策性非建设用地是指根据区域和城市发展的要求，在一定时期内需要进行强制性控制的用地，如基本农田保护区、城市发展战略性控制用地等。

（5）经济性非建设用地是指由于城市基础设施配套等原因，目前土地开发成本过高和为提高城市建设用地开发集约化水平在一定时期内需要进行控制的用地。如在杭州城市总体规划的"一主、三副、六组团"之外的广大农村地区，为加快城市要素集聚，提高集聚效益，目前应该控制分散建设，以提高杭州市区的城市化质量与水平。

对上述五类非建设用地的控制与管理力度要根据其对区域或城市的影响程度，区别对待。如景观性非建设用地与生态性非建设用地是事关一个区域或城市长期发展的战略性问题，是最高层次的强制性控制与管理的内容，应予以长期控制和管理，一经划定，一般不得进行调整。而政策性非建设用地是影响一定时期内区域或城市可持续发展的控制内容，在规划期内一般不予调整，若规划初始条件发生变化，可以在广泛征求市民意见的基础上，由城市有关部门或地方政府提出调整方案，并报经市人民代表大会审查通过后，再经原总体规划批准机关批准。其他非城市建设用地的调整，要在专门技术经济论证的基础上，由城市规划部门制订调整方案，经政府审查后报人民代表大会审查批准并予以调整。在规划调整方案审批之前，任何单位和个人都不得在非城市建设用地上进行建设（罗震东和张京祥，2007）。

3. 启示

一方面，对杭州市城市建设用地扩张过程中产生的侵占森林绿地、湿地、农田或其他一些不适宜进行城市建设用地的现象进行研究，并寻找解决方法，具体对杭州市的非建设用地各个因子加以分析，确定了杭州市非建设用地类型、数量、分布和总体结构形态。通过纳入规划的非建设总体形态分析，形成了杭州市生态性总体规划格局。另一方面，研究虽然作了较为全面的工作，但距离真正的非建设用地控制规划还有较大距离。目前空间范围的划定依然比较粗略，具有可操作性的处理保护和发展的思路及手段还比较缺乏。

7.2.4 厦门非建设用地控制规划

1. 背景与主要内容

厦门非建设用地控制规划基于厦门非城市建设用地的发展状况（存量和空间布局）以及驱动发展的内外部因素研究，将非建设用地的发展问题进行规划、行政、制度三个层面的症结探索，通过非城市建设用地规划，提出控制对策，保护厦门的风景资源和生态脆弱带，平衡开发建设与环境保护的关系，促进集约化发展。

厦门非建设用地规划中主要控制的内容包括：水源保护地内的各项建设、城市组团之间的生态安全隔离绿地中的各项建设、非法占用农业重点发展空间的建设行为、占据风景名胜资源、外围森林公园等城市生态本底的建设行为。

2. 规划重点：分类型的控制

厦门非建设用地控制研究中，从厦门城市特点与定位以及城市发展限制性因子（水资源、台风灾害等）出发，提出非城市建设用地因子：生态、旅游、生产、社会。将厦门非城市建设用地主要分为四种类型，即生态资源保护用地、城市外围景观生态旅游用地、农田保护用地、其他用地。

生态资源保护用地包括水源保护区、水域湿地（河流、水库、海域、海岛、红树林湿地）等；城市外围景观生态旅游用地包括山体、森林公园林地、生态防护林带、风景旅游区等；农田保护用地则包括永久农田保护区和远期农田保护区；其他用地主要是集镇和村庄、市政设施用地等。

研究对各类型非城市建设用地提出相应的控制规模与控制要点。提出需要严格保护的区域和控制开发的区域及控制指标；划出了城市绿地系统、河湖水系，城市水库规模和布局及水源保护区范围，城市的高压线走廊、微波通道和收发信区保护范围以及风景旅游区的具体位置、界线和保护准则等。

7.2.5 无锡非建设用地规划

1. 背景

无锡市在 2004 年进行的非建设用地规划是城市总体规划的组成部分，其规划背景是控制城市建设在空间上的无限蔓延造成的农田侵占、地表植被破坏、水土流失等生态环境问题，通过"生态圈地"来控制城市土地开发，推进城市的可持续发展。

2. 非建设用地的布局规划

无锡市非城市建设用地主要包括生态隔离带及农业保护区、风景名胜区、湿地、森林公园、郊野公园、生态风景林等用地，市区生态建设用地的总体构架为两个生态绿化隔离环和 13 个生态片。13 个生态片由 6 个生态农业片、4 个山体绿化片和 3 个湿地组成，市区生态总面积约为 535km^2（图7-9）。

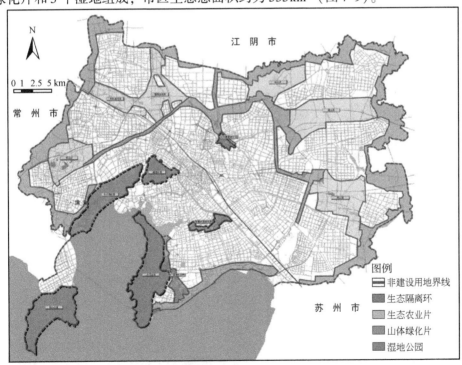

图 7-9 无锡市非建设用地规划示意图

资料来源：无锡市规划局，2004

生态建设用地总体构架中的生态隔离环是指无锡市区与苏州市、常州市、江阴市之间的市际生态隔离外环以及主城区与外围6个城镇组团之间的生态隔离内环，使无锡与周边城市、无锡市各组团区间形成以绿色廊道为隔离带、具有明显"断痕"的空间布局结构。

生态农业片包括斗山生态农业片、吼山生态农业片、鸿山生态农业片、阳山生态农业片、锡澄运河沿线生态农业片和京杭运河沿线生态农业片。通过农田保护策略控制建设用地对基本农田的侵蚀。山体绿化片为锡惠片、十八湾片、大浮片和马山片。湿地公园为梁塘河湿地公园、长广溪湿地公园和北兴塘河湿地公园。

7.2.6　成都非建设用地规划

1. 规划背景

2003年，中国科学院建设部山地城镇与区域研究中心和重庆大学城市规划设计研究院完成了成都市非建设用地规划，内容主要包括市域非建设用地规划与结合规划实施的"198"地区规划。

2. 市域非建设用地规划

成都非建设用地规划是国内首批以非建设用地为对象的控制规划，其规划目的是指导非建设用地生态服务功能的建设、非建设用地空间形态的构建、生态产业支持下的城乡空间耦合以及非建设用地的良性维持。市域非建设用地规划提出将城市非建设用地控制与农村生态产业发展相结合，提出基于生态产业的"城市村庄"发展模式，构建城市非建设用地规划控制图则，以强化非建设用地的控制与管理。成都的分级控制、保护及实施规划是对非建设用地控制规划的有益探索，并根据非建设用地生态重要性大小进行了一级、二级和三级控制区的划分，依据非建设用地现状保存完好程度分为一类、二类和三类保护区，同时根据现状建设状况对非建设用地划定近期、中期及远期实施范围。

3. 成都"198"地区规划

市域非建设用地规划编制完成后却从未真正实施过。主要原因是仅从生态保护角度出发进行的规划方案无法真正解决当前保护与发展之间的尖锐矛盾，规划成果过于理想。尤其在划为非建设用地的空间内部实际上存在着大量的建设活动（如村庄等），如不能正确处理这些建设空间，则非建设用地的保护基本无法实施；规划重点对成都绕城高速以内非城市集中建设用地进行了较为详细的划分，然而对绕城高速以外都市增长区的规划较为粗略，对于控制城市蔓延依然没有完整、系统的对策（罗震东和张京祥，2007）。

为此，成都市规划局提出了"198 规划"。"198"指成都市总体规划确定的"郊区农村用地"，包括成都绕城高速公路两侧与绕城高速以内原规划为生态绿楔的用地总量，共 198km²。因该地区属于农村地区，缺乏系统的、纳入管理平台的实施规划，成都市规划局提出了"198 规划"，以期对"198"地区进行土地、功能、空间、支撑系统和管理机制的重构。该规划结合用地发展现状与趋势将其分为三大类：规划生态绿地，以郊野公园形式建设生态保护空间；规划开发建设用地，生态用地中的岛状分布；道路、市政走廊等其他用地。"198"地区规划从功能出发进行三类用地的规划，尤其注重生态绿地向建设用地的渗透，并对环城高速提出 200m 的绿带控制要求，该规划积极应对开发与保护，现状与发展等问题，实施颇见成效（图 7-10）。

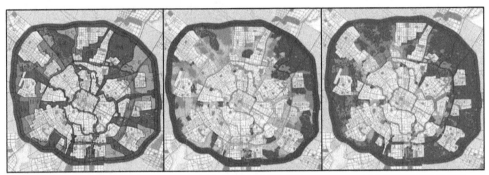

(a)分级控制规划示意图　　　(b)分类保护规划示意图　　　(c)分期实施规划示意图

图 7-10　成都非建设用地规划示意图

资料来源：中国科学院建设部山地城镇与区域研究中心和重庆大学城市规划与设计研究院，2002

4. 启示

作为一个完整、系统的城市非建设用地规划，有益尝试主要有三个方面：首先，提出分级控制、分类保护、分期实施的规划控制管理技术；其次，将城市非建设用地控制与农村生态产业发展相结合，提出生态产业的"城市村庄"发展模式，积极探索城郊"三农"问题的综合解决途径；最后，建构了城市非建设用地规划控制图则，以强化非建设用地控制与管理，完善土地利用管理体系。

7.3　边界控制型规划

在生态用地规划实践中，借鉴国外先进的规划理念和成功实践是必经阶段，城市增长边界规划在新兴发达国家如北美洲、澳洲地区都有许多卓有成效的实践。2000 年以后，我国对城市增长边界规划的实践终于取得了可喜的成就，这一实践首先从 2005 年深圳市划定基本生态控制线开始，继而是东莞市和广州市。从 2005 年颁布的《城市规划编制办法》开始，城市增长边界的划定已成为城市总体规划编制的法定内容，在全国新编总体规划中的实践已逐步展开，但规划的主体内容、划定方法、管理实施仍处在探索阶段。

7.3.1 深圳市基本生态控制线

1. 背景与主要内容

深圳市早在《深圳市城市总体规划（1996～2010）》中就提出了非城市建设用地的规划管理问题，但深圳较快的城市建设用地扩张，对农业用地、水源保护用地等生态用地形成了普遍的侵占，严重威胁了整体生态环境质量。为应对城市化的日益加速发展，实现土地资源、海洋岸线资源的节约利用以及城乡环境的可持续发展，深圳市政府于 2005 年划定了基本生态控制线，并颁布了《深圳市基本生态控制线管理规定》，规定"基本生态控制线是深圳市人民政府批准公布的生态保护范围界线"。深圳成为全国第一个划定基本生态控制线的城市，作为一条城市建设的禁区，生态控制线统筹协调了经济发展与生态资源保护的关系，为非城市建设用地的控制提供了法律依据。

2. 划定依据与管制要求

深圳市基本生态控制线面积为 974km^2，占全市陆地总面积的 50%。深圳生态控制线的划定依据，包括"一级水源保护区、风景名胜区、自然保护区、集中成片的基本农田保护区、森林及郊野公园；坡度大于 25% 的山地、林地以及特区内海拔超过 50m、特区外海拔超过 80m 的高地；主干河流、水库及湿地；维护生态系统完整性的生态廊道和绿地；岛屿和具有生态保护价值的海滨陆域，以及其他需要进行基本生态控制的区域"。

基本生态控制线内允许建设的项目包括重大道路交通设施、市政公用设施、旅游设施和公园绿地等，对可进行建设的项目，应进行环境影响评价以及规划选址论证。

7.3.2 东莞市基本生态控制线

1. 规划背景

改革开放以来，东莞以资源消耗、粗放经营为特征的发展模式，依托土地增量支撑经济发展，忽视环境的保育，导致生态环境破坏，自然资源不断的退化、枯竭，威胁着东莞城市的生态安全。1987年，东莞市全市建设用地为121.6km²，到2000年，增加到631.3km²，而到2005年，仅5年的时间，建设用地扩张到1059km²，耕地损耗速度惊人。因此，为保障东莞市城市生态安全需要，转变城市发展模式，2006年启动了基本生态控制线的划定工作，2009年颁布了《东莞市生态控制线管理规定》。

2. 划定依据与管制要求

东莞市基本生态控制线（图7-11）面积为1103km²，占全市陆地总面积的44.7%。基本生态控制线内形成"三轴、四廊、三区、多节点串联"的生态景观结构。其中"三轴"包括东江及其沿岸、狮子洋及其沿岸、南部山地林场。"四廊"包括东江南支流生态廊道、寒溪河生态廊道、东引运河至同沙生态廊道、石马河北部–黄江生态廊道。

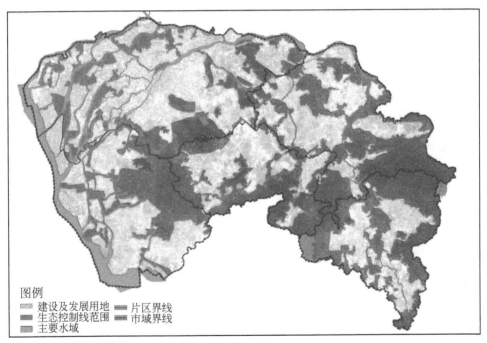

图例
 建设及发展用地 　 片区界线
 生态控制线范围 　 市域界线
 主要水域

图 7-11　东莞市基本生态控制线范围示意图
资料来源：东莞市人民政府，2009

划定依据与深圳市基本类似，主要包括"自然保护区、基本农田保护区、一级水源保护区、森林公园、郊野公园及其他风景旅游度假区；坡度大于25%的山地、林地以及海拔超过 50m 的高地；主干河流、水库、湿地及具有生态保护价值的海滨陆域；维护生态系统完整性的生态廊道和隔离绿地；其他需要进行生态控制的区域"。通过对生态要素的控制，加强了对空间管制相关内容的管理，包括对生态控制区、生态通道、关键节点、冲突地区等进行分类管制；对水域、林地、绿地、历史遗产等进行分项管制并提出了相关的实施导则，最终将《东莞市生态控制线管理规定》变成政府可执行、可操作的管理文件，以维持全市域健康、稳定的城市生态系统。

7.3.3 波特兰的城市增长边界规划与征地保护政策

1. 规划背景

波特兰大都市区位于美国的西北部，区域包括 6 个郡，其中 5 个位于俄勒冈州，1 个位于华盛顿州。波特兰大都市区人口约 200 万人，区内农业与森林资源丰富，绿地系统完善，拥有美国最高的人均公园数。波特兰因其卓越的区域规划、管理方式以及对自然土地的有效保护而享誉世界，该区域在规划与管理方面的成功与其开创性的城市增长边界规划密不可分。

2. 城市增长边界规划

城市增长边界（urban growth boundary，UGB）作为控制城市建成区无序蔓延，保护自然资源的策略，早在 1979 年便于波特兰大都市区得以划定（图 7-12）。该规划涉及 3 个郡的 24 个城市，60 个特别服务区，400 平方英里①的土地和 130 万人口。波特兰政府通过城市增长边界的划定，确定了城市发展范围以及发展限制区域，对城市增长边界内的建设用地实施紧凑型的规划，通过管制条例保护增长边界外的生态用地。边界外的用地限于农业、林业以及其他可持续的自然资源利用类型，对于边界外不适于农业、林业以及其他自然资源利用或生境营造的土地，则可进行适度开发。边界内用地为建设用地发展区域，鼓励集约、有效的土地利用形式。

产生于 20 世纪 70 年代的城市增长边界并非一开始就对城市发展取得显著的效果，波特兰从 70 年代末到 80 年代相当长的时间经历了经济衰退，城市增长边界的作用未有突出表现，80 年代后期经济复苏，波特兰大都市区议会很快发现城市增长边界存在的问题：高端住宅区入侵增长边界外的乡村用地，土地资源的

---

① 1 平方英里 = 2.589 988km²。

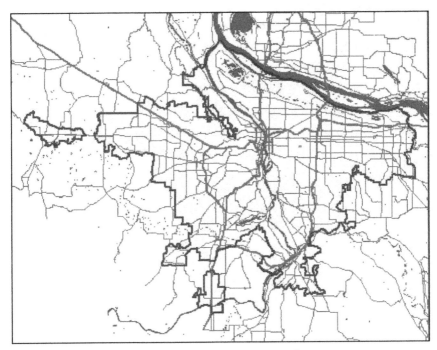

图7-12　波特兰城市增长边界示意图

资料来源：Weymouth & Portland Borough Council，2007

非集约式利用导致增长边界的扩张直接跃入城市外围生态用地的内部。于是波特兰大都市议会设立专门的 UGB 政策顾问委员会监督、指引地方政府执行紧凑型的城市增长目标。

20 世纪 90 年代初期，波特兰市发布了《2040 区域规划》，该规划通过广泛的公众参与与深入的论证，进行了城市增长方案的选取，确定在保护农田与森林的基础上，50 年内 UGB 扩张 7%，以满足人口增长需求。规划中确定了沿城市基础设施的发展区域，完善了生境与游憩功能结合的大都市绿地系统规划。《2040 区域规划》中对城市增长边界的弹性规划极大地推动了波特兰地区紧凑的城市发展，形成高效率的公共交通系统，成功保护区域的环境资源价值。

3. 征地保护政策

除了以 UGB 控制城市无序蔓延，波特兰对自然土地的征收政策也是其形成完善的绿地系统的重要举措。通过建立基金收购自然土地是波特兰大都市政府多年来保护生态绿地的策略，比如，2006 年的自然区域基金计划，政府以 1.66 亿美元征收了 3500~4500 英亩土地，以 6000 万美元支持地方政府开展生态用地以及生态环境恢复行动。

波特兰生态用地的征收保护对象一般包括：线型廊道和节点、国家公园范围内或周边的私有用地、自然土地、用于拓展游憩功能的土地、文化资源集中地和市政设施维护及管理所需用地等。

波特兰的征地保护政策的特点在于政府征收的自然土地并非用于公园、旅游区等开发，多数征回的土地仅仅留空，为的是预防土地自然流失，保护生态用地现状，避免土地遭受不可持续的开发，导致生态恢复的难度增加。

4. 启示

始于 20 世纪 70 年代的城市增长边界划定以及对生态用地的征地保护策略，使波特兰成为美国大都市区域城市规划与管理的优秀典范，尤其对快速城市化进程国家有积极的参考价值。

（1）基于城市增长边界的城市扩张方案：城市增长边界作为法定的刚性边界为城市的紧凑发展提供了巨大的保证，但是快速城市化带来的人口激增无法保持增长边界的长期刚性，因此基于城市增长边界的城市扩张方案能够应对边界刚性所面临的挑战，在确定基础城市发展格局的同时，保证合理的用地供应，从而有效地保护了自然资源，带来了从乡村到城市土地利用类型的有序转变。

（2）广泛的公众参与：波特兰大都市政府在确定城市扩张方案后，建立了完善的政府与公众对话机制，通过各种形式的媒体传播政府的规划意图，广泛收集公众对于三种发展情景规划的评价，以公众反映为主要参考依据确定最终的城市发展模式。类似的政府与公众的有效沟通帮助波特兰大都市建立雄厚的征地基金，避免了自然土地斑块的流失和生境破碎化。广泛的公众参与能够帮助政府准确地把握住城市发展的本质问题，使得根植于民的城市发展与生态用地保护计划得到长期的实施。

（3）对于具有高价值的生态用地，政府部门直接介入：在有条件的情况下逐步收归国有，以避免因产权不明晰带来管理实施上的难度。

7.3.4　墨尔本大都市区城市增长边界与绿楔规划

1. 背景

墨尔本是澳大利亚第二大城市，为"花园之州"维多利亚州的首府，也是澳大利亚的工业重镇。墨尔本的城市设计与规划成功的融合人文与自然，1990 ～ 2006 年，先后 10 次被总部设于华盛顿的国际人口行动组织（Population Action International）评选为"世界上最适合人类居住的城市"。

　　墨尔本大都市区的城市化进程近十几年来开始朝高生产力的农业区、具有环境保护和景观游憩价值的区域以及矿产资源区渗透，以管理城市增长、促进紧凑发展和区域协调的长期发展策略规划《墨尔本2030》于2002年应运而生。该规划引导中心城区及五个周边区域未来30年的发展，通过城市增长边界控制墨尔本大都市区的城市蔓延，并于城市增长边界外围确立12个绿楔进行城市生态用地的保护与发展规划（图7-13）。

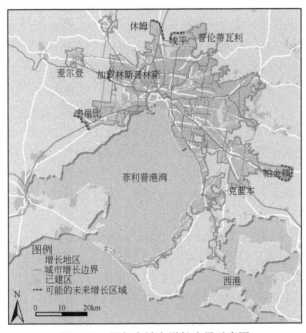

图 7-13　墨尔本城市增长边界示意图

资料来源：Department of Infrastructure（DOI），2002

2. 城市增长边界

　　《墨尔本2030》将未来城市建设的重点区域与生态用地邻接，且利于提供基础设施与服务的地区，从而最大化地利用现有的公共交通网络，沿交通要道进行集约式开发，保证未来发展区域对城市基础设施的可达性并且激励城市更新。其城市增长边界与美国波特兰大都市相似，用途均为有效限制城市扩张，建立可持续与紧凑的发展模式，减小城市化进程对生态用地带来的压力。

3. 绿楔规划

　　《墨尔本2030》的生态用地规划落实于城市增长边界外的12片绿楔之中，

这 12 片绿地包括具有重要环境及景观价值的生态型绿地，多数沿城市增长边界周边的主要交通廊道分布。绿楔内除严格保护的生态型用地外，其他土地可适当开发农业和旅游观光用途，并可建设包括空港、污水处理厂、采石场和垃圾处理站等支撑城市发展但不能安置于城市中心区域的设施。

墨尔本城市增长边界内部有庞大的公园与开放空间网络，多数公园沿主要河道及溪流河谷等地建设，从 20 世纪 80 年代开始，交错密布的绿廊逐渐形成，将墨尔本城内的公园绿地串联成网。城市增长边界内溪流河谷周边的公园绿地延伸到边界外的绿楔之中，形成墨尔本大都市区的绿色网络，《墨尔本 2030》对此城乡连绵一体的绿色网络进行了特别说明：认为位于城市增长边界外的绿楔不是另一种类型的城市公园，而是进行农业生产以及其他非城市建设行为的活力之区。城市增长边界被纳入法定规划范畴，政府将对绿楔的使用和发展实施更加严格的控制，具体的规划、管理和保护措施，将由政府、地方议会、社区合力制定。

《墨尔本 2030》对绿楔内几种用地类型分别进行了政策指引。

（1）村庄用地：减少村庄用地内新住宅区的建设，鼓励以现状住宅布点的合并，解决村庄的发展问题，有效利用村庄中已经建立起来的社区生活设施和服务。土地利用形式以可持续的农业生产为主。保护环境质量和自然资源，比如，水质、自然植被、生物多样性和动植物生境。以自然资源开采和农业生产为主的地块，禁止开发为村庄生活用地以及发展其他不兼容的土地利用形式。地方议会应根据《墨尔本 2030》制定相应的具体控制策略。

（2）小型社区：绿楔内住宅区的扩建必须符合高层次的规划与政策，土地性质的改变必须保证不对绿楔的功能和属性产生负面的影响，地方议会要认识到城市化程度的加强必须受制于环境约束因子。

（3）矿产资源区：此类区域为城市建设提供基础，应根据环境要求进行保护以及适宜地开采使用。

（4）重要交通设施：坐落于绿楔内的航空港、港口以及其他相关的交通要道因其长久的使用将得到规划与保护，将主要飞行路径下的区域纳入绿楔，在保证城市发展的同时，不限制墨尔本重要空港在未来的使用。

为了有效贯彻《墨尔本 2030》对绿楔的政策指引，规划将绿楔内的用地进行分区管制，通过立法的方式限定绿楔内不同保护级别区域相应的土地利用形式，并规定地块细分面积的最小值，以保证景观与资源的完整性，防止破碎化。《墨尔本 2030》中除了贯穿始终地强调对绿楔的保护政策，同时也鼓励对这些区域进行适当经营与开发。规划要求地方政府将当地绿楔进行属性分类，为每一片绿楔量身打造发展计划，提升并促进绿楔功能的多样性。

4. 规划启示

（1）城市发展区域的明确界定有利于减小生态用地的开发风险。城市增长边界是未来城市发展脉络的体现，在明确的规划目标指引下，城市沿主要基础设施实现紧凑发展，能够减小周边区域的地价压力，维护乡村的土地利用有效性。

（2）开发与管制政策通过各级规划协调。墨尔本的特色在于将生态用地的开发策略放在同样重要的位置，而鼓励适度开发的基础是对用地功能的深度把握与分区决策的准确度，《墨尔本 2030》提出以总体规划或战略规划的管制要求为本，以地方实际情况进行具体控制指标和开发强度的落实，通过各层次规划以及各级政府的协调确定最终的分区开发和管制政策。通过上下反馈传递而得出的管制与开发政策往往可以得到较大程度的落实。

（3）刚性与弹性并举。《墨尔本 2030》对与城市增长边界相连接的部分绿楔进行了额外的说明：规划的未来发展用地与绿楔相邻近的区域在未来有转入建设用地的可能（即纳入城市增长边界内），但前提是地区发展规划出具详尽的证据证明占用绿楔的必要性和适宜性。

7.4 网络构建型规划

网络构建型规划思想来源于麦克哈格的生态要素分层叠加分析方法，对生态要素进行重要性评估，以确定保护与利用的级别，通过生态评估确定生态要素的关键区域、节点，利用景观生态学所确定的"斑块-廊道-基质"结构来构建区域生态的网络系统，利用廊道系统构建区域的生态网络系统。同时以空间政策为手段，建立空间准入机制，引导区域各类空间的开发建设，协调资源开发与保护之间的矛盾，实现区域资源的可持续利用过程。

7.4.1 美国马里兰州绿色基础设施规划

1. 背景

美国马里兰州（Maryland）位于美国东海岸中部，面积 10 577 平方英里，其中 6% 是水域，人口约 561 万人（2006 年）。全州陆地面积的 1/2 属大西洋海岸平原，南部是沙地，北部土地肥沃。马里兰州的生态用地规划是基于自然资源部（DNR）开发的绿色基础设施评价系统，通过确定自然资源价值、开放空间在城乡的生态重要性以及各生态区域面临的开发风险强度，同本地以及州际规划相协调，划定了绿色基础设施重点区域。

2. 绿色基础设施重点区域的分级规划

马里兰州绿色基础设施规划的前提是全面识别地区自然属性、社会属性以及高层次的规划要求，具体包括：识别区域自然资源价值和开放空间对城乡环境的生态重要性，分析特定区域与大尺度绿地系统的融合潜力，确定野生动、植物的保护需求，以及与地方政府、州及州际规划的协调（图7-14）。

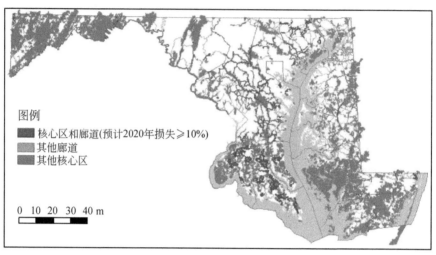

图 7-14　马里兰州绿色基础设施缓冲区和廊道生态敏感性分析示意图

资料来源：Redland Shire Council and Natural Resources & Mines，2006

在把握区域以及总体绿地系统、生境质量、生态用地现状和各层次规划的基础上，马里兰州自然资源部（DNR）开发出一套技术流程用于马里兰州绿色基础设施的分级规划，此技术流程的主要步骤如下。

（1）确定绿色基础设施的核心：重要的大面积自然区域。

（2）确定连接各生态核心的绿廊：绿廊包括陆地线性绿色走廊，河岸湿地以及水系。

（3）确定生态节点：节点包括处于边缘地带和内部生境的森林；湿地及其缓冲区；敏感物种栖息区；核心区之间的自然保护区。

（4）缓冲区的设定：为自然土地、人工林区、农业用地等生态用地斑块设置一英里以上的缓冲区。

（5）生态核心、廊道、节点与缓冲区初步划定后，结果交由地方政府相关部门审阅并进行修改与完善，保证绿色基础设施重点区域的划定范围与现状建设、征用地等情况协调一致。

（6）确定绿色基础设施重点区域，以不同的地区为单元，利用生态评价参数对核心区、廊道以及小尺度地块进行生态重要性评价和开发风险评价，根据评价结果进行地块的生态重要性以及开发风险分级。

马里兰州政府通过向土地持有者购买土地或土地开发权，以生态用地的生态重要性和开发风险级别为依据，逐步对划定的绿色基础设施保护区域制定保护以及恢复策略，并纳入区域规划。地方政府也通过一系列的行动计划，加强对划定的绿色基础设施的保护和重建。

3. 启示

（1）区域统筹下的生态关键区划定。通过绿色廊道连接大型的重要自然区域，形成城乡内部互相连接的绿色生态网络，用以抵消城市景观破碎化带来的生态功能缺失、生态环境质量下降等问题。绿色基础设施重点区域的确立需要宏观生态格局、过程与功能的把握，马里兰州的生态用地分级策略依靠州政府部门进行区域统筹与规划，再通过同地方政府协调进行完善与改进，其规划决策经过上下层次的反馈与传递，极大地增强了规划的合理性与落实的可能性。

（2）生态重要性和开发风险的双向评估。生态重要性评价是生态用地规划的常见手段，目的是为规划区内生态用地管制程度的分级提供依据。马里兰州在生态重要性评价基础上还兼顾了生态用地的开发风险评价，即评价规划区内哪些自然土地最有可能面临开发风险，这些土地一般靠近主干道等基础设施、邻近城市重点项目实施区域或周边人口增长迅速的地区。通过生态重要性和开发风险级别的双向评估与鉴别，对于确定生态用地的管制需求和规划实施时序有非常重要的意义，十分值得借鉴。

7.4.2 新加坡绿色网络规划

1. 城市概况

新加坡是一个热带岛国，由1个本岛和63个小岛组成，总面积为647.5km²。本岛最大，占91.6%，从南到北23km，从东到西42km。新加坡所处马六甲海峡的地理位置是世界的十字路口之一，其得天独厚的地理条件使之发展成为一个主要的商业、运输、通信、旅游中心。新加坡以"花园城市"享誉世界，此美名并非大自然的恩赐，而是40年精心规划、强大政治力量和公民合作的结果。

2. 绿色网络规划

1965年，新加坡建国初期，"花园城市"规划的提出，意在避免只顾经济发展而忽视环境发展的城市化道路，以优质的环境条件吸引外资，打造最适宜人类居住的花园城市。1991 年，新加坡概念规划提出将新加坡发展为一个与自然和谐共生的城市，在全国建立绿地和水体的串联网络，将约 24% 的土地保留为绿地。出台了"新加坡绿色计划"，提出向绿色模范城市目标迈进，计划将国内 5% 的自然土地设置为自然保护区，并实施严格的保护政策。2002 年，新加坡制定了"公园、水体规划及个性规划"，充分合理地利用了大部分的自然开敞空间资源，并认识到各特定地域的地方特色与历史文脉，通过绿化廊道串联所有的城市公园，规划绿廊从 2003 年的 40km，延长到 2015 年的 120km（图 7-15）。

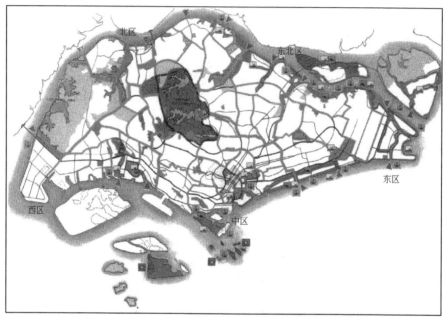

图 7-15　新加坡绿色及蓝色网络规划示意图

资料来源：谢华，2000

3. 启示

（1）通过连续一体的绿色空间将自然引入城市。规划连续一体的绿色空间是新加坡各时期的绿地系统以及各层次的规划均贯穿着一个关键理念。从早期花园城市规划中连续的道路系统绿地，到概念规划中绿地与水体的有机衔接，再到公园串联网络的规划，新加坡的生态用地通过丰富的枝蔓与城市绿地系统成为一体，实现了真正意义上的人、城市与自然和谐共处。

（2）友好型环境发展策略在各层次规划中得以实现。新加坡的城市规划体系、土地利用规划与公园绿地规划之间的紧密衔接，以发展友好型城市环境为目标，将城市绿地系统规划贯穿于城市规划体系的各个阶段。土地利用规划对自然开敞空间的保护与控制，平衡了城市化景观与自然基底的冲突，保证了新加坡在经济发展的要求下花园城市的物质载体免遭蚕食。

（3）健全的法制，严格的管理。新加坡政府的城市绿化法制健全，执行严格。从 20 世纪 70 年代开始，《公园与树木法令》、《公园与树木保护法令》等一批法律法规先后出台。新加坡政府规定无绿化规划的工程不得开工。作为法治社会的典型，通过严管重罚减少城市环境的破坏行为取得极大的成效，而新加坡市民在法制以及舆论教育的渗透下养成了良好的行为约束习惯，当城市的绿化与美化成为公民的责任，完善的规划成果以及绿化管理才有长期实施的保证。

7.5　生态修复型规划

生态恢复是指协助已经退化、损害或者彻底破坏的生态系统恢复到原来发展轨迹的过程。城市生态恢复是以合理利用、保护自然生态环境资源为基本任务的生态规划手段，其目的在于对城市发展过程中所造成的和即将造成的环境进行恢复和保持。城市生态恢复的过程，是以生态城市为发展目标，对城市现有的物质环境进行有机更新，恢复城市生态系统功能，促进城市社会、经济、自然系统向协调、有序状态演进的过程。城市生态系统的退化往往源于多种生态要素和生态功能的退化，对于区域生态恢复工程，需辨析系统退化的主导因子，发现环境恶化的主要问题，从而确定主要恢复对象和工程内容。

国外大尺度的城市生态恢复工程往往结合生态规划同时进行，在完成生态系统功能恢复的同时，实现城市的有机更新，将生态规划、环境整治、生态恢复一系列措施相结合，营建自然协调的城乡环境，并通过广泛的公众参与加强生态恢复成果的效应。本研究通过对加拿大的废弃地恢复、美国的湿地恢复和雨水管理系统借鉴相关经验，从中挖掘对我国生态恢复与规划工作具有参考价值的启示。

7.5.1　美国华盛顿金郡的湿地恢复

1. 背景

金郡（King County）位于美国西北角华盛顿州，面积为 5977km^2，人口约 180 万人，辖区内有 39 个市镇。该地区流域面积达 534km^2，湿地资源丰富，为 200 多种野生动物和多种植物提供生境。

2. 湿地恢复政策与措施

金郡的生物多样性保护规划及各种生态恢复工程开展较成熟，其通过湿地影响缓解银行（wetland mitigation bank）建立的湿地恢复市场机制取得了很大的成效。湿地影响缓解银行政策是一种在美国行之有效的生态补偿政策。该政策将投资者成功恢复的湿地换算成信用额度，投资者则通过生态恢复取得的信用额度来补偿未来开发对环境的影响，由于多个小型湿地的恢复成本往往高于一个大面积湿地的恢复成本，投资者出于成本节约的考虑，倾向于选择连片的大面积湿地开展恢复工程，从侧面有效地避免了生境破碎化，保护了生态功能较大的湿地资源。水网密布的金郡尤其重视城市湿地的保护，其湿地恢复措施主要有以下几点。

1）水质的改善

湿地水源主要来自降雨、地表径流和地下水，水源质量是决定湿地功能的重要因素。首先，恢复流域植被与土壤成为金郡各地方政府过滤地表径流的首要途径。其次，各区域通过建立小型暴雨汇聚池收集并缓慢释放雨水进入湿地的措施，极大程度地降低了土壤侵蚀度，起到改善湿地水质的作用。

另外，金郡政府对在水网关键点建立的污水处理设施周边自然生境的打造十分重视，着力保证水源区域健康稳定的生态系统。

2）土壤的恢复

金郡湿地土壤多为腐殖土，是有利于植物生长的优质土壤，但退化湿地多面临土壤板结，岩石侵扰等问题，因此湿地恢复工程前期一般注重土壤的更新，移走岩石，补充本地土壤，并通过堆土的形式制造坡度不一的生境土丘，增加湿地生境多样性。

3）水平面的控制

金郡湿地受高涨落幅度的影响，单一灌木种群占据优势地位，对维持生物多样性不利。湿地恢复工程通过控制堰保持水平面，减小水位的涨落幅度，增高湿地的适生性，维持群落稳定。

4）植被的重建

金郡各湿地恢复规划中，植被的重建分两步走，首先是通过除草剂或人工拔除的方式来控制外来入侵种，然后是乡土种的种植。湿地影响缓解规划实施的评估对植被重建效果有如下要求：规划实施第一年乡土植被应占湿地及其缓冲区面积的15%，第三年达到35%，第五年外来种面积控制在20%以下。

5）生境的联系

城市中道路与建成区往往隔绝了湿地与其他自然生态系统的联系，影响了生态系统间的物质能量交流以及对干扰的缓冲能力。金郡的湿地恢复工程通过高地植被向湿地的延伸，增大森林与湿地的边缘效应，促进生境互动，增加了物种多样性与丰富度，而水体部分则制造倒木联系湿地的两岸生境，为动物提供迁移和栖息通道。

3. 启示

（1）多尺度结合。从金郡的湿地恢复措施中，我们可以发现其生态的理念贯穿于湿地相关的各个环节，从水源到地表基质再到小生境，这种通过连续的大小尺度结合的生态工程来恢复生态系统功能的做法值得借鉴。

（2）人工优化，加速演替过程。自然的演替稳定，安全并且可持续，但也存在速度慢的问题，难以较快恢复到生态破坏前的环境质量。自然演替并不意味着完全取代人的参与。案例中的规划者通过各种手法向自然界中加入一定量的人为积极因素，使演替能够朝着城市需求的方向加速发展。

（3）经济杠杆。湿地影响缓解银行与城市碳排放信用额度类似，是一种通过恢复环境来购买开发权的机制，鼓励人们在城市发展过程中重视环境保护与生态恢复，并主动积极地采取对环境有利的规划与建设方案。将环境保护全面融入市场机制的做法对我国生态城市的建设有很大的参考价值。

7.5.2 普吉特海湾的雨水管理低影响发展项目

1. 背景

普吉特海湾（Puget Sound）位于美国西北部，通过胡安德福卡海峡与太平洋相连，整个海湾周边地区集中了华盛顿州九大城市中的六个：西雅图、塔科马、埃弗里特、肯特、贝尔维尤和费德勒尔韦。人口约 400 万人。城市对自然土地的蚕食给常年湿润多雨的普吉特海湾带来难题，不断威胁着该区域的生态系统健康。普吉特海湾的降雨径流中携带了源自城市建成区的大量污染物，破坏了地区河流水质、地下水质，影响水生动物的生存，且雨季的大量地表径流导致城市洪水暴发、动植物生境遭到毁坏。因此雨水管理计划纳入了《普吉特海湾合作城市2020 行动纲要》，成为海湾周边城市生态恢复的重要内容。

2. 项目目标与策略

低影响发展（low impact development，LID）项目是普吉特海湾地区针对城市雨水问题开展的生态恢复项目，项目目标是模拟自然生态系统的水文循环，降低城市地表径流和水质污染。LID 项目的主要策略包括保护措施、区域规划、管理实践以及维护与教育。保护措施注重重建植被与土壤以恢复自然地表并保护天然的排水结构。区域规划策略要求建筑与道路规划远离排水功能良好的土壤；减小非渗水表面比率并避免其成片蔓延。管理实践策略要求将雨水控制融入场地设计；在水源地附近使用尽量多的 LID 技术，改善水源质量；通过生态设计手法减小对传统雨水收集和污水处理系统的依赖。维护与教育策略要求区域发展出具有明确指引的长期维护计划，对所有利益相关者授予植被、土壤保护和雨水管理等实践知识。

3. 实践内容

LID 项目的具体实践包括城市雨水花园、透水道路、绿色屋顶的建设以及屋顶引水灌溉工程等。其中，城市雨水花园是 LID 项目中最有效的雨水管理方法之一。雨水花园在城市中扮演自然植被的角色，得益于较地表平面低洼的设计，能够充分发挥收集、吸收和过滤建成区的地表径流的作用。由于雨水花园可以结合居民的门前绿化进行建设，所以带来极高的公众参与度，其发挥的影响也最为显著。透水道路是市政建设中的重点工程，通过带有空隙的透水砖以及草坪设计，增加地表的透水性，减小雨水流失。绿色屋顶与屋顶引水灌溉工程也是循环利用雨水，降低径流污染的有效途径。通过屋顶植被层与土壤层的过滤以及吸收，雨水缓慢汇入屋顶管道，引入地面的雨水花园，实现了生态与建筑结合的自然循环系统。

4. 启示

（1）对不可控制的自然条件进行限制及改造。各个城市因受其地理位置、自然条件所限，均有一定的不可控制自然因素，如雨水、风沙等。在实际规划中，应从实际出发评估各种自然力量所带来的可能危害及治理的可行性，制订相关方案以应对。

（2）项目引导。城市地表径流污染问题在中国也是城市化带来的重要生态环境问题，通过渗水型的地表基质进行城市水环境恢复的理念也多有提及，但是大多城市缺乏规范完整的管理策略引导城市建设、规划以及市民行为。普吉特海湾针对区域特定的环境问题制定城市发展项目，并围绕城市规划、场地设计以及市政管理等层面确定生态恢复策略，通过教育、社区活动等形式鼓励公民参与解决城市生态问题，其经验值得学习。

（3）生态理念融入规划的各项细节。案例中对雨水的疏导及污水处理的各种理念已完全进入城市规划的各个细节中，从街旁绿地低洼的设计，到屋顶绿化引水管道的普及，生态已不仅是城市规划的参考因素，而是可以通过设计来实现的规划目标。

7.5.3 加拿大汤米逊公园废弃地恢复

1. 背景

加拿大多伦多市的汤米逊公园（Tom Thompson Park）位于向安大略湖延伸出 5km 的人工湿地半岛。在 20 世纪 50 年代晚期，该地区就作为垃圾场地，堆填了逾 4000 万车次的建筑垃圾，成为城市的废弃地。1989 年，多伦多市政府将这一地区设计为以保护与恢复为主要建设手段的生态公园（图 7-16）。

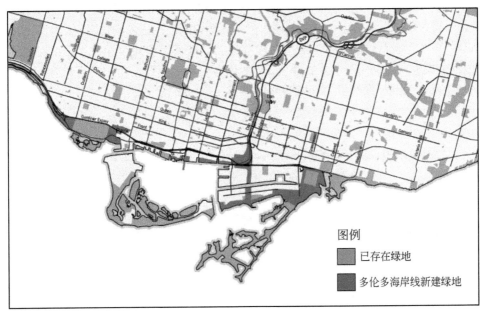

图 7-16　多伦多的海岸绿地规划示意图

资料来源：Dill and Bedford，2011

2. 汤米逊公园的生态恢复措施

1）基于自然演替的生态恢复

早期作为城市废弃地的汤米逊公园，由于远离人为干扰，其陆地植被以及湿地植被获得了自然演替的机会，为鸟类和鱼类提供较好的生境条件。多伦多政府在清理河道时，将淤泥和泥沙堆积到汤米逊公园所在的位置，为汤米逊公园生态植被的恢复打下坚实基础，在后续的生境重建规划中，则采取以保护为主的生态恢复手段，利用多样的土壤基质、岸线以及垂直结构条件，构建丰富的生境类型，引种大量本地植物，进一步促进自然演替的发生，使生态系统自身的弹性回复力发挥作用。

2）生态功能分区

政府以保护公园中生物多样性为目的，对公园总体进行功能分区，强调人流对野生动物活动场地的分离，即整个规划范围划分生态保护核心区、生态保护过渡区与生态保护观光区。生态保护观光区中修建有栈桥和林间小道等供游人抵达公园中的自然生境；生态保护核心区在一年中限时开放，保护野生动物免受干扰。

3）生态格局的建立

多伦多政府为了达到防洪与控制通向安大略湖河水流量的需求，购买沿河私人用地，修建滨水公园体系，形成了城市的河流廊道网络，汤米逊公园则占据了生态节点的位置，联系城市公园系统与海岸湿地，形成了"斑块（生态节点）—廊道（沿河公园）—基质（安大略湖水面）"的生态格局，为野生动物的迁移和栖息提供了条件，目前公园里共有305种鸟类栖息。

3. 启示

（1）充分利用自然力量。案例中的公园具有自然恢复生态的先天优势。城市边缘的场地规划应以当地自然条件为主要出发点，通过减小干扰和保护为主的措施达到生态系统功能的自我修复。

（2）就地取材。案例中恢复生态基础时使用了大量的城市河道中清理出的淤泥，意味着在城市生态规划中要充分利用当地条件，根据已有的植被、水体及其他原生态系统中的非生物因素，因势利导，综合考虑更为经济高效的生态恢复方案。

（3）多方位考虑生态恢复后各种潜在因素对生态环境所造成的影响。案例中多伦多政府综合考虑了人流及野生动物栖息规律，分区规划并限定了各区域的开放时间。而在我国内地，人员的季节性流动、经济发展等因素显然会对生态系统造成后续持久的压力，对政策制定有更高的要求，在制订生态恢复方案时需要更多地考虑到恢复后的环境可变因素。

（4）生态格局的建立是恢复生态系统循环功能的重要基础。将区域生态恢复点纳入城市整体生态格局当中，既是对城市生态系统的一种完善，也提高了区域生态系统维护的成效。

7.6 对我国生态用地规划实践的启示

从改革开放以来我国生态用地规划的实践来看，由最初的空间结构型规划到目前比较成熟的网络构建型规划，在规划模式、规划方法和规划实施三个方面实现了突破，具体内容如下。

7.6.1　规划模式转向：从理想到务实

我国生态用地规划实践之初，大多继承霍华德"田园城市"的理想空间模式，通过生态空间结构型规划来引导城乡生态用地朝可持续、健康的方向发展。这个时期只是对生态用地的规划布局提出战略控制，多是规划师的一种职业理想，但在实际的规划实施中控制效果较差，生态用地屡被蚕食。后期演化为杭州、厦门等城市分类控制的方法，但由于分类控制的复杂性以及基础地理信息的不准确性，使这种规划实践很难落实到管理控制的层面。而生态底线的划定，可以初步建立生态用地保护框架与规划管理平台。边界控制型规划与网络构建型规划一般采用规划导则或图则的形式，进一步细化和落实规划管理控制。由此可见，从结构规划到控制图则，我国生态用地规划实践经历了从理想模式到现实空间管制需求的演变过程。

7.6.2　规划方法转向：从单一到多元

生态用地规划涉及的问题是复杂、多元的，但过去生态用地规划的技术方法一直比较单一，主要表现在对生态用地概念的理解上。过去规划通常把生态用地理解为单一的绿色空间，忽视其内部的结构要素，这在空间结构型规划方面表现的比较突出。而随着规划技术方法的不断进步，在规划类型上呈现多元化的现象，分类控制型、边界控制型以及网络构建型生态用地规划开始显现，各自探索的领域也不尽相同。分类控制型规划探索了生态用地类型划分、控制管理策略等，同时在分级控制、分区管制、分期实施等方面提出了可操作的方法，变被动保护为主动保护。边界控制型规划则从制度层面明确生态用地的边界、控制内容、管理程序、矛盾处置方式等；网络构建型规划通过生态叠加分析进行生态用地重要性评估，以确定保护的级别和重点区域，进而制定规划导则细化管理控制策略。

7.6.3　规划实施转向：从形态到政策

早期的城市"绿心"结构和"绿环"结构等，由于缺乏具体的控制边界，导致规划难以实施。分类控制型规划试图通过对空间要素的整合来实现对生态用地规划管理的控制，但由于部分要素范围的不确定性和管理主体的交互性，使这种规划管理实施难以进行。而边界控制型规划以法定管理程序，明确边界管理主体，建立统一的管理平台，在规划实施管理方面取得了重大突破。而网络构建型规划通过制定覆盖全市范围的限建导则，成为城市规划建设的基础信息平台，同时协调管理主体和利益相关者的关系，制定相关激励机制和实施政策，有效控制和利用生态用地，实现了地区保护与开发统一。

第 8 章 城市生态用地规划相关理论与方法

城市生态用地规划研究对象复杂，涉及问题广泛，影响因素众多，研究对象的复杂性决定了生态用地必须采用综合性的研究方法。生态用地规划相关理论主要涉及三个层次：第一个层次由种群生态学、群落生态学、系统生态学等基础学科的系统方法构成；第二个层次由相关的应用生态学、城市增长管制等学科方法所构成；第三个层次是生态用地自身发展中形成的技术和方法体系。

8.1 生态学基础理论

生态学按生物系统的结构层次可以分为个体生态学、种群生态学、群落生态学和生态系统生态学等，生态用地主要涉及种群、群落和生态系统三个层次，因此本节简要介绍这些生态学的基础理论和原理。

8.1.1 种群生态学

种群（population）是指生活在一定空间内、同属一个物种的个体的集合。种群生态学是研究种群数量动态与环境相互作用的科学。种群的空间分布大致可以分为三类：均匀型、随机型、集群型。影响种群的动态变化主要受到外源性因素和内源性因素共同作用。其中，外源性因素包括气候因素、种间生物因素以及食物因素；内源性因素包括行为调节、内分泌调节以及遗传调节等。种间作用主要是竞争、捕食、寄生和互利共生，而主要的种内相互作用是竞争，自相残杀和利他主义等。

种群生态学理论可以为生物多样性保护相关的生态用地规划提供科学基础。例如，在进行一个濒危种群的栖息地分析时，应该了解和掌握该目标种群的空间分布特征，分析影响其分布的关键生态因子，确定目标保护区域；分析该种群动态变化和自然调节特点，确定合理保护规模和承载能力；分析该种群与其他物种的相互关系，重点关注保护目标种间关系，如需要保护该种群的食物（如某些植物种类）或需要重点控制有害物种等。

8.1.2 群落生态学

群落（community）的含义是指不同种群的生物在一定时空条件下形成的具有特定结构和功能的集合体。群落的空间结构包括水平结构和垂直结构，群落生态学存在边缘效应和群落演替理论，其中，边缘效应是指群落交错区中生物种类增加和某些种类密度加大的现象；群落演替是指在一定区域内，群落随时间而变化，由一种类型转变为另一种类型的生态过程。

生态用地规划在分析陆地群落时，应掌握影响该群落类型空间镶嵌结构的主导因素，以此结合自然条件进行规划设计；不同群落由于所处区位、自然条件的差异，其群落垂直结构有所差异，规划要因地制宜确定群落类型和结构；生态用地规划多为城镇密集地区，人类活动强烈地改变了自然景观格局，引起栖息地片段化、栖息地的丧失和边缘数量的增加，对生物多样性产生了重要影响；确定生态用地规模、生态廊道宽度等需要借助于边缘效应；准确判断生态用地群落演替状况和阶段，通过科学的规划管理手段，促进群落向稳定状态演变，或通过模拟当地自然顶级群落进行生态用地的恢复构建，提升人工生态系统的服务功能。

8.1.3 生态系统生态学

生态系统（ecosystem）是指在一定时间和空间中共同栖息着的所有生物（即生物群落）与其环境形成的有机整体。生态系统具有六个主要特征：时空概念复杂的大系统；有一定的负荷力、有明确的功能；有自我维持、自我调控功能；有动态的、生命的特征；有健康、可持续发展特性；生态系统具有开放性、整体性以及反馈调节和生态平衡等功能。

生态用地规划应注意以完整的生态系统作为规划研究对象，而不能从某个局部来进行分析；开放性原理提示在研究生态用地生态系统时，应持开放动态的思维，把研究对象植于周围环境之中，将生态用地和建设用地结合起来考虑，更加全面、深刻地揭示现状问题；整体性原理揭示在进行生态用地规划时，可以分要素进行现状分析，但对于整体的生态环境治理，不能仅采取局部的治理方式，而要从整体性原则处理，如在进行河涌水系整治规划中，要从流域整体综合考虑，包括水源、水量、水质、水生态等角度；生态系统反馈调节和生态平衡提示在生态用地规划过程中，应该认识到目前生态危机是由于人类盲目活动而导致局部地区甚至整个生物圈结构和功能的失衡，从而威胁到人类的生存，规划应该在生态平衡失调的初期及时发现，并积极进行干预调整，以保证生态系统的长期稳定和平衡。

8.2 相关应用生态学理论

8.2.1 城市生态学

城市是包括社会、经济、自然三个子系统的复合生态系统。城市生态学重点研究城市生态系统的结构、功能及其运行规律，强调生态规律对人类活动的指导作用，重视城市生态系统的整体性、动态代谢功能和物质能量循环规律等，注重研究成果对城市规划、建设和管理的科学指导和应用。城市生态系统具有以下特点：人类主导性、系统不完整性、系统高度集中性、系统对外依赖性，以及系统的脆弱性。城市生态学基本原理包括系统整体功能最优原理、城市环境承载力原理以及城市生态系统结构、功能和调控机理。

城市生态系统的基本特征提示，生态用地规划应注意城市生态学的基本要点，如城市生态系统的对外依赖性，说明生态用地对城市建设用地的重大支撑作用，脆弱性说明城市生态系统抗干扰的有限性。生态用地作为重要的自然生态系统，虽有一定的自然调节能力，但由于人类活动的高强度干扰和自身生态系统的单一化，稳定性较差。城市生态系统整体功能最优原理提示，生态用地规划要从城市整体功能最优化出发，处理好保护与发展的关系，如不同区位的生态用地发展思路有所不同，对于城市中心区的生态用地，要从满足城市居民休闲、游憩的需求，进行合理的开发利用。同时，优化生态用地的空间结构和群落结构，改善系统运行状态，从而提高城市整体功能和综合效益。城市环境承载力原理提示，生态用地主要从资源和生态承载力的角度来支撑城市的健康运行，可以从生态用地的功能角度分析城市的承载力，通过优化生态用地功能来增强城市综合承载能力。城市生态系统结构、功能和调控机理提示，生态用地规划必须深入了解其生态结构—过程—功能的关系，以此为依据提出城市系统调控思路，确定具体规划方案。

8.2.2 景观生态学

景观生态学是研究景观单元的类型组成、空间格局及其与生态学过程相互作用的综合学科，其研究重点是空间格局、生态学过程与尺度之间的相互作用。景观生态学基本理论包括：斑块—廊道—基底理论、种—面积关系和岛屿生物地理学理论、景观系统的整体性与异质性理论、景观格局—过程—尺度理论以及景观渗透理论等。

岛屿生物地理学理论提示，生态用地保护区规模直接影响到保护物种的丰富程度，自然保护区并不是孤立的空间隔离，它与周围的区域及环境保持着密切的动态联系，尤其是物种的迁移与演替，物种的发展与消亡。景观渗透理论对于研究生态用地景观结构（特别是连接度）和功能之间的关系，具有启发性和指导意义。景观系统的整体性揭示生态用地规划不应只去研究某个单一的景观组分，如植被、土壤等，而是要重点研究整体景观及其空间异质性，致力于发挥景观系统的综合价值。景观异质性揭示生态用地在空间分布上存在不均匀性和复杂性，应根据自然环境的差异和人类干扰的不同，制定有针对性的规划管理对策。景观格局—过程—尺度理论揭示生态用地空间组合对其中的生态流有重要的影响，如不同植被类型景观及其空间格局对水土流失的控制有所不同。

8.2.3 生态系统服务功能理论

生态系统服务功能是指生态系统与生态过程所形成及所维持的人类赖以生存的自然环境条件与效用，它不仅给人类提供生存必需的食物、医药及工农业生产的原料，而且维持了人类赖以生存和发展的生命支持系统。生态系统主要服务功能类型分为提供产品、调节、文化和支持四个功能。土地利用变化对生态系统服务功能有重要影响，主要通过三条途径：改变生物多样性、改变生态系统过程、改变生境，其中研究最多的案例是农业开发。①土地利用变化直接改变生物生境和资源的时空分布，进而改变生态系统服务孕育、传递和表达的时空格局。②土地利用变化还通过改变植物特征（如功能多样性）影响生态系统服务功能。③土地利用变化也通过改变生态系统过程影响生态系统服务功能。

生态系统服务功能揭示生态用地承担着多种服务功能，如气候调节、水质净化、生态休闲等，规划过程中应深刻认识到生态系统服务功能的多样性和复杂性，其中以生态学机制来调控人类活动、实施生态系统管理。生态系统服务功能价值评估，可以定量反映区域土地利用变化对生态系统的综合影响，从而用于土地利用规划的环境影响评价，通过分析计算不同规划方案的生态系统服务功能价值，筛选最佳规划方案，综合评估生态效益。明确生态系统服务功能的空间尺度对于景观层次的保护和土地管理规划具有重要意义。土地利用变化极大地改变生态系统服务功能的供给，建立二者预测评估模型，以此科学确定生态用地类型、规模和空间分布，提升生态系统服务功能。

8.2.4 恢复生态学理论

恢复生态学是研究生态系统退化的原因、退化生态系统恢复与重建的技术和方法及其生态学过程和机理的学科。恢复含义包含重建、改建、改造、再植等，生态恢复最关键的是系统功能的恢复和合理结构的构建。退化生态系统的恢复与重建一般分为下列几个步骤：①首先要明确被恢复对象，并确定系统边界；②退化生态系统的诊断分析，包括生态系统的物质与能量流动与转化分析，退化主导因子、退化过程、退化类型、退化阶段与强度的诊断与辨识；③生态退化的综合评判，确定恢复目标；④退化生态系统的恢复与重建的自然—经济—社会—技术可行性分析；⑤恢复与重建的生态规划与风险评价，建立优化模型，提出决策与具体的实施方案；⑥进行实地恢复与重建的优化模式试验与模拟研究，通过长期定位观测试验，获取在理论和实践中具有可操作性的恢复重建模式；⑦对一些成功的恢复与重建模式进行示范与推广，同时要加强后续的动态监测与评价。

生态恢复学在生态用地规划领域中应用广泛，潜力巨大，尤其是在我国城市化推进迅速，人口规模持续增长的背景下，由于人类不合理的开发活动导致环境污染、植被破坏、土地退化、生物多样性丧失等一系列问题，如何依托生态用地，综合整治与恢复已退化的生态系统，成为改善生态环境、实现可持续发展的关键。生态用地规划需要我们运用恢复生态学的原理和思路，进行科学的生态恢复和重建。例如，在制订一个湿地生态恢复规划方案时，需要确定以下几个生态问题：被恢复对象及其系统边界；湿地生态系统退化成因分析，识别退化主导因子、退化过程、退化类型、退化阶段与强度等；确定生态恢复目标；生态恢复技术的分析与选择；方案可行性分析；实地实验、示范与推广等。

8.3 城市规划与管理相关理论

城市生态用地规划作为一种城乡规划类型，一般普遍应用的规划理论对于生态用地同样适用。考虑到生态用地与建设用地之间具有有机融合、相互依存、共生共荣的生态耦合关系，对于许多大型城市而言，保护生态用地，实际上也是为了控制建设用地的无序蔓延，促进城市土地集约利用。因此，本节重点对城市增长管理、紧凑城市等相关理论知识进行梳理介绍。

8.3.1 城市精明增长

精明增长是美国规划师协会针对郊区化发展带来诸多问题而提出来的。城市精明增长十大原则包括：①混合型的土地使用；②密集紧凑型建筑设计；③创造多种住宅机会和选择，提升城市住房的可支付性；④创造适于步行的邻里社区；⑤培养特色型、魅力型社区；⑥保留开放空间、耕地、自然美景和主要环境保护区域;⑦加强并将城市发展引向现有的社区;⑧提供各种交通选择;⑨使城市发展决策具有可预测性、公平性和成本经济性;⑩鼓励社区和业主在发展决策制定过程中与政府和规划机构合作。

从规划目标而言,城市生态用地规划与精明增长有异曲同工之妙,目的都是为了控制城市无序蔓延增长。城市精明增长是一种精心规划过的发展模式,通过保护农地和绿色空间,给城市和社区注入新的活力,保持城市住房的可支付性,同时提供多种城市交通方式。与此同时,城市生态规划的最终目标还是服务于城市,服务于人,精明增长多样的规划手段与理念,也丰富了城市生态规划的思维,并深深影响着当前城市生态规划内涵和价值取向。

8.3.2 紧凑城市理论

紧凑城市是一种集中布局的城市结构,其概念最早在1990年欧洲社区委员会(CEC)发布的布鲁塞尔绿皮书中提出。其核心思想是城市采取集中、紧凑的布局模式,占地少,减轻对机动车的依赖,提倡公共交通和步行,节约资源消耗,以实现城市的可持续发展。紧凑城市主要发展理念与目标包括:①控制城市的蔓延;②实现可持续发展的城市形态;③减少由小汽车使用的增长所带来的交通和环境的问题;④旧城改造和城市的复兴;⑤保持城市中心的活力,防止或控制城市的衰败;⑥减少由于城市的郊区化所带来的各种活动和土地利用功能的物质性分割;⑦鼓励公共交通的发展和使用;⑧将土地利用和交通密切联系起来;⑨减少能源消耗;⑩对农村地区农田的保护。

紧凑城市的城市适度紧凑与提倡土地功能适度混合等核心思想,同样也被当前城市生态规划所吸纳。通过生态用地的刚性保护,可以促进城市紧凑发展,并改善城市交通,减少交通燃料消耗和尾气排放。而将绿色空间适当均匀地分布于城市建设区内部,保护物种的多样性和生态系统,还要考虑公园、学校等公共设施的高效使用和优质服务,创造一个多样性、有活力的城市,从而提高城市的生活质量。

8.4 城市生态用地关键规划技术

城市生态用地规划的关键技术包括:①规模需求分析法;②土地生态评估法;③适宜性评价法;④情景模拟决策法;⑤场地生态设计法;⑥土地利用指标控制法。

8.4.1　规模需求分析法

1. C-O 平衡分析法

生态用地是维持和改善区域近地范围大气碳循环与氧平衡的主要承担者。可采用碳氧平衡法评价生态用地规模是否满足城市生态平衡需要。其中,耗氧量分析可通过计算研究区的主要燃料(煤、油、液化石油气)燃烧耗氧量、人群的呼吸作用和排泄物的生物化学氧化过程耗氧量的总和进行。按照碳氧平衡的原理,根据各类生态用地制氧参数,从而计算所需生态用地规模。由于不同生态用地呼吸光合作用有所差异,一般采取等效森林面积计算。当然,碳氧平衡法还存在一些局限,如将研究区看做一个封闭的系统,但对于评价生态用地合理规模不失为一种有效的方法。

2. 生态足迹分析法

加拿大生态经济学家 William 和其博士生 Wachernagel 于 20 世纪 90 年代初提出用生态足迹(ecological footprint)测度生态可持续发展状况。生态足迹这一形象化的概念既反映了人类对城市生态环境的影响,也包含了可持续发展的机制,它为可持续发展提供了一种基于土地面积的量化指标,具有非常清晰的政策导向。生态足迹是分析一个区域人口所消费的所有资源和吸纳这些人口所产生的所有废弃物所需要的生物生产总面积(包括陆地和水域)。具体计算公式如下:

$$EF = N \times ef = N \times r_j \times \sum (aa_i) = N \times r_j \times \sum (c_i/p_i)$$

式中,EF 为总的生态足迹;N 为人口数;ef 为人均生态足迹;c_i 为 i 种商品的人均消费量;p_i 为 i 种消费商品的平均生产能力;aa_i 为人均 i 种交易商品折算的生物生产面积;i 为消费商品和投入的类型;r_j 为均衡因子,因为单位面积耕地、化石燃料土地、牧草地、林地等的生物生产能力差异很大,为了使计算结果转化为一个可比较的标准,有必要在每类型生物生产面积前乘上一个均衡因子(权重),以转化为统一的、可比较的生物生产面积;j 为生物生产性土地类型。根据生产力大小的差异,生态足迹分析法将地球表面的生物生产性土地分为六大类进行核算:化石能源用地、耕地、牧草地、林地、建筑用地、水域。

3. 生态资源承载力分析法

生态承载力最早由 Park 和 Burgess 于 1921 年首次提出,是指某一特定环境条件下(主要指生存空间、营养物质、阳光等生态因子的组合),某种个体存在数量的最高极限。随后又发展到资源承载力、环境承载力和生态系统承载力。城市生态系统承载力一般认为是：在正常情况下，城市生态系统维系其自身健康、稳定发展的潜在能力，主要表现为城市生态系统对可能影响甚至破坏其健康状态的压力产生的防御能力、在压力消失后的恢复能力以及为达到某一适宜目标的发展能力。

城市生态系统承载力一般分析步骤是首先分析获取该城市发展的关键生态环境因子，当前主要以土地、水资源或环境容量为限制因子，确定人均资源需求量或单位 GDP 污染物排放量等，从而计算可容纳的人口规模或经济总量。由于人均需求量具有较大的可塑性，目前多用情景分析方法来对生态承载力进行分析评估，从而确定达到某个情景下的基本要求，作为城市规划的主要生态资源环境策略导向基础。

8.4.2   生态用地评价法

生态用地评价法主要包括生态环境敏感性评价和生态服务功能重要性评价。其中，前者主要是指生态系统对人类活动反应的敏感程度，用来反映产生生态失衡与生态环境问题的可能性大小；后者主要是评价区域内各地区对生态系统服务功能的重要性。该部分内容在第 5 章已经详述，这里不再赘述。

8.4.3   适宜性评价法

城市适宜性评价是根据区域自然资源与环境性能，从城市发展要求与资源利用要求，划分生态要素的适宜性等级。土地适宜性评价是指某一块特定的土地相对于各种土地利用方式的适宜程度。适宜性评价分析方法强调将土地自然因素制约性的土地利用适宜性分析与规划用地的功能分析相结合，可以获得具有生态合理性的规划功能布局。通行的分析方法主要是以麦克哈格的叠加分析方法为主。适宜性评价方法主要包括以下几种：形态法、因素叠合法、线性组合法、逻辑组合法 、生态位适宜度模型等。

8.4.4   情景模拟决策法

情景规划的主要任务是对未来的发展作出适当决定，以指导未来的行动。在很大程度上，这种决定是在对一系列发展的可能性进行比较、判断和选择之后得到的。生态用地规划在规划目标的制定过程中，一般需要在自然生态、社会、经济和文化等多种利益之间进行取舍，因此通常会面临更多选择的可能。不同的人员可能对于生态和其他目标的相对重要性会有不同的理解；在经过土地利用适宜性分析后，同一块土地可能面临多种适合的用途；在保证基本连通要求的情况下，景观要素的分布及其格局组成可以有很大的形态差异；不同人群对环境品质可能有不同的要求，由此造成环境容量的预期差异等。因此，生态用地规划方案不太可能是一个唯一确定的选择答案，而是根据未来发展的多种可能性，以及不同发展阶段的可能水平进行各种综合分析、决策、判断。

通过科学的多方案比较决策，确定最终的合理方案。多种备选方案可以向人们（包括规划者自身）充分的展示各种可能的发展结果，促使人们从各个角度去思考发展过程中可能要面临的种种问题；而方案比较则可以将所有可能的发展与问题都集中到一起，帮助决策者形成更为全面而清晰的认识，以把握正确的决策方向。这是生态规划过程中非常重要的一个环节。生态规划所确定的"最佳方案"并非是客观意义上的最佳，而只是与既定的规划目标最具匹配性的最佳。生态规划是从问题研究入手的，其具体的目标是在规划进程中随着认识的不断深化而产生并不断调整形成的，并且往往由于需要兼顾自然生态、社会、经济和文化等多种利益而成为一个复杂的多目标体系，因此最终的决策方案往往会是若干个备选方案的综合产物。

8.4.5　土地利用指标控制法

土地利用指标控制法是城市控制性详细规划常用的一种城市用地管制的方式，它是以土地使用为重点，详细规定建设用地性质，使用强度和空间环境，其主要控制要素分为规定性指标和指导性指标两大类。控制规划是实施规划管理的核心层次和重要依据，也是城市政府积极引导市场，实现建设目标的最直接手段。

生态用地的控制体系也可以借鉴城市控制规划的方法，针对各个生态用地地块，在传统城市建设用地控制指标的基础上，增加诸如生态功能定位、管制分区、透水地表比例、当地物种比例、水面率等指标体系，从而指导下一层次修建性详细规划或景观设计的编制。

第**9**章 城市生态用地规划内容与流程

9.1 城市生态用地规划体系

9.1.1 现有城乡规划体系解析

根据《中华人民共和国城乡规划法》，城乡规划包括城镇体系规划、城市规划、镇规划、乡规划和村庄规划。城市规划、镇规划分为总体规划和详细规划。详细规划分为控制性详细规划和修建性详细规划。城乡规划层次大体按照我国垂直的行政建制标准进行划分，但在城市、镇的规划层次则按照规划技术深度分为总体、详细两个层面来展开（图9-1）。

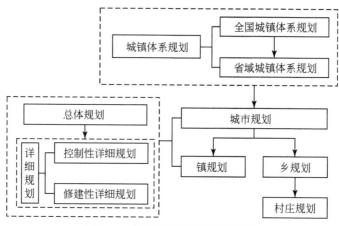

图 9-1 我国城乡规划体系示意图

9.1.2 城市生态用地规划层次划分

从我国现行的城乡规划体系来看，城市生态用地规划是城乡规划的重要组成部分，可以完全纳入城乡规划体系中，作为现有城乡规划体系的有益补充，为实现真正的城乡一体化发展提供规划支撑。与城乡规划体系按照行政建制关系划分规划层次不同，城市生态用地规划层次划分为两个层次，宏观层次和微观层次。主要考虑以下四个方面的因素：一是规划的系统性。从宏观到微观，不同层次的规划重点各有侧重，但相关内容存在衔接和延续的关系，在发挥宏观层面规划导向作用的同时，以利于微观层面规划的实施管理。二是规划的互补性。城乡规划主要关注的是城乡建设用地的发展与空间布局，而城市生态用地则与之相反，两者可以相互协调建设用地与生态用地之间开发与保护的矛盾。三是规划的技术性。规划层次主要从规划内容的深度来划分，先目标、结构引导，后管理控制、实施。四是规划的动态过程性。针对城市生态用地的评价与管制，在分析技术和政策设置方面是一个连续的、动态的协同规划过程，协调管理好各个层面规划的内容是重点（图9-2）。

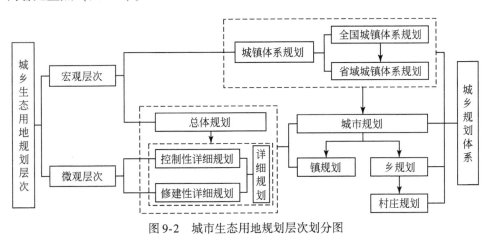

图 9-2　城市生态用地规划层次划分图

9.1.3　城市生态用地规划内容重点

　　城市生态用地规划由于其规划范围的广域性、与城乡建设用地的耦合性和自身构成的复杂性，使其包含的规划内容非常宽泛。因此，对其规划内容重点的界定要关注不同类型的相关规划，如国民经济与社会发展规划、城乡规划、土地利用规划、主体功能区规划以及农业、水利、林业、旅游等部门规划，提取与城市生态用地规划相关的重点内容，以资借鉴。

　　从相关规划内容与城市生态用地规划内容的关系来看，国民经济和社会发展规划的主导内容是确定近期、远期经济和社会发展总体目标。土地利用总体规划的调控性较强，突出体现对建设用地规模、耕地保有量和基本农田保护等指标的刚性约束。城乡总体规划领衔制定城乡发展战略，具体确定城市空间结构、城乡建设用地内部各项用地比例和空间布局。主体功能区规划将行政区域划分为优化开发、重点开发、限制开发和禁止开发四类不同的功能区划，根据不同主体功能区的功能定位和开发方向，制定开发管制、绩效考核等差别化的管制政策。相关规划的具体内容如表9-1所示。

表9-1　城市生态用地规划与相关规划主要内容一览表

序号	规划名称	规划重点内容
1	国民经济和社会发展规划	国民经济和社会发展规划是全国或者某一地区经济、社会发展的总体纲要，是具有战略意义的指导性文件
2	城乡规划	包括城市蓝线（河湖水系）、城市绿线（各类绿地）、四区划定（禁建区、限建区、适建区、已建区）和中心城区空间增长边界、绿地系统、生态环境保护等方面
3	土地利用总体规划	建设用地管制分区：允许建设区、有条件建设区、禁止建设区、限制建设区，明确管制规则，同时划定建设用地规模边界和扩展边界以及禁止建设用地边界
4	主体功能区规划	将国土空间划分为优化开发、重点开发、限制开发和禁止开发四类主体功能区
5	环境保护规划	城市环境功能区划：对城市水环境、大气环境、声环境、城市固体废弃物处置及放射性与电磁辐射等提出污染防治要求，划定对城市地区有生态价值的区域进行保护，对城市周边自然景观与废弃土地的生态重建提出规划要求
6	农业区划	按照农业地域分异规律，划分不同类型、不同等级的农业区域。①农业自然条件区划，着重分析不同地区农业自然条件和资源与农业布局的关系；②农业部门区划，着重研究农业各部门或农作物的生态适应范围、生产布局特点及其地域分布；③农业技术改革区划，着重研究不同地区农业技术改革的方向和途径；④综合农业区划，在上述三个区划基础上，从综合观点出发，区别差异性，归纳共同性，划分各具特点的综合农业区
7	水利规划	以水资源的开发利用条件为主，考虑地形、地貌单元、水文气象及自然灾害规律的相似性，并在一定程度上照顾流域界限与行政界限而进行的分区划片。各分区综合治理与开发方向，水资源开发利用的战略布局和关键性措施
8	林业规划	林业的区域划分是在分析研究自然地域分异规律和社会经济状况的基础上，根据森林生态的异同和社会经济对林业的要求而进行的林业地理分区
9	旅游规划	从发展旅游角度出发，根据旅游地域分工原则，按照旅游资源的地域分异性及区域社会、经济、交通、行政等条件的组合和内部联系程度，在地域上划分出不同等级的旅游区

在管制分区方面，城乡总体规划要求在市域层面划定禁建区、限建区和适建区，土地利用总体规划要划定允建区、限建区和禁建区，主体功能区规划要求划定优化开发区域、重点开发区域、限制开发区域和禁止开发区域。环境保护规划、农业区划、水利规划、林业规划、旅游规划等主要根据不同的资源条件、开发方向、战略布局等进行综合分区，分区制定各项资源的保护与利用措施。目前，这些管制分区重叠和交叉较多，有必要通过城市生态用地规划梳理分区管制边界、明确管制内容，形成明确的管制分区和政策内容。

针对目前我国已开展的相关规划情况，对城市生态用地规划内容的重点主要从宏观层次、微观层次两个方面进行探讨。

1. 宏观层次

生态用地规划内容重点包括禁、限建分区、基本生态控制线的划定、生态功能区划、基本生态控制线规划。禁、限建区主要通过对生态用地进行生态重要性评估，以确定保护与利用的级别，为基本生态控制线的划定提供技术支撑。基本生态控制线规划主要明确生态用地与集中城镇建设用地的图底关系，界定生态用地的空间范围，对生态用地保护进行立法保护。生态功能区划结合禁限建分区和基本生态控制线的划定范围，根据不同区域主导生态功能，提出生态管制政策分区。

2. 微观层次

主要分为生态用地控制性规划、详细规划，在宏观层次所确定的生态规划内容的基础上，制定生态用地的控制指标体系，落实到生态用地地块控制之中，将对生态用地的规划管理纳入法定的城市规划管理图则之中。而详细规划则在控制性规划所确定的指标体系和技术要求的引导下，进行生态建设和生态修复的详细性规划设计。

9.2 宏观层次城市生态用地规划主要内容

宏观层次的生态用地规划主要是在区域或城市范围内，综合分析评价各种自然资源和生态环境要素，进行生态重要性评价和开发风险的双向评估，划定禁限建区、基本生态控制线范围，明确城市增长边界，制定分区管制、分类保护、分级控制、分期实施的政策，对基本生态控制线、城市增长边界等相关政策单独立法，以作为微观层次生态用地规划编制的原则和依据。

宏观规划层次的生态用地规划主要内容包括：现状生态重要性与开发风险双

向评估、情景模拟与用地规模预测、规划目标与定位、生态空间结构规划、主导生态功能区规划、禁、限建区划、分区管制规划、分类保护规划、基本生态控制线规划、城市增长边界规划、重点生态地区政策指引、分期实施管理机制等方面。

1. 现状生态重要性与开发风险双向评估

生态重要性评估主要采用 GIS、RS 提取生态因子进行叠合分析，包括地形地貌、地质、气候、水文、土壤、植被、动物、建设现状以及景观价值等。通过生态重要性评估，初步划定生态用地的生态核心、廊道、节点与缓冲区，交由地方政府相关部门审阅并进行修改与完善，保证生态用地重点区域的划定范围与现状建设、征用地等情况协调一致。

开发风险评估主要评价规划区内哪些自然土地最有可能面临开发风险，这些土地一般靠近主干道等基础设施、邻近城市重点项目实施区域或周边人口增长迅速地区。

通过生态重要性和开发风险级别的双向评估与鉴别，为规划区内城市生态用地管制程度的分级提供依据，以确定生态用地的管制需求和规划实施时序。

2. 情景模拟与用地规模预测

情景模拟主要针对区域生态用地保护与开发的不确定性和复杂性，模拟在不同的政策背景下产生的生态用地多种方案的情景，以利于决策需要。结合区域和城市用地与人口容量的承载力分析，预测不同用地与人口规模情景下，保障生态安全所需的生态用地规模，从生态系统供需平衡的角度，结合用地现状、区域和城市发展要求以及上位规划要求等，确定城市生态用地的总量、用地组成等。

3. 规划目标与定位

根据城市生态用地的现状条件，结合用地潜力分析，确定其生态用地总体规模和功能定位，明确城乡区域内各类生态用地目标与功能发展指向。

4. 生态空间结构规划

明确生态用地的生态核心分布，构建与生态核心相互关联的生态廊道体系，对生态关键区域、节点地带的生态网络的形成提供结构化的空间导向。

5. 主导生态功能区规划

进一步细化城乡区域内各个生态用地聚集区，明确其主导生态功能，确定生态保护目标和对象，主要生态保护措施等，为地区发展提供规划依据。

6. 禁、限建区划

根据城市生态用地的生态限制重要性与开发风险双向评估结果，对其进行分级区划，明确各级区划管制的重点。

7. 分区管制规划

结合禁、限建区划和主导功能区划，对生态用地进行管制分区，分区制定相关管制措施和管理要求，为规划实施管理提供空间载体。

8. 分类保护规划

对城市生态用地从用地类别上进行划分，明确各类型生态用地控制保护要点，整合地区发展思路，提出分类保护的管理协调措施。

9. 基本生态控制线规划

在禁、限建区划定的基础上划定区域基本生态控制线，作为城乡建设用地增长的发展底线，集中城镇，为生态用地保护立法工作提供空间载体。

10. 城市增长边界规划

以城市建设用地为空间载体，结合分区管制规划和城市规划年限，在保证基本生态控制线的发展底线范围的基础上，划定城市增长边界，结合主导功能区规划制定城市增长边界范围内城市开发建设的各项政策，鼓励集约、节约用地，紧凑、高密度发展。

11. 重点生态地区政策指引

针对重点城市生态用地地区，制定差异化的生态保护与利用政策指引。

12. 分期实施管理机制

以基本生态控制线、城市增长边界为根本，从主导功能、分区管制、分类保护、分级控制实行综合管理，提出分期实施的计划，制定相关政策保障落实。

9.3 微观层次城市生态用地规划主要内容

微观层次的生态用地规划主要以城市规划层次划定的生态用地主导功能区为

单元，把宏观层次生态用地的分区管制、分类保护、分级控制、分期实施的各项要求落实到地块管理的层面上，制定生态用地功能单元与地块的控制指标体系，以指导生态用地的建设实践。微观层次的生态用地规划主要内容包括：现状生态用地适宜性评价与问题分析、用地规模分析、规划目标与定位、生态结构与功能分区、生态用地规划布局、控制指标体系、规划控制指引、管理单元划分与控制、地块划分与控制、控制图则、管理实施建议等方面。

1. 现状生态用地适宜性评价与问题分析

运用 GIS、RS 技术分析生态用地现状分布情况，系统评价生态用地资源的重要性等级与景观利用水平，剖析现状问题成因，提出规划关注的重点。

2. 用地规模分析

在城市规划层次的生态用地规划所确定的用地总体规模的要求下，确定本地区生态用地的总量、用地组成等。

3. 规划目标与定位

根据城市生态用地的现状条件，结合用地潜力分析，确定其生态用地总体功能定位，明确本功能单元未来生态用地目标与功能发展指向。

4. 生态结构与功能分区

明确以生态核心、生态廊道组成的生态网络。在功能定位、生态结构的基础上，细分生态功能单元内的生态用地功能聚集区，明确其主导功能，为管理单元主导功能属性的确定提供依据。

5. 生态用地规划布局

明确各类生态用地的空间布局，强调生态用地体系的完整、结构的连续、空间的开敞和功能综合。

6. 控制指标体系

控制指标体系通过细化分区管制的要求，量化分类保护的要求，强化分级控制的重点，控制指标体系分为总量控制指标、地块控制指标两个层面。总量控制指标主要包括功能单元生态用地总量、组成结构以及各管理单元的分项总量指标、组成结构等。地块控制指标与控制规划地块指标较为类似，主要从维护地块生态服务功能的角度，提出地块控制指标主要包括用地性质、用地面积、绿地率、容积率、建筑高度、硬化地表比例、森林覆盖率、水面率等。控制指标体系以图则的形式落实到功能单元、管理单元。

7. 规划控制指引

按照生态用地分区管制、分类保护、分级控制的要求，针对生态建设与恢复、环境保护、开发行为控制、历史文化资源保护、地下空间利用、景观设计等提出规划指引。

8. 管理单元划分与控制

管理单元划分按照生态功能相对一致性的原则，以规划区内行政区界线、主要规划道路、铁路或者河流等自然地貌为边界，进行生态用地管理单元划分，并注意与已有城市控制性详细规划的管理单元协调。

9. 地块划分与控制

按照生态用地的分类，评价影响规划区范围地块划分的要素，明确地块划分的依据和原则，确定地块划分的方法。在地块控制方面，按照规划控制的要求及生态建设的具体情况，确定规划区范围内各地块的强制性与引导性控制内容。

10. 控制图则

控制图则分为功能单元图则、管理单元图则。法定图则表达生态用地总量控制指标、保护指引等各项要求。管理图则表达生态用地地块控制指标、保护指引等各项要求。

11. 管理实施建议

结合现有规划管理体系，探索生态用地控制规划实施途径，明确规划实施与管理措施，根据实际情况提出规划分期建设时序、原则、规划实施的方式与策略等。

第 *10* 章 城市生态用地规划实施与管理

健全城市生态用地规划实施机制，理顺城市生态用地管理体系，强化城市生态用地的规划实施与监管，对于保护城市生态用地，将城市生态用地的保护管理与维护、经营、恢复和重建等工作落到实处，发挥城市生态用地维护区域生态格局，优化城乡布局结构的作用具有十分重要的意义。

10.1 健全规划实施机制

10.1.1 与法定规划衔接

根据规划管理实施主体的需要，可以将不同规划分为"法定规划"与"非法定规划"两类。"法定规划"是《城乡规划法》和《城市规划编制办法》中所规定的必须开展的规划，其明显特征在于能够作为规划管理依据，实施行政许可。因此，法定规划具备很强的理性和时效性。但是，由于作为指导城乡规划制定、实施和修改的基本法——《城乡规划法》中尚没有完全界定应纳入城乡规划编制的城乡专项规划类型。因而，目前各地编制的城市生态用地规划很少纳入城乡规划的法定体系中。

作为非法定的城市生态用地规划，想要得到较好的实施和管理，就需要与法定规划体系取得良好的衔接。否则，城市生态用地规划要么只能成为喧嚣一时的口号，要么只能人为地硬性"嵌入"规划管理中。同时，生态用地规划也是对国家法定规划的补充与完善，有利于构建城乡一体的空间管控体系，实现城市规划与管理的"全覆盖"。

目前从实践来看，城市生态用地规划与法定规划体系的衔接，主要是通过将城市生态用地规划的核心内容纳入法定规划之中，以法定规划实施促进城乡建设。如在总体规划层面，应将生态用地专项规划的基本原则、总体要求和主要结论纳入总体规划中。详细规划层面的城市生态用地规划则应将总体规划专项内容确定的功能或管制区域进行深化和细化，反馈到控制性详细规划中。在法定图则规划层面，详细规定城市生态用地内的土地用途、开发强度和相应指标，使生态用地专项规划内容通过法定控制性详细规划成为规划实施管理的依据，最大限度地使城市生态用地规划成为指导城乡空间要素系统空间布局的重要依据。

10.1.2 强化法制保障

　　城市生态用地的保护是一个艰难而复杂的过程，为了保障其规划的顺利实施，应制定相应的法律为其提供制度保障。英国在实施环城绿带的过程中相继制定了《绿带法》和《城乡规划法》。美国通过《雷赛法令》、《历史地段法》和《公园、风景路和休闲地法》强化了国家公园的权威性。中国香港以立法形式颁布《郊野公园条例》，该条例成为设立、发展及管理郊野公园和特别地区的最基本的法律依据。深圳市通过制定《深圳市基本生态控制线管理规定》，以政府令的方式将深圳城市生态用地规划的成果形成法律文件，赋予其法律效力。

　　为城市生态用地建设确立法律保障，首先，需要通过制定城市生态用地控制管理规定等法规文件，以专项条例或规章的形式将生态用地规划的核心或强制性内容法定化，提高生态用地的保护法律强制性，实现"有法可依"，为生态用地的有效保护与管理提供依据。

　　其次，完善政府内部的监督、检查机制。制定相应的政府内部检查制度，加强对各级领导干部执行生态用地保护法律规章、规划情况的监督、检查，实施责任追究制度，以保证各项法律、法规、规章和计划与规划的落实。

　　最后，通过人大、政协以及社会监督，促进法律法规的有效贯彻与执行。城市生态用地法规的落实，有赖于立法、执法工作的监督。要加强各级人大、政协的监督力度，同时也要充分发挥社会监督、新闻媒介监督的作用，以保证城市生态用地建设的顺利实施。

10.1.3 制定配套的政策体系

1. 建立生态补偿机制

　　城市生态用地的保护和规划实施，不仅要有对各种开发建设行为的管控体系，更要有对生态用地相关利益主体发展需求进行疏导的协调机制。正是相关利益主体对经济利益或者政治利益的诉求，才激发了城市生态用地的开发建设行为。因此，只有对城市生态用地涉及的主体利益诉求进行疏导，调动其保护生态用地的积极性，才能从根源上对城市生态用地的保护与建设进行有效的控制与管理。

　　生态补偿机制是以保护生态环境、促进人与自然和谐为目的，根据生态系统服务价值、生态保护成本、发展机会成本，综合运用行政和市场手段，调整生态环境保护和建设相关各方利益关系的环境经济政策（周飞，2010；秦艳红等，2007）。主要针对区域性生态保护和环境污染防治领域，是一项具有经济激励作用、与"污染者付费"原则并存、基于"受益者付费和破坏者付费"原则的环境经济政策（任勇等，2006；毛显强等，2002）。生态建设和保护投资大、周期长，需要一个长期的过程。建立生态补偿机制，可以有助于解决生态保护与经济发展的矛盾，协调各方经济利益，从根本上解决保护问题。

建立健全生态补偿机制，要通过建立和完善生态补偿转移支付的办法，形成导向明确、公平合理的激励机制，提高各地进一步开展生态建设和保护工作的积极性，进一步优化区域生态环境。主要通过政策补偿、资金补偿、实物补偿、智力补偿和支持发展等形式，主要为保护生态环境而形成的财政缺口、饮用水源保护区建设和管理支出、产业异地发展和生态移民、生态环境保护和建设项目、环境基础设施建设和生态公益林保护与建设等方面进行补偿。

2. 实施多元投资激励政策

落实规划项目的资金渠道是保证城市生态用地规划有效实施的关键。目前，我国地方政府或部门规划普遍存在着规划目标与所需资金脱节的问题，致使规划的权威性和实施性降低，难以完全达到规划预期目标。城市生态用地建设需要大量的资金作后盾，除了政府部门拨款外，还需要充分吸收利用其他闲置资金，如采取民间筹款、银行贷款及发行债券等方法来解决。

我国目前的生态环境建设投资主要包括三个方面：一是政府投资，包括国家和地方政府从财政收入中拿出一部分资金用于生态环境建设；二是金融机构和私人部门的投入，包括商业银行用于环境基础设施的贷款和私人机构以各种方式投入的资金；三是企业自身的投资，包括更新改造的环境保护和排污收费等的投入。

在城市生态用地建设过程中，除吸取生态建设的投资经验，由政府拨款满足部分基础设施和工作人员收入外，还应积极培育和拓展新的投融资渠道，充分利用社会资金促进城市生态用地规划的顺利实施。目前新型的投资渠道主要有：政府财政拨款、国内外环保贷款或赠款、社会捐助资金以及税费征收的使用。

3. 探索实施特许经营政策

特许经营是指政府按照有关法律、法规规定，通过市场竞争机制选择某项公共产品或服务的投资者或经营者，明确其在一定期限和范围内经营某项公共产品或者提供某项服务的制度（Dilsaver，2000；张晓，2006）。

在城市生态用地的管理中也可尝试采取由政府直接管理，实行特许经营的管理制度，即在城市生态用地内可进行旅游开发的区域内，餐饮、住宿等旅游服务设施可向社会公开招标，经营者的部分税收返回城市生态用地管理区，支持有关设施的建设、维修与保养。

4. 改革绩效考核制度

在建立生态补偿机制以消解企业和个人发展冲动的同时，必须建立科学的考核机制以消除地方政府的发展冲动。当前以 GDP 为中心的考核指标体系无视地区差异、职能差异而"一视同仁"，地方政府不仅没有保护城市生态用地的动力，甚至有开发城市生态用地的欲望。建立以绿色 GDP 为核心的科学考核制度，针对不同层级、不同类型的行政体制实行差别化的指标考核方式，促使地方政府回归本职职能，保障城市生态用地可持续利用。

10.1.4　加强公众参与

公众参与是科学规划和管理的保证。城市规划从精英走向大众，不再局限在行政与专业之内。只有问计于民、问需于民、问政于民，才能规划、建设得更加合理，才能取得广大市民的认可，以人为本、注重民生才能真正落到实处（路金启和戴烨，2009）。

城市生态用地保护关系到全体人民和不同利益集体的利益，公众参与是提高规划编制水平和实施管理科学性的基础。城市生态用地规划既是公共政策，也是一项社会活动，涉及广大市民的切身利益和长远利益。就其本质而言，城市生态用地规划的制定、决策和实施，每一个环节都离不开公众的参与、支持和监督。在这一过程中，充分发挥公众参与的作用，通过各种渠道征求群众意见，能有效地促进规划、建设和管理工作的科学化，同时也能够收到良好的社会效果。

在城市生态用地规划报送审批前，可采取调查公众意见、咨询专家意见、召开座谈会、论证会、听证会等形式，公开征求公众意见。保证公民对城市生态用地规划的知情权、表达权、参与权和监督权，方便社会各界及时了解规划蓝图和规划建设动向，提出意见或建议。

规划经法定程序审批后，负责组织编制单位可以通过固定的公示场所、新闻媒体、广告牌、网络等方式，及时向社会公布，自觉接受社会监督，使广大市民了解规划、关心规划、支持规划、遵守规划、监督规划，为规划的顺利实施营造良好的社会环境。

对于城市生态用地内的建设项目，在建设阶段，落实建设项目事前公示、事后公告制度。任何单位和个人都有权向相关行政主管部门查询、举报或控告违反规划的建设行为。相关行政主管部门应对违法违规行为进行严肃处理，并向社会公开处理情况和结果，供公众查阅和监督。

对于城市生态用地的生态建设或保护性项目，在项目实施过程中鼓励公众参与，任何单位和个人都可以通过"认建"、"认养"、"捐赠"、"入股"等方式为城市生态用地的生态建设或保护提供所需资金或土地。城市生态用地专门的管理机构可通过赋予城市生态用地冠名权、颁发证书、举行表彰大会等方式对为城市生态用地项目提供支持的单位及个人予以奖励。

在城市生态用地的管理维护阶段，鼓励任何单位和个人以"认管"的模式协助城市生态用地的管理与维护。鼓励任何单位和个人自愿参与城市生态用地某些区域巡逻，以保障城市生态用地安全。

10.2 理顺生态用地管理体系

10.2.1 明晰管理架构与职责

城市生态用地涉及多个行政管理部门，因此，生态用地的管理需要协调不同政府部门之间的关系，明确各管理部门的责权。由于现行行政管理体制的分割，造成对城市生态用地的多头管理，林业、园林、国土、环保、水利等职能部门建立了各自的城市生态用地系统管理体系，管理层次比较复杂，所管辖的城市生态用地要素既各有侧重又有交叉，各部门对各自负责管理的区域进行管理，彼此之间管理权限和管理内容存在交叉、重叠的现象，为有效保护带来困难。此外，管理责权不明，管理权与经营权划分不明晰，存在管理者与开发者"同体"，甚至开发者替代管理者的现象，从而造成了部分管理者不是从保护出发，而是从开发出发对生态绿地进行管理的现象，造成管理"失当"，严重影响了生态绿地的保护。

城市生态用地的管理应从城市生态用地的保护出发，为避免管理上出现"越位"、"错位"和"缺位"现象，建议改变城市生态用地条块管理模式。建议借鉴珠江三角洲区域绿地管制的经验（彭青和潘峰，2011），可采取专门化管理与部门管理相结合的管理方式，明确各级政府、各部门对城市生态用地的管理职责、内容与重点，为城市生态用地的管理提供法理依据，促进城市生态用地保护与管理的有效进行。

专门化管理是指在各级政府建设主管部门下设立专门的城市生态用地管理办公室，全面负责相关城市生态用地的编制和管理工作，协助地方政府针对地方实际，制定省、市（县）城市生态用地管理规定，促进行政辖区内城市生态用地保护与管理工作。同时做好城市生态用地的相关管理部门之间的协调工作。目前管理"缺位"比较严重的生态廊道和城市隔离带的保护应纳入各级建设主管部门进行专门化管理。

部门管理则是指城市生态用地的划定、调整及管理主要涉及相关的建设、国土、环保、发展改革、农业、林业、水利、海洋渔业等行政主管部门,应按照有关法律、法规和规章规定,在各自职责范围内,共同做好城市生态用地保护管理工作。县级以上人民政府及各级专门化管理部门应协调规划、建设、土地、海洋、环保、农业、林业、渔业、水利、旅游、文物保护等行政主管部门统一进行。要逐步对涉及城市生态用地的资源政策、产业政策、行业发展规划、区域社会经济发展战略与规划进行协调,改变行业之间、区域之间各行其是、相互冲突的政策取向。

专门化管理与部门管理相结合的城市生态用地保护管理方式可以改变目前地方政府的属地管理模式,重点对自然保护区、风景名胜区、森林公园等由于管理和经营"同体"而产生的"管不好"的问题,以及各生态廊道、绿化隔离带中由于建设管理准入制度的"缺位"而产生的"被蚕食"问题,理顺管理机制,将不同功能和利益主体的空间与职责合理划分,建立集中与分权相结合、管理与经营相分离的管理体系,通过对不同功能和利益主体的空间及职责合理划分,实现省、地方、监管者三者之间合理的利益分配,同时避免不同政府部门之间的矛盾。

10.2.2 严格进行建设管理

建设管理主要是对在城市生态用地中的建设项目进行严格控制和审核,并对其中的违法行为进行严格监管。

城市生态用地的管理应实施严格"绿线"管理,确保生态保护有"线"可依,有"线"必依。城市生态用地范围内的土地利用和各项建设,必须符合城市生态用地规划,遵照相关法律、法规,严格实施空间管制。任何单位和个人不得在城市生态用地内进行对城市生态用地功能构成破坏的活动。如拦河截溪、取土采石;排放超标污水、废气、噪声及倾倒固体废弃物;砍伐树木,捕捉、伤害野生动物等,以及其他对城市生态用地保护构成破坏的活动,但国家、省、市的重大基础设施、旅游设施和公园建设除外。

在已划定的城市生态用地范围内,分新建项目和现有建设进行建设项目审批控制和建设用地管理。城市生态用地一经划定,除特定建设项目外,禁止在控制范围内进行开发建设,特定项目的建设应按照既定程序进行审批;划定的城市生态用地范围内既有的建设项目或用地，应从尊重历史、实事求是、分类处理的原则出发，慎重、妥善处理好各项利益和产权关系。

1. 新建项目管理

准许占用城市生态用地进行建设的项目包括：经国务院或省级政府批准、核准的能源、交通、水利等基础设施用地，确需对省级城市生态用地规划进行调整的；因国家、省、市重大项目建设，确需对地市级城市生态用地规划进行调整的。

一般建设项目按照当地建设程序办理相关手续。项目选址位于城市生态用地重点管理区（如属于禁建区）的，市（县）城乡规划主管部门批准前，建设单位应将规划选址论证、环境影响评价、公众参与报告和市（县）城乡规划主管部门审查意见报送省级城乡规划主管部门进行审核。

2. 已建项目管理

城市生态用地内各类已建合法建设项目，对生态保护无不利影响的，可以按现状、现用途保留使用，在土地使用权使用年限内不得擅自改建、扩建或拆旧建新；对生态保护有不利影响的项目应转为与生态保护不抵触的适宜用途，无法整改或整改不合格的，原则上应当限期迁出。已办理土地使用证但尚未开工的建设项目，原则上不得批准建设，应置换到保护界限外另行选址建设。城市生态用地内已建的违法建设项目，应限期拆除并收回占用土地。

10.2.3　建立监督监察机制

城市生态用地规划能否有效实施，规划设立监测和监督机制至关重要。城市生态用地的监察管理工作要加强对建设项目的审批、审查的监督管理，协调好城市生态用地规划与城市规划的协作与监督关系，并建立完善的批前监督、批后监督管理机制，建立规章和规范性文件的备案审查制度，建立稳定的管理机构，建立定期汇报制度以评估城市生态用地建设情况，达到对规划实施管理进行监督的目的。

城市生态用地的监督检查工作要贯彻实施《行政许可法》，推进政府职能转变和管理创新，完善管理体制，将工作重点从以往的一般化管理向差异化管理转变。例如，城市生态用地内违法建设的现象多数发生在城边、山边、水边和生态廊道等可达性较高及容易建设的区域，而大片的山林地内部由于受地势、地质和交通等条件影响反而不易受侵蚀。因此对城市生态用地的监管要从以往的"都管"、"统管"向有重点的分级管理转变，即向差异化的管理转变，重点对城市生态用地的边缘地带加强监管，结合国土部门对违法行为的大检查，联合地方人民政府建立年度检查制度。另外，城市生态用地的监察应加强对违法建设行为的处理，应采取及时果断的处理措施，让违法行为付出代价；对违反规定在城市生态用地内进行各类建设活动的，地方人民政府应责令其限期拆除，恢复原貌，视其情节轻重处以罚款或按有关法律、法规予以处罚；构成犯罪的，要依法追究刑事责任。

此外，对城市生态用地的监督监察，可加强高新技术手段的运用，实现动态监控。遥感（RS）具有客观、综合、动态和快速等特点，通过遥感卫星可以获取丰富的地理信息，这些信息能够综合地展现地表事物的形态与分布，真实的体现地质、地貌、土壤、植被、水文、人工构筑物等地物的特征。地理信息系统（GIS）则可将地理信息数据与各种数据处理技术结合起来，对空间数据进行综合分析、评价、处理和展示。可综合运用 RS、GIS 技术建立城市生态用地动态监测平台，为城市生态用地管理提供过程支撑和依据，并定期向社会公布检测结果，接受公众监督。

第三篇 | 广州城市生态用地评价与规划篇

第11章 广州生态系统特征分析

11.1 生态区位分析

广州市位于中国大陆南方、广东省中部偏南、珠江三角洲中部，全市面积为7434.4km²，约占全省总面积的4.2%。跨度为北纬22°26′~23°56′，东经112°27′~114°03′，北回归线在市境中部偏北穿过，全市约三分之二的地区在北回归线以南。广州市北靠清远市、佛冈县及韶关市新丰县，东邻惠州市博罗、龙门两县，西接佛山市的三水、南海和顺德市，南连东莞市和中山市，隔伶仃洋与香港、澳门相望。

广州市处于粤中低山与珠江三角洲之间的过渡地带，北接南岭余脉，南临南海，西江、北江、东江在此汇流入海，具有"三江交汇、山海交融"的独特生态区位（图11-1）。一方面，自北向南形成"山、城、水、田、海"的特色城市

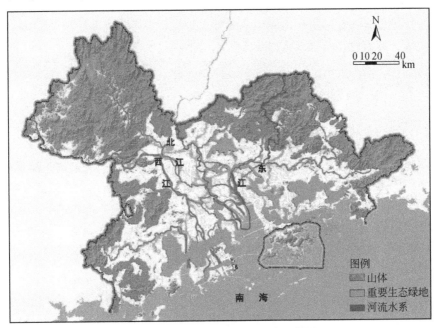

图 11-1 广州市区域生态区位示意图

· 171 ·

格局，北部山林地区、中部平原城市化地区、东南部农田水网地区向南部海域地区渐次过渡，形成了广州丰富的生态系统类型。北部与珠三角区域绿地连接的山地生态屏障，对城市生态系统起重要的支撑、调节作用。另一方面，水陆生态系统交界带具有波动脆弱性，对气候、环境的变化响应灵敏，加之广州作为珠三角中心城市，城镇发展、人口集聚，建成区快速扩张，使得广州成为珠三角范围内城市发展与生态环境矛盾最为突出的地区之一。

11.2 市域生态系统特征分析

11.2.1 地质地貌与土地资源

广州市处于粤中低山与珠江三角洲之间的过渡地带，地势由东北向西南倾斜，地貌的层状结构明显，北部以山地、丘陵为主，中部以台地、阶地为主，南部和西部以平原为主。全市土壤分属 9 个土类、14 个亚类、41 个土属、101 个土种，地带性土壤为赤红壤，山地垂直带谱上还分布有红壤、黄壤等类型，农业耕作土壤以水稻土为主，还有菜园土、潮泥土、耕型赤红壤等类型。广州市土地类型多样，2010 年建设用地为 1614km^2（包括水工建筑用地、风景名胜和特殊用地），占市域面积的 21.7%，农用地为 5262km^2，占市域面积的 70.8%、未利用地为 558km^2，占市域面积的 7.5%，其中未利用地主要为河流水面、荒草地、裸土地，集中分布在珠江沿岸河滩地和北部山区、低谷区，后备土地资源少，开发难度较大，城市建设的发展将以生态用地的退让为主要方向。

11.2.2 水资源与水环境

1. 水资源概况

广州位于珠江入海口，属南方丰水地区。三江汇聚，水系发达，河道众多，水域面积广阔。其中集水面积在 100km^2 以上的河流有 21 条，中心城区有主要河涌 231 条。全市水域面积达 7.44 万 hm^2，约占全市土地面积的 10%。2010 年全市地表水资源量为 79.90 亿 m^3，折合年径流深 1106.3mm，地下水资源量为 15.64 亿 m^3，全市水资源总量达 80.80 亿 m^3。广州市本地水资源较少，过境水资源相对丰富。

2. 水资源特征

降雨丰沛，但时空分布不均。从时间分布来看，广州降水主要发生在汛期

（4~9 月），降雨量占全年雨量的 80%~85%。从空间分布来看，广州降水量由西北山丘区向东南三角洲平原区逐渐递减。从化市的本地水资源总量最多，占全市本地水资源总量的 33.1%；其次是增城市，占 25%；最小为番禺区，占12.3%。本地水资源在年内、年际及区域分布不均，广州会出现季节性或区域性缺水问题。

枯季咸潮上溯，使南部网河区水资源的利用受到影响。广州市南部珠江三角洲网河区在潮流影响范围内，每年 10 月至次年 4 月为枯水季节，当上游来水流量减少时，南部大陆架高盐水团随海洋潮汐涨潮流沿着珠江河口的主要潮汐通道向上推进，即形成咸潮上溯，影响水资源的开发利用。

水动力条件差，污染物扩散困难。广州市市区地势平坦，水力坡降小、流速慢、水动力条件差，河网内河流之间互相影响大，水体更新慢，受到污染的水体不容易排出。广州市处在潮流作用范围内，因潮水的顶托和潮流的往复流动，下游排放的污染物有可能向上游移动，影响上游水质，同时延长了污染物在河中的滞留时间，导致污染物扩散困难，消耗水中的溶解氧，也影响水质及利用。

3. 饮用水源地水环境

从空间分布来看，2010 年广州市东部、南部集中式饮用水水源地水质良好，西部集中式饮用水水源地水质达标率为 78.37%。

从时间变化来看，"十一五"期间，广州市大力推进饮用水水源保护区污染整治行动，近五年来集中式饮用水水源地水质达标率持续上升。2010 年广州市集中式饮用水水源地水质达标率比 2005 年上升 18.45 个百分点，其中东部水源水质达标率保持 100%，南部水源水质达标率上升 4.13 个百分点，从 2006 年起保持 100%，西部水源水质达标率上升 34.38 个百分点，从 2010 年 5 月起保持100%。全市集中式饮用水水源地水质达标率和西部集中式饮用水水源地水质达标率均呈显著上升趋势。

4. 江河水环境

从空间分布来看，全市 39 个市控断面中，有 48.8% 的断面水质优良，有43.6% 的断面水质达到功能用水要求。其中珠江广州河段有 1 个断面水质为Ⅲ类，5 个断面水质为Ⅳ类，3 个断面水质为Ⅴ类；东部河流有 3 个断面水质为Ⅱ类，5 个断面水质为Ⅲ类；南部河道有 6 个断面水质为Ⅲ类，5 个断面水质为Ⅳ类，3 个断面水质为Ⅴ类；北部河流有 1 个断面水质为Ⅱ类，3 个断面水质为Ⅲ类，4 个断面水质为Ⅳ类（图 11-2）。

从"十一五"期间的变化趋势来看，珠江广州河段 2010 年水质综合污染指

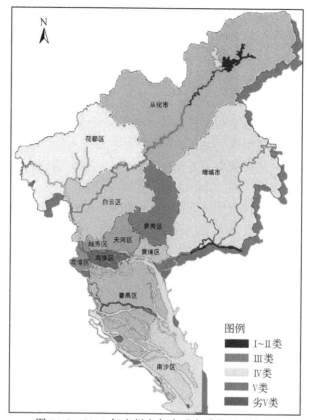

图 11-2 2010 年广州市各水系水质状况示意图

数比 2005 年下降 10.2%，水质显著改善；东部河流的增江河水质综合污染指数
呈显著下降趋势，西福河呈下降趋势，东江北干流呈波动变化，但东部各河流水
质均为优，与"十五"期间无明显变化。南部河道水质综合污染指数呈波动变
化，与"十五"期间无明显变化，但氨氮平均浓度由符合Ⅲ类标准变化到符合
Ⅵ类标准，有所恶化；北部流溪河水质为优和良，水质综合污染指数呈波动变
化，与"十五"期间无明显变化。

11.2.3 气候与大气环境

1. 气候特征

广州南亚热带季风气候显著，日照充足，热量丰富，长夏无冬，雨量充沛，干
湿季明显。广州市年总辐射量为 4400 ~ 5000MJ/m² · a，全年日照总数为 1770 ~
1940h。市年平均气温为 21.4 ~ 21.9℃，最冷月为 1 月，月平均气温为 12.4 ~

13.5℃，最热月为 7 月，月平均气温为 28.4 ~ 28.7℃。广州市除冬季受干冷的大陆气团控制时降水稀少外，其余时间都受海洋暖湿气流影响，大部分时间雨量充沛，年降水量为 1612 ~ 1909mm。

在《建筑气候区划标准（GB50178—93）》中，广州市位于ⅣA 气候区，属于湿热地区。该气候区的基本特点是长夏无冬，温高湿重，气温年较差和日较差均小；雨量丰沛，多热带风暴和台风袭击，易有大风暴雨天气；太阳高度角大，日照较小，太阳辐射强烈。建筑物必须充分满足夏季防热、通风、防风要求，并充分利用自然通风，设遮阳。根据 Mahoney 列表舒适度分析表明，广州气候适度较大，人体感觉过热时间段占全年的 52.4%，需要通过加强自然通风来改善城市微气候条件。

2. 大气环境

根据广州市环境保护局 2004 ~ 2011 年的广州环境状况通报，广州从 2007 年起，环境空气质量优良天数每年增加（图 11-3）。2004 年，广州全年优良天数仅为 304 天，优良比例为 83.1%。2011 年全年空气质量优良天数合计 360 天，其中环境空气质量属优 124 天、属良 236 天，优良比例已达到 98.63%。

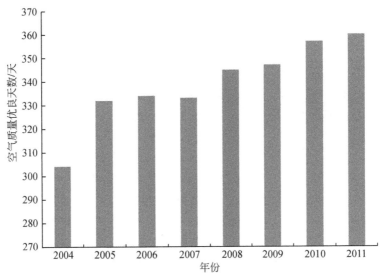

图 11-3　2004 ~ 2011 年广州全年空气质量优良天数趋势

2004 ~ 2011 年，全市环境空气中二氧化硫、二氧化氮和可吸入颗粒物平均浓度逐年下降（表 11-1）。到 2011 年，二氧化硫、二氧化氮平均浓度分别为 0.028mg/m³ 和 0.049mg/m³，比 2010 年分别下降 15.2% 和 7.5%，可吸入颗粒物平均浓度为0.069mg/m³，与2010年持平。从2007年开始，城区平均降尘量有逐年下降趋势，到2011年，城区平均降尘量为4.62t/km²·月，符合广东省暂行标准。

表11-1 2004～2011年广州市环境空气质量主要污染物浓度平均值

浓度	2004年	2005年	2006年	2007年	2008年	2009年	2010年	2011年
二氧化硫浓度平均值/(mg/m³)	0.077	0.053	0.054	0.051	0.046	0.039	0.033	0.028
二氧化氮浓度平均值/(mg/m³)	0.073	0.068	0.067	0.065	0.056	0.056	0.053	0.049
可吸入颗粒物浓度平均值/(mg/m³)	0.099	0.088	0.076	0.077	0.071	0.070	0.069	0.069

11.2.4 生物资源

1. 种质资源总体情况

广州市的自然条件为多种生物栖息繁衍和作物种植提供良好的生态环境。据统计，广州市常见野生维管束植物种类共计1813种，隶属于220科和855属。古树名木截止到2008年统计数据为3791株。栽培作物具有热带向亚热带过渡的鲜明特征，是全国果树资源最丰富的地区之一，包括热带、亚热带和温带3大类、40科、77属、132种和变种共500余个品种，更是荔枝、橙、龙眼、乌（白）榄等起源和类型形成的中心地带。蔬菜以优质、多品种著称，共有14类400多个品种。花卉包括观叶植物、鲜切花、盆花、盆景、盆橘、观赏苗木、工业用花等，传统品种和近年引进、开发利用的新品种共300多个。粮食、经济作物、畜禽、水产和野生动物种类也很多，且不乏名、优、特品种。

2. 植物资源特征

广州市地带性植被的代表类型为南亚热带季风常绿阔叶林，但广州原生植被已不复存在，自然次生林仅残存于少数村边"风水林"和山地常绿阔叶林，广大丘陵低山地区以人工林为主。植物资源分布不均衡，大部分种类集中生长在山地森林区，国家重点保护植物种类较为丰富（17种），分布生长范围较集中，并且居群规模小、生境严重片段化。外来入侵植物种类多（73种），以陆生草本植物为主（58种），主要生长在人类干扰比较频繁的低海拔地区，其中危害严重的有11种，危害中等的有25种，危害较轻的有37种。

3. 动物资源

广州市的动物资源主要分布在北部森林生境以及各大流域，据统计，广州陆生脊椎动物为 388 种，水平基本与北京和上海持平，但广州除鸟类外，其他类群均比北京和上海多。国家 I 级重点保护野生动物 3 种，蚺双带亚种（蟒蛇）、鼋和中华秋沙鸭；国家 II 级重点保护动物 29 种，如虎纹蛙、山瑞鳖、蛇雕和大灵猫等。此外，广州有 400 多种水生生物，其中 80 多种淡水鱼类，35 种两栖类爬行动物，62 种水生无脊椎动物，100 多种水生植物，136 种浮游植物等。

11.2.5 人口与城乡居民点

根据广州市 2010 年第六次全国人口普查，2010 年年末，广州市域户籍人口为 806.14 万人，暂住人口为 463.94 万人，常住人口为 1270.08 万人，常住人口密度为 1708 人/km²。广州城乡居民点与人口分布紧密结合，根据 2007 年广州总体规划土地利用现状调查，广州市所辖 10 区城市建设用地中，居住用地为 175.88km²，占城市建设用地的 17.9%，主要分布于中心城区以及外围新城中心区。农村居民点共 399.61km²，占市域面积比例为 81.26%，主要分布在番禺、白云、花都及增城和从化两个县级市。

11.3 生态要素空间格局分析

广州市域包括河流湿地、水源保护区、森林公园、自然保护区、自然山体、基本农田保护区、地质灾害敏感地区、矿产资源分布地区等生态要素的分布情况，为生态空间格局的构建奠定基础。

11.3.1 耕地与基本农田

2010 年年底，广州市常用耕地面积达到 100 647hm²，水田和旱地分别为 87 516hm² 和 13 131hm²。《广州市土地利用总体规划（2006～2020 年）》确定 2020 年全市耕地保有量不少于 128 799hm²，基本农田面积不少于 113 445hm²。广州市耕地主要分布于番禺区、花都区、南沙区、萝岗区、增城市和从化市，其中增城、从化两市耕地面积共占全市耕地面积的 51.6%（图 11-4）。

11.3.2 自然保护区与森林公园

根据《广州市林业与园林"十二五"发展规划》与《广州市绿地系统规划修编（2001～2020）》，广州市域 2020 年规划保留两个自然保护区，包括陈禾洞自然保护区和温泉自然保护区，面积共99km²；规划改造或建设49个森林公园，面积共689km²。广州自然保护区和森林公园主要分布于北部山林地区，增城和从化的森林公园占全市森林公园面积的57%（图11-5）。

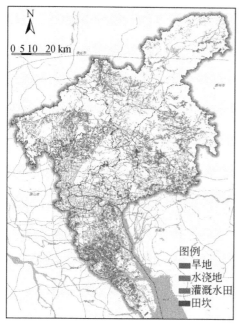

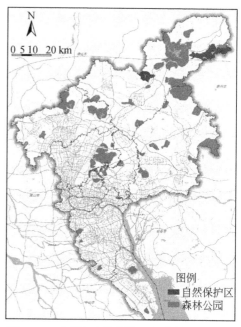

图11-4　广州市现状耕地分布图　　　图11-5　广州市自然保护区与森林公园分布

11.3.3　风景名胜区

广州市风景名胜区主要有白云山风景名胜区（国家级）、莲花山风景名胜区（省级）、从化温泉风景名胜区（省级）、白水寨风景名胜区（省级），面积共208km²（图11-6）。

11.3.4　重要林园地

广州市林业用地面积为2947km²，森林覆盖率为41.4%。在林业用地中，生态公益林面积为1587km²，占林业用地总面积的62.3%。主要分布于从化东北部、增城北部、花都北部的中低山地和白云山、帽峰山及南沙区黄山鲁地区。区内主要为山地、森林、湿地等自然生态系统，是广州市生物多样性保护的重要地区（图11-7）。

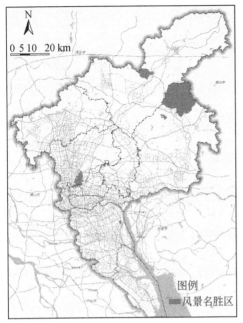

图 11-6　广州市风景名胜区分布图　　　　图 11-7　广州市重要林园地分布图

11.3.5　湿地与水体

根据《广州市湿地资源调查保护》（2006 年 6 月），广州市湿地总面积为 861.8km²，占全市总面积的 11.6%，其中面积最大的是近海及海岸湿地，为 392.9km²；其次为河流湿地，面积为 108.0km²。河口水域、永久性河流、淡水湖、蓄水区及城市性景观和娱乐水面等即为通常理解的水体，而永久性流域和蓄水区涉及地表水源保护，在空间上存在重叠。广州市重要湿地主要分布在珠江河口水域、流溪河水库、南沙新垦湿地、沿海红树林湿地、增江、从化温泉、市区河涌湿地、北江支流水系等（图 11-8）。

11.3.6　水源保护区

按照《广州市饮用水源保护区区划》，广州市水源地划分了一级、二级、准保护区。水源保护区包括花都区的洪秀全水厂、炭步-巴江、花东水厂保护区、芙蓉嶂水库、福原水库；白云区流溪河、白坭河沿岸，江村、石门、西村水厂；番禺区东沙、东涌、南沙水厂保护区；增城新和、新塘、荔城水厂保护区；从化的黄龙带水库（图11-9）。

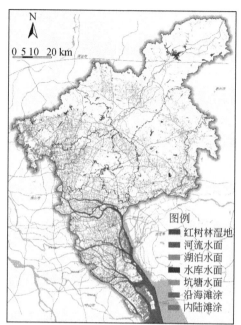

图11-8 广州市湿地与水体分布图

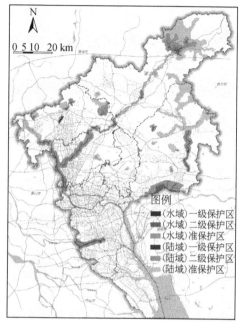

图11-9 广州市水源保护区分布图

11.3.7 矿产资源

根据《广州市矿产资源规划（2001～2010 年）》，广州市矿产资源开发利用划分为禁采区、限采区和准采区。准采区禁止城市建设，限采区限制城市建设。其中，规划准采区 38 处，包括花都 13 处，分布在梯面、花东、狮岭、花山、赤坭、炭步 6 个镇；从化 20 处，分布在吕田、良口、城郊、鳌头、太平、温泉 6 镇和江埔街；增城 5 处，分布在中新、新塘、石滩 3 个镇及荔城街（图 11-10）。

11.3.8 地质灾害分布区

根据《广州市地质灾害防治规划（2005～2020 年）》，广州市地质灾害类型主要有：崩塌、滑坡、泥石流、地面塌陷及地面沉降等。崩塌、滑坡、泥石流、水土流失等地质灾害主要分布在白云区、增城、从化北部海拔较高的地区以及帽峰山中部和东部等地，地形以丘陵为主，坡度平均高于 25 度，平均海拔约 130m，地形起伏较大，应禁止城市建设。地面沉降地区主要分布在南沙软土层较厚地区，溶洞发育地区主要分布于花都中南部丘陵和平原地区，以上地区建设应加强工程地质评估与改造，避免地质灾害（图 11-11）。

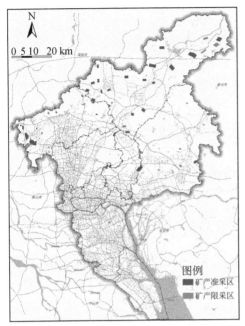

图 11-10　广州市矿产资源准采区
与限采区分布图

图 11-11　广州市地质灾害隐患地区分布图

11.4　生态环境问题分析

11.4.1　生态用地减少

广州市建设用地呈高速发展态势。从 20 世纪八九十年代以广州中心区为核心的极核式集聚发展，到 21 世纪初期以中心城区以及番禺、花都、黄埔等城区为核心的极核扩散式发展，再到近年来以番禺、花都、黄埔、增城的快速增长为显著特征的扩散式发展，经历了城市由半自然、自然土地向建设用地的飞速置换过程。快速的城市开发侵占了大量结构性生态绿地，导致城市组团之间连片发展，总体呈现空间蔓延趋势。

广州市建设用地呈高速发展态势。从 20 世纪八九十年代以广州传统中心区为核心的极核式集聚发展，到 21 世纪初期以中心城区以及番禺、花都、黄埔等城区为核心的极核扩散式发展，再到近年来以番禺、花都、黄埔、增城的快速增长为显著特征的扩散式发展，经历了城市半自然、自然土地向建设用地的飞速置换过程。快速的城市开发侵占了大量结构性生态绿地，导致城市组团之间连片发展，总体呈现空间蔓延趋势。

2001~2010年，广州建成区面积增大了425km²，城市开发建设已逐步向山地、丘陵等生态腹地延伸，生态用地以每年超过40km²的速度递减。建设用地的快速扩张不断挑战生态底线，按过去10年的土地消耗模式，15年将突破警戒线，并消耗完可用的平地资源。

11.4.2 水环境污染大

饮用水环境安全保障面临的形势仍较严峻。广州水资源丰富，但本地水资源较少，同时存在水质性缺水、资源性缺水问题。"十一五"期间全市集中式饮用水水源地水质达标率呈显著上升趋势，但西部集中式饮用水水源地水质达标率仍未达到100%，饮用水源地水质堪忧。"十二五"期间，广州市需以优先保障饮用水水源安全为立足点，优化供排水格局，严格保护饮用水水源。同时供水水源单一，缺乏战略性应急储备水源。饮用水源体系的稳定性和可靠性存在较大的风险。

城市河道水质恶化，水环境污染严重。水污染是我国各城市面临的最主要的水环境问题。广州市工业产业结构规划存在不合理，高污染企业多，工业污水进入园区的集中处理率很低，直排、偷排现象屡屡发生。全市污水管道覆盖率较低，管网陈旧、淤塞，且改造困难；城市污水厂建设不足，且污水处理设施分布不平衡，不能满足污水处理要求。此外，城市地面过度硬化，部分区域仍未作雨污分流，雨水径流冲刷屋顶和道路表面的污染物引发的城市面源污染，加重了城市河涌的水环境恶化。

城市水生态破坏严重，流域生态系统完整性受损，生物多样性降低。以往城市河涌堤岸关注防洪防内涝较多，对其水生态问题关注较少。河涌堤岸硬质化，滨水岸线虽然在防洪、经济等功能上得到充分开发和利用，但其亲水、生态效果较差，水生态需求得不到相应的保障。同时，广州市城市河涌受氨氮、有机物及重金属污染程度较高，涌水黑臭，枯水期水量不足，尤其是河涌截污后，河涌将出现缺水问题，河床露底，河涌内水生物族群消失，鱼虾绝迹。城市水生态破坏严重，水环境难以实现自我修复，流域生态系统完整性受损，城市河涌的生物多样性不断降低。

目前，广州市缺乏针对城市水环境提升、面源污染治理的城市规划与管理指引，识别重点调控区，明确城市规划建设中对面源污染的管控措施，对于广州水生态系统健康的维护、"水城"的可持续发展有重要的意义。

11.4.3 雨涝灾害频繁

按《广州市城市总体规划》和《广州市中心城区河涌水系规划》，中心城区外江堤围要求达到能够防御 200 年一遇洪（潮）水标准，中心城区河涌要求达到 20 年一遇 24 小时暴雨不成灾的标准。但目前市区达到 20 年一遇防洪排涝标准的河涌仅为 1/3，现代化防洪排涝体系尚未形成，与珠江连接的水闸陈旧、工程老化，建筑形式与城市景观不协调，部分地区水面率低，可调蓄雨洪空间小，排涝负担重。极端超标暴雨频发、城市地表硬化率不断增加、地表径流不断增大、市政系统规划不完善、排水系统建设滞后，导致城市雨洪内涝等水安全问题愈发突出。

11.4.4 热岛效应明显

城市热岛的成因与下垫面的热力学属性相关，城市内有大量的人工构筑物，如混凝土、柏油路面和各种建筑墙面等，改变了下垫面的热力属性，在相同的太阳辐射条件下，人工构筑物比自然下垫面（绿地、水面等）升温快，其表面温度明显高于自然下垫面，因此自然下垫面逐渐被吞噬的过程往往伴随着城市热岛效应的增强，而人工热源增多增强、大气污染物排放升高等城市化进程中必然出现的问题也是引起热岛效应的重要因素。

广州热岛范围呈逐年蔓延趋势。广州自 20 世纪 80 年代以来，由于城市不透水面的连片蔓延、高层建筑的拔地而起，导致广州全年均存在城市热岛效应。20世纪 80 年代，广州城区的相对高温区主要分布于荔湾、越秀老城区，自 1990 年以来，以南、东和北为主要轴线的番禺—南沙、萝岗—新塘和花都副城开始发展，随着开发区的建立，各副城从旧副城中心向外扩展，与此同时，农田、水域等自然、半自然景观被蚕食，道路、建筑区等非渗透地表呈向外延伸态势，使得区域城市热岛范围不断扩大，最终在广州市市域范围内形成多个副热岛中心。热岛效应导致城市上空污染物质聚集、区域气候变化等环境问题，强烈影响城市居民生活工作舒适度。为应对夏季高温天气下的热岛效应，用于降温目的的电力消耗比重逐年升高，成为城市碳排放的重要来源，形成热岛效应—小气候变化—能源消耗—热岛效应的正反馈循环，带来一系列的城市大气环境问题。

11.4.5 大气污染

环境空气质量离新标准要求有较大差距。按照《环境空气质量标准》（GB3095—1995），近年来广州市大气三项主要污染物二氧化硫（SO_2）、NO_2、PM10 年均浓度逐渐下降，按 API 进行评价的空气质量优良率持续上升，但在新标准实施后，以 2011 年监测结果为例，广州市可吸入颗粒物接近标准限值，NO_2、PM2.5 不能达标，O_3 日最大 8 小时平均值和 1 小时最大值全年超标天数接近 40%，以 AQI 统计空气质量优良率也会大幅降低。

空气污染日益呈现出复合型、协同性和区域性特征。随着经济社会的快速发展和城市化进程的不断加速，广州市空气污染日益呈现出复合型、协同性和区域性特征，煤烟型污染和机动车排气污染共存并相互耦合，全市机动车拥有量不断增加，过境车流量大，道路扬尘、机动车排放以及主要污染物的二次转化导致细粒子污染严重，呈现出复合型污染特征，在不利天气条件下，冬春季节大气灰霾现象突出，夏秋季节部分地区出现光化学烟雾征兆，空气质量受周围城市的影响明显。

11.4.6 生物多样性退化

生境退化，生态系统多样性降低。城市用地"吞噬"性的快速扩张，使得野生动物的栖息地逐渐减少。广州市目前具有重要生态公益价值的土地利用类型在空间上的不连续性使得广州生态系统整体连接水平较低，碎裂化和孤岛化特征突出。城市生态系统与自然生态系统之间本应存在的生态缓冲带（或生态隔离带）、生态廊道地区被严重侵吞，对野生生物栖息环境的盲目开垦和改造，造成生物栖息地丧失。盲目的进行农用地开垦、改变天然湿地用途和城市开发占用生物栖息环境，直接造成了广州市生态系统多样性降低、功能下降。

物种多样性降低，外来种入侵严重。广州地带性植被为常绿阔叶林，由于长期受人类活动的影响，原始森林已破坏殆尽。目前广州市有20%～25%的野生物种的生存受到威胁，高于世界10%～15%的水平。随着社会经济的高度发展，野生动物的栖息地逐渐减少，生存和栖息环境越来越恶劣，种群数量锐减，越来越多的物种走向灭绝。外来植物种类在城市园林中占据优势并有逐渐增强的趋势，现有入侵植物27科、59属、73种。

第 *12* 章　广州生态用地评价

12.1　广州生态系统敏感性评价

12.1.1　土壤侵蚀敏感性

土壤侵蚀敏感性评价主要考虑自然状况下降雨、土壤质地、地形起伏度和植被四个主要因子。广州市水土流失敏感性分布格局如下：水土流失极敏感地区主要分布于从化北部、梯面、鳌头、增城东北部，派潭、福和、小楼一带，白云山地区；敏感地区主要是派潭河、增江两岸，江浦、太平、神岗、白云山南麓以及芳村、大石街等地，良口、派潭、南沙街也有零星分布；中度敏感区相对较少，主要包括从化西部工业走廊一带、花都中南部以及黄埔、天河、市桥街、石基街等；轻度敏感区包括花都区东南部、白云区西部、番禺区中部、市区西部以及石滩、三江等地；不敏感地区主要分布番禺南部水网地区，主要以河流、湿地为主（图12-1）。

12.1.2　酸雨敏感性

酸雨敏感性评价主要考虑土壤母质、植被与土地利用以及水分盈亏三种因素的影响。广州市生态系统对酸雨的敏感性主要有以下特征：酸雨敏感地区主要分布于从化北部、灌村、江浦、太平一带，以及鳌头、正果东部、派潭东部、小楼、福和、朱村交界等地区；中等敏感区主要分布城郊、棋杆、龙潭一线、花都西北部、白云山区、增城市区及周边地区，另外，市区中心及番禺中部均有少量分布；轻度敏感区域成片分布于花都南部、白云西部、市区、增城南部，以及番禺北部和十八涌等地；其余均为不敏感地区，主要分布在番禺区水网密集区域（图12-2）。

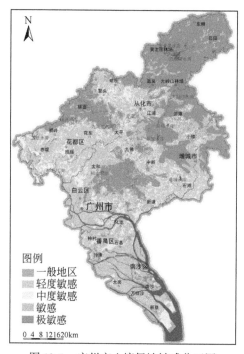

图 12-1　广州市土壤侵蚀敏感分区图

图 12-2　广州市酸雨敏感性分区图

12.1.3　地质灾害敏感性

广州地质灾害敏感性评价结果表明，极敏感区零星分布在从化、增城极度陡峭地高山区，所占面积较小，广州新国际机场、花都山前平原过渡带、大岭山林场东部、从化市南部均有少量碳酸盐溶洞分布区，极易发生地质灾害；中度敏感区断续分布在从化北部、增城西、北和东部地区，以及白云山、鳌头、南沙街等地；其余大部分地区地势比较平坦，地质灾害基本不敏感（图 12-3）。

12.1.4　综合生态敏感性

综合评价广州市生态环境敏感性，需要综合考虑三项要素，根据敏感性评价等级赋值，按下式求出综合敏感性指数。

$$SI_j = \max(S_i)$$

式中，SI_j 为 j 空间单元生态系统敏感性综合指数；S_i 为 i 因素敏感性等级值。

综合考虑上述三项因子，可以作出广州市生态环境敏感性综合图。根据 GIS

计算结果，广州市生态环境敏感性共有五个等级：极敏感、敏感、中度敏感、轻度敏感、不敏感。其中，极敏感区分布较广，主要分布在从化市北部、梯面、鳌头一带、白云山海拔较高地区、灌村、江浦、太平一带、派潭东部、小楼、福和、朱村交界等地区，以及南沙街中部等地区；敏感区分布比较分散，民乐、龙潭、江浦、太平、良口、太平均有块状分布，花都、白云山前平原过渡区，以及派潭河谷、增城南部、番禺北部地区等；中度敏感区主要分布于从化中部、流溪河、派潭河、东江两岸丘陵地，广州市区、花都区以及番禺北部、十八涌等地都有少量分布，九佛、中新等地区分布比较零散；轻度敏感区分布比较集中，主要是市区中西部、花都中南部、白云西部、番禺中南部、三江、石滩以及从化鳌头—街口沿公路两侧等地区；不敏感区域分布较少，主要是番禺南部水域。

从图 12-4 中可以看出，广州市生态环境极敏感和敏感地区主要分布在东北部中低山地和中部丘陵岗地分布区，约占总面积的 2/5；中度敏感和轻度敏感地区则主要分布在中南部冲积海积平原，范围也较广，综合反映了生态环境的缓冲能力及人类活动深刻影响的双重效应。在不同的区域内，具有各自的敏感性，主导因素也不同，生态环境保护和建设中应根据各区的特点采取不同的管理措施，实施不同的预防和治理模式。

图 12-3　广州市地质灾害敏感分区图

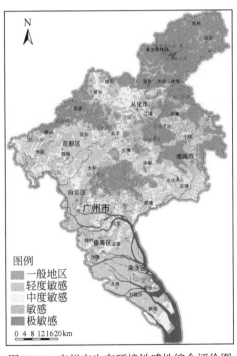

图 12-4　广州市生态环境敏感性综合评价图

12. 2 广州生态系统服务功能重要性

广州市生态系统服务功能重要性评价内容包括：生物多样性维持与保护、水源涵养能力、水资源保护、自然景观与人文景观、城市生态环境调节、生态廊道、水陆交错带、综合生态服务功能八个部分。

12.2.1 生物多样性维持与保护

按照生物多样性重要性评价方法，根据广州市生态系统和重要保护物种分布的特点，将广州市生物多样性维持重要性分为极重要、重要、中等重要和一般四个等级，在地理信息系统的帮助下可以作出广州市生物多样性维持重要性分布图。

由图 12-5 可以看出，广州市生物多样性维持重要性的极重要地区，主要为流溪河森林公园、从化温泉保护区、王子山森林公园、帽峰山森林公园以及番禺龙穴岛自然保护区、红树林保护区等；重要地区主要分布在桃园、福和、太平、白云山等地区；中等重要地区主要分布在从化北南部、增城北南部、花都北西南部、市区北部、番禺南部等广大区域；区域内包括城镇区域在内的其余区域为一般地区。

12.2.2 水源涵养能力

综合广州市主要生态系统类型分布特征以及区域降水、径流条件，选取广州市不同径流深分布数据以及土地利用现状，对不同生态区域生态系统水源涵养功能的重要性进行综合评价，并作出了分区评价结果。

由图 12-6 可以看出，广州市水源涵养重要性的极重要地区主要为从化北部、增城中北部、梯面、鳌头等地区；重要地区集中分布在增城南部、帽峰山、白云山地区，江浦、派潭、正果、北兴、赤坭、狮岭等有少量分布；中等重要地区的分布十分零散，在流溪河水库、江浦、龙潭、花都山前过渡带、增城市区、中新、天河等都有少许分布；其他区域为一般地区。

12.2.3 水资源保护

根据广州市域内不同区域对主要城市供水水源地的影响程度，共划分为极重

图 12-5　广州市生物多样性保护
重要等级分区图

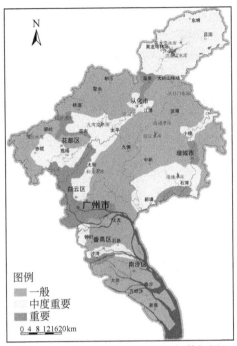

图 12-6　广州市水源涵养重要性等级图

要、重要、中等重要、一般四个级别。评价结果反映在图 12-7 中。其中极重要区域为饮用水取水口，因面积太小，无法在图 12-7 中反映出来。流溪河温泉—街口段、花都区内福源水库、芙蓉嶂水库、洪秀全水库一带、增江增城市区上段、东江新塘–石滩段、流溪河竹料镇–市区段、沙湾水道西段等地区为重要区；流溪河水库集水区域、花山、花东、北兴、炭步东部、花都市区、三枝水道、沙湾水道、增江、东江等为中等重要；广州市境内其他河段及区域为水源保护一般地区。

12.2.4　自然景观与人文景观

　　市域范围内具有重要保存价值的自然景观和人文景观为极重要，主要包括划定的自然保护区、生态功能区、文物古迹保护区、森林公园等，其他地区为一般。从评价结果（图 12-8）可以看出，重要地区主要是广州番禺大虎岛自然景观和咸淡水鱼类保护区、番禺龙穴岛自然保护区、海珠新滘果林保护区、芳村葵蓬洲人工生态花果林保护区、从化温泉自然保护区等；番禺上下横挡文物古迹保护区、白云萝岗果树林文物古迹保护区、三元里平英台旧址、黄花岗七十二烈士之墓、陈家祠堂、中山纪念堂、广州农民运动讲习所、广州公社旧址、光孝寺、广州沙面建筑群、怀圣寺、大元帅府旧址、国民党一大旧址、中华全国总工会旧址、黄埔军校旧址、广州圣心大教堂、虎门炮台、余荫山房、莲花山古采石场、洪秀全故居、万寿寺、文峰塔等国家、省、市级文物保护地，以及通天蜡烛森林公园、双溪森林公园、良口森林公园、流溪河森林公园等各级森林公园。其余地区为自然、人文景观重要性相对一般地区。

图 12-7　广州市水源保护重要性等级分区图

图 12-8　广州市自然人文景观
保护重要性分布图

12.2.5　城市生态环境调节

利用 SPOT 卫星影像结合外业调查，数字化市域范围及周边人口密集区域大型绿地斑块，如越秀公园、白云山、流花湖公园等，将该绿地划分为城市生态环境调节功能重要性斑块，其余为一般地区（图 12-9）。

12.2.6　生态廊道

根据河道宽度建立缓冲区，缓冲宽度为 500m，山脊线生成宽度为 500m 缓冲区，建立广州自然生态廊道骨干系统，从评价结果图可以看出，广州具有良好的自然生态环境，云山珠水构建了广州基本的山水廊道格局，加之道路等人工廊道的建设，使得生态廊道丰富多彩，相互贯通，系统完备，便于各种生态功能的发挥。其中，河流廊道主要有流入广州境内的流溪河、赤坭河、派潭河、增江、东江、珠江以及番禺区内的如沙湾水道、洪奇沥等和境内各种大小河流水道等；山体廊道主要是针对广州特有的地形地貌，充分发挥象岗山—越秀山—飞鹅岭—白云山—帽峰山—南昆山等山脉一线，将山体绿色引入市区，形成"青山半入城"的格局，追求自然和谐、社会经济的可持续发展（图12-10）。

图 12-9　广州市生态环境调节重要性分布图

图 12-10　广州市生态廊道重要性分布图

12.2.7　水陆交错带

　　水陆交错带包括河道缓冲区和水库集水区域，由于广州水库密集，本研究仅选择了主要的大型湖体进行研究，其评价结果反映在图12-11中。广州位于东、西、北三江汇合之地，珠江穿城而过，除此之外还有密集的河涌、潮汐水道、湖泊、水库、沼泽等天然与人工湿地，构成具有独特岭南风情景观。从图12-11中可以看出，流溪河、增江、东江、珠江构成了水系的骨架，区域内湖泊密集，均是水陆交错重要区域。

12.2.8　综合生态服务功能

综合评价方法与敏感性综合评价方法相同。据综合评价结果图可知，广州市生态系统服务功能极重要地区主要分布于从化温泉以北大部，大岭山林场、派潭、正果、鳌头、梯面、北兴交界处、人和镇北部、白云山、帽峰山、永和东北部、芳村西部、珠江及其两岸地区，还有主要河道、交通干道等；重要地区主要分布在增城西部、白云区东部，包括灌村中部、江浦南部、福和南部、太平东部、小楼中西部、朱村、中新、派潭中部、九佛、萝岗、镇龙、海珠区南部及周边区域等；中等重要地区主要分布在龙潭—城郊平坦地区、花都大部、白云西部、增城南部、中心市区大部、番禺地沙湾、榄核、横沥、万倾沙、泰兴围、十八涌北部等；其余区域为一般地区，主要是城镇密集区域和番禺中部地区（图12-12）。

图 12-11　广州市水陆交错带重要性分布图

图 12-12　广州市生态服务功能
重要性综合评价图

第 *13* 章 广州生态用地空间规划

13.1 规划的定位与特色

广州市历来重视生态保护与建设。近十年来，广州以办亚洲运动会为契机，深入推进城市环境综合整治，提升城市整体环境水平，实现了城市环境面貌"大变"，城市生态环境质量大幅提升。但长期以来城市建设高速发展积累下来的许多生态矛盾问题，仍有待进一步解决。如水土资源日益紧张、水环境污染问题突出，生态安全空间的保育有待强化、大气环境有待改善、能源结构有待优化、"垃圾围城"问题有待突破等。城市发展模式还有待进一步转变。

新时期，广州市提出了"推进新型城市化发展，率先转型升级，建设幸福广州"的战略部署，进一步明确了构建以花城、绿城、水城为特点的生态城市目标，更加凸显了加强生态保护与建设的重要性。广州市生态用地空间规划将围绕生态城市建设目标，深化城市总体规划的生态建设与环境保护内容，维护城市生态空间格局，调节城市生态过程，保障城市生态安全，增强城市生态系统服务功能，加强生态城市建设的规划引导。

生态用地空间规划应定位为一项城市总体规划层次的专项研究与规划工作。围绕加强城市生态建设与保护，研究制定相关规划策略与措施，落实上层次的城市战略目标与政策精神，衔接其他相关专项规划，指导所属单位或地区的规划编制。

具体而言，生态用地空间规划应着力做好以下三个方面的工作。

第一，以科学发展观和建设生态文明为指导，紧紧围绕市委、市政府新型城市化发展战略部署，特别是以《关于推进低碳发展建设生态城市的实施意见》为指导，研究落实文件精神与要求的规划举措。

第二，补充、深化总体规划层次的生态保护与建设规划。以广州城市总体规划为基础，从完善城市生态保护与建设规划引导与控制出发，补充研究、制定生态相关规划策略与内容，衔接其他相关专项规划，指导市内局部地区规划或详细规划等下层次规划编制。

第三，探索城市应对生态问题、加强生态保护与建设的规划途径。在传统生态规划基础上进行创新，探索借助城市规划这一统筹全市各项建设的政策平台，应对和解决城市生态问题，缓解城市生态矛盾的有效途径。

同时，在规划方法与措施上应突出三个特点：

（1）重问题导向。从解决实际问题出发，梳理、把握影响广州经济发展、市民生活、生态可持续的重点生态问题，着力研究和解决矛盾突出、各方关注、意义重大但规划应对较为欠缺的生态问题。

（2）重过程调控。从生态问题形成机制着手研究解决方案，着重把握疏解矛盾的有效因素，制定相应的规划策略与措施，避免"治标不治本"的治理方式，提升规划的针对性和有效性。

（3）重落地实施。从城市规划管理与实施机制出发，着重研究制定联系空间、项目落地的引导与控制的规划手段及措施，提高规划的可操作性，探索生态规划的实施管理创新。

13.2 生态安全格局规划

13.2.1 规划思路

城市生态安全格局是指对维护生态过程的健康和安全具有关键意义的生态要素的空间位置和相互联系。城市生态安全格局是城市空间的关键性结构，对引导城市空间合理增长、维护区域与城市生态安全具有重要的意义。

城市生态安全格局规划应以景观生态安全格局原理为指导，结合城市功能布局，按照生态保育、组团发展、网络互联的原则，严格保护市域山、水、林、田、海等生态空间资源，形成以自然生态资源为基础的生态功能片区和生态功能节点，同时构建生态廊道和组团隔离带，形成生态片区（斑块）—廊道—节点构成的网络型生态空间格局，限定城市增长边界，划分城市组团，防止城市无序蔓延，构筑生态空间与城市空间布局相协调的空间结构。

13.2.2 生态安全格局构建

通过对市域生态用地空间分布的分析与评价，确定市域生态用地集中分布的大型生态片区（斑块），通过主干河流、河涌、交通绿化廊道等形成连通大型生态片区的生态廊道；通过保护延伸至城区的连绵山体和河涌，使之形成插入建成区的"生态绿楔"，将市域生态物种、生态信息和生态影响扩散到城市生活中；通过在生态廊道的交叉点、脆弱点建设大型生态斑块，以及保存城市建成区内现存的生态斑块，使之成为生态交流的"绿核"，同时保持生态廊道的通达性。市域生态安全格局规划为：六核、八片、二环、七廊（图 13-1）。

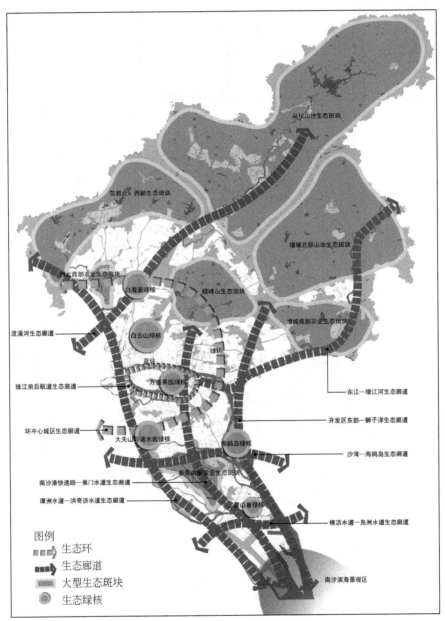

图 13-1　广州市生态安全格局规划示意图

六核：以重要生态廊道的交叉点、脆弱点建设白云山、白海面、万亩果园、海鸥岛、滴水岩与大夫山、黄山鲁 6 个生态绿核。

八片：依据山地、农田、滨海等自然地理要素及行政区划条件，划分从化山区、花都西部山区、白云西部农业区、帽峰山—白云山地区、增城北部山区、增城南部农业区、番禺南部农业区、南沙滨海景观区 8 片生态斑块。

二环：以珠江前后航道滨水休闲绿带所形成的蓝环、以二环高速—巴江河—珠江西航道两侧的防护绿带、农田区域所形成的绿环。

七廊：以主要河流水系、道路及重要生态组团隔离绿带为依托，建构流溪河生态廊道、东江—增江河生态廊道、开发区东部—狮子洋生态廊道、潭州水道—洪奇沥水道生态廊道、南沙港快速路—蕉门水道中部生态廊道、沙湾—海鸥岛生态廊道、横沥水道—凫洲水道生态廊道 7 条主要生态廊道。

13.2.3 生态片区（斑块）规划

1. 从化山地生态斑块

（1）生态功能定位。重要水源地、温泉旅游休闲区和特色农业发展区。

（2）范围。从化市行政范围的山林地、农田、河流水系及水库等。面积约为 1810km^2。

（3）生态保护要求。重点保护山体植被、水源保护区、森林公园和自然保护区及基本农田保护区等，建设水源涵养林和生物迁徙廊道，防止水土流失。

（4）生态发展方向。以生态旅游休闲为主，发展特色农业、城郊观光旅游、温泉生态旅游度假等。

（5）生态建设控制要点。严禁毁林种果、开山采石，禁止在流溪河生态廊道进行违法建设，严格限制在水库周边进行城市建设开发，控制旅游度假设施的建设规模与开发强度。

2. 花都北、西部生态斑块

（1）生态功能定位。生态旅游休闲区、生态农业示范区。

（2）范围。花都区北部、西部地区的山林地、农田、河流水系及水库等，面积为 660km^2。

（3）生态保护要求。重点保护山林地、水源保护区、森林公园及基本农田保护区等。建设水源涵养林，防止水土流失。

（4）生态发展方向。重点发展生态旅游休闲。

（5）生态建设控制要点。严禁毁林种果、开山采石，严格限制在水库周边进行城市建设开发，控制旅游度假设施的建设规模与开发强度。

3. 帽峰山生态区

（1）生态功能定位。区域生态绿核，北部近郊生态旅游休闲区。

（2）范围。帽峰山、凤凰山、火炉山、龙洞、天鹿湖等森林公园，面积约为 420km^2。

（3）生态保护要求。重点保护山林地、水源保护区、森林公园及基本农田保护区等。

（4）生态发展方向。以生态旅游休闲为主，大力发展城郊观光旅游，建设成为广州市中心城区北部的生态"绿肺"。

（5）生态建设控制要点。严禁毁林种果、开山采石，严格限制在水库周边进行城市建设开发，控制旅游度假设施的建设规模与开发强度。

4. 白云西部农业生态斑块

（1）生态功能定位。特色农业发展区、城市绿色隔离带。

（2）范围。白云区江高镇的基本农田保护区范围，面积为 55km^2。

（3）生态保护要求。重点保护基本农田、河流水系及湿地等，防止农业面源污染，加强农村大气、水和垃圾的环境治理。

（4）生态发展方向。积极发展绿色都市农业、城郊型观光农业等。

（5）生态建设控制要点。结合生态廊道建设，保护基本农田，引导村庄用地合理建设。

5. 增城北部山地生态斑块

（1）生态功能定位。绿色生态屏障、生态旅游休闲区、特色农业发展区。

（2）范围。增城北部山林地、农田、河流水系及水库等，面积约为 1150km^2。

（3）生态保护要求。重点保护山体植被、水源保护区、森林公园和风景名胜区及基本农田保护区等。建设水源涵养林，防止水土流失。

（4）生态发展方向。以生态旅游休闲为主，发展特色农业、城郊观光旅游、温泉生态旅游度假等。

（5）生态建设控制要点。严禁毁林种果、开山采石，禁止在沿增江生态廊道进行违法建设，严格限制在水库周边进行城市建设开发，控制旅游度假设施的建设规模与开发强度。

6. 增城南部农业生态斑块

（1）生态功能定位。特色农业发展区、城市绿色隔离带。

（2）范围。增城南部的基本农田保护区范围，面积约为 260km²。

（3）生态保护要求。重点保护基本农田、河流水系及湿地等。防止农业面源污染，加强农村大气、水和垃圾的环境治理。

（4）生态发展方向。积极发展绿色都市农业、城郊型观光农业等。

（5）生态建设控制要点。禁止在沿东江生态廊道进行违法建设，引导村庄用地合理建设。

7. 番禺南部农业生态斑块

（1）生态功能定位。特色农业发展区、城市绿色隔离带。

（2）范围。番禺区南部基本农田保护区范围，面积约为 150km²。

（3）生态保护要求。重点保护基本农田、河涌水系及湿地等。为防止农业面源污染，加强农村大气、水和垃圾的环境治理。

（4）生态发展方向。积极发展绿色都市农业、城郊型观光农业等。

（5）生态建设控制要点。建设农田防护林，促进村镇工业集聚、集约发展，引导村庄用地合理建设。

8. 南沙滨海生态斑块

（1）生态功能定位。滨海生态旅游景观区。

（2）范围。南沙南部滨海地区，面积为 50km²。

（3）生态保护要求。保护和恢复湿地和滨海森林生态系统，全面构建沿海防护林体系，加强抵御海啸、风暴潮等自然灾害的能力。

（4）生态发展方向。发展滨海生态旅游与生态农业。

（5）生态建设控制要点。建设滨海防护林与湿地公园，提高环境基础设施建设标准，协调工业开发、城市建设与海洋环境保护关系。

13.2.4 生态绿核规划

1. 白云山

（1）生态功能定位。自然生态保护培育、休闲游览、历史文化资源保护。

（2）范围。由白云山风景名胜区、南湖以及北部凤凰山等山林地组成，面积约为 40km²。

（3）生态保护要求。严格保护白云山风景名胜区、南湖水体、凤凰山山体植被条件，对凤凰山内部水库、自然山体植被进行生态修复和保护。

（4）生态发展方向。保留白云山风景名胜区，规划建设凤凰山森林公园，通过山体、水库的生态修复和培育，形成自然生态的森林公园环境。

（5）生态建设控制要点。引导白云山、南湖周边地区合理开发建设，从严控制凤凰山东、西两侧及内部水库周边地区居住、旅游休闲的过度开发建设，保持以白云山为核心的生态景观视线通廊。

2. 白海面

（1）生态功能定位。市区水源保护与水文调节重点地区、流溪河水源保护区重要生态节点。

（2）范围。白海面水源保护区及周边湿地，面积约为 $8km^2$。

（3）生态保护要求。保护白海面湖、周边农田湿地资源，多样化种植本地水生物种，净化水体，丰富植被群落景观。

（4）生态发展方向。建设白海面湖生态湿地公园。

（5）生态建设控制要点。周边地区禁止污染性工业开发，控制湖体周边建设强度与建筑高度。

3. 海珠湿地公园

（1）生态功能定位。调节中心城区生态平衡，提供自然游憩空间。

（2）范围。海珠区果树保护区范围，面积约为 $29km^2$，其中，湿地公园面积约 $9km^2$。

（3）生态保护要求。重点保护果树区内的果树、农田水系、绿色植被等，开展河涌综合整治与湿地建设，改善水环境质量。

（4）生态发展方向。建设生态湿地公园与旅游区，形成既有效保护又充满活力的城市绿化开敞空间。

（5）生态建设控制要点。协调好与城市中轴线的规划设计，严格控制村庄建设用地扩张，适度建设必要的游乐设施。

4. 海鸥岛

（1）生态功能定位。生态休闲旅游景区。

（2）范围。海鸥岛及周边湿地范围，面积约为 $35km^2$。

（3）生态保护要求。重点保护海鸥岛内基塘农田、水系、湿地生态资源等。

（4）生态发展方向。建设生态湿地公园，发展农业生态旅游、城郊观光旅游等项目。

（5）生态建设控制要点。严格控制乡村建设与开发建设强度，注重沿河湿地生态建设。

5. 滴水岩—大夫山

（1）生态功能定位。生态休闲旅游景区。

（2）范围。滴水岩森林公园、大夫山森林公园，面积约为35km²。

（3）生态保护要求。重点保护滴水岩、大夫山森林公园的山林生态资源，加强水源涵养林的建设。

（4）生态发展方向。发展城郊观光旅游、生态旅游设施等，建设成为广州、佛山共享的休闲旅游区。

（5）生态建设控制要点。协调开发建设与生态廊道的关系，严格控制开发建设强度，严格控制周边地块建筑高度，保留山体视线通廊。

6. 黄山鲁

（1）生态功能定位。城市滨海森林公园。

（2）范围。黄山鲁及周边地区绿地，面积约为17km²。

（3）生态保护要求。重点保护山体植被和水库。

（4）生态发展方向。发展城郊观光旅游、生态旅游设施等，建设成为珠江口的"绿核"。

（5）生态建设控制要点。严格控制森林公园周边地区的建设量，构筑良好的山—城—海独特景观风貌。

7. 南沙湿地

（1）生态功能定位。滨海红树林湿地公园。

（2）范围。南沙湿地公园范围，面积约为13km²。

（3）生态保护要求。重点保护滨海红树林湿地，开展红树林引种工程，维持和改善地区水环境质量。

（4）生态发展方向。建设生态湿地公园与科普旅游基地，形成具有岭南水乡景观特色的生态湿地保护区。

（5）生态建设控制要点。控制村庄建设用地扩张，严格限制污染性工业开发。

13.2.5 生态廊道规划

生态廊道是指具备一定宽度的带状绿色开敞空间，可以联系孤立的生态斑块，将市域内绿地连成一体，相互贯通。同时，有效地划分了城市组团，引导城市合理增长。生态廊道主要承担大型生物通道、城市通风走廊、城市空间结构塑造等功能。

按照等级生态廊道可分为区域级和组团级，按照组成结构生态廊道可分为河流型、交通型、山脉型、农田型和综合型等，按照功能利用可分为自然生态型、游憩休闲型、景观历史型、综合型生态廊道。本次规划主要以廊道等级为基础，结合生态廊道的组成结构、功能利用提出生态廊道的规划控制要求。

1. 区域生态廊道

区域生态廊道主要为维护区域生态安全与基本格局的线性生态用地，一般是通过上位规划或区域生态评估确定，本次规划根据《珠三角城镇群协调规划》，广州市主要规划了4条区域生态廊道（表13-1）。

表13-1　规划区域生态廊道一览表

序号	区域生态廊道名称	生态廊道类型		廊道单侧控制宽度 /m
		组成结构方面	功能利用方面	
1	潭州水道—洪奇沥水道生态廊道	河流型	自然生态型	100~300
2	狮子洋—开发区东部生态廊道	河流型	自然生态型	100~300
3	沙湾—海鸥岛生态廊道	河流型	综合型	100~300
4	环中心城区生态廊道	道路型	景观型	≥100

（1）潭州水道—洪奇沥水道生态廊道。主要为河流型生态廊道，以巴江河、芳村花卉基地、潭州水道、洪奇沥水道、大夫山森林公园、滴水岩森林公园及番禺、南沙部分农田组成，单侧廊道控制宽度为100~300m，一般应在150m以上。主要联系花都北、西生态斑块、环中心城区生态廊道、沙湾—海鸥岛生态廊道、横沥水道—凫洲水道生态廊道以及南沙海域，形成与佛山、江门相隔离的区域性生态廊道。

（2）狮子洋—开发区东部生态廊道。廊道功能为河流型生态廊道，以开发区东部生态绿地、莲花山水道、狮子洋水道为主，生态廊道控制宽度为100~300m，一般应在150m以上。主要联系环中心城区生态廊道、增城南部农田生态斑块、开发区东部生态廊道、沙湾水道—海鸥岛生态廊道、横沥水道—凫洲水道生态廊道以及南沙海域，形成与东莞相隔离的区域性生态廊道。

（3）沙湾—海鸥岛生态廊道。主要为河流型生态廊道，以沙湾水道、市桥水道为主，生态廊道单侧控制宽度为100~300m，一般应在150m以上。主要联系潭州水道—洪奇沥水道西部生态廊道、番禺南部农田生态斑块、南沙港快速路—蕉门水道中部生态廊道、东江—狮子洋生态廊道，形成连接顺德水道—东莞水道的区域性生态廊道。

（4）环中心城区生态廊道。主要为道路交通型生态廊道，以南部金山大道两侧 500m 绿化带为隔离，东部以东二环高速防护绿带、龙头山森林公园形成隔离绿带，北部以北二环两侧生态隔离带组成，生态廊道单侧控制宽度为 100m 以上。主要联系洪奇沥水道—流溪河生态廊道、南沙港快速路—蕉门水道中部生态廊道、东江—狮子洋生态廊道、帽峰山生态斑块，形成阻隔广州市中心城区向外蔓延的区域性生态廊道。

2. 组团生态廊道

规划依据城市生态用地分布和城市组团建设要求，在区域生态廊道划定的基础上，在全市范围规划 5 条组团生态廊道（表 13-2）。

表 13-2　规划组团生态廊道一览表

序号	区域生态廊道名称	生态廊道类型		廊道单侧控制宽度
		组成结构方面	功能利用方面	/m
1	流溪河生态廊道	河流型	自然生态型	100～300
2	珠江前后航道生态廊道	河流型	游憩休闲型	≥50
3	东江—增江河生态廊道	河流型	综合型	100～300
4	横沥水道—凫洲水道生态廊道	河流型	游憩休闲型	100～300
5	蕉门水道—南沙港快速路生态廊道	综合型	综合型	100～300（蕉门水道）500（南沙港快速路）

（1）流溪河生态廊道。主要为农田型生态廊道，以流溪河水系两侧 100～300m 防护绿地为主，主要联系花都西北部山林生态斑块和白云区西部农田生态斑块。

（2）珠江前后航道生态廊道。主要为河流型生态廊道，以海珠区为中心，整合沿岸土地开发利用，围绕珠江前后航道形成连续的、向公众开敞的滨水绿化景观界面，营造城市步行、自行车慢行系统环。生态廊道单侧控制宽度为前航道在广州大桥以东 100～300m，广州大桥以西 30～50m；后航道 50～300m。

（3）东江—增江河生态廊道。主要为河流型生态廊道，以东江、增江河水系荔城段为主，主要联系增城北部山地生态斑块和南部农田生态斑块，生态廊道单侧控制宽度为 100～300m，一般应在 150m 以上。

（4）横沥水道—凫洲水道生态廊道。主要为河流型生态廊道，以横沥水道、凫洲水道为主，主要联系谭州水道—洪奇沥水道西部生态廊道、南沙港快速路—蕉门水道中部生态廊道、东江—狮子洋生态廊道，生态廊道单侧控制宽度为 100

~300m，一般应在150m以上。

（5）蕉门水道—南沙港快速路生态廊道。主要为综合型生态廊道，以南沙港快速路、蕉门水道两侧防护绿带为主，主要联系万亩果园绿核、环中心城区生态廊道、沙湾水道—海鸥岛生态廊道、横沥水道—凫洲水道生态廊道以及南沙海域。生态廊道单侧控制宽度南沙港快速路为500m，蕉门水道为100～300m。

3. 规划及控制要求

区域生态廊道和组团生态廊道纳入珠三角区域绿地的划定中，进行统一划定和管理。对于生态廊道内的土地，将作永久性保护和限制开发，不允许建设新的建筑物，原建筑尽量逐步迁出。

划定珠江、流溪河、增江河、巴江河、沙湾水道、潭州水道、横沥水道等城市主要河道保护控制线，位于河道保护控制线内的土地，将作永久性保护和限制开发，不允许建设新的建筑物，原建筑尽量逐步迁出。

生态廊道内的河涌水系应尽量结合自然河岸线，规划设计沿河带状公园，为市民提供游憩场所，塑造城市的亲水景观。

河涌水系的改造和治理采用非硬地化改造方式，并尽量维持自然原型驳岸，建设生态护坡，通过种植大量喜水特性的植物，用其发达的根系保护河堤，稳固河床，达到生态治河的目的。

把生态廊道打造成为城市密集区的空气通道和生物通道，将海陆风和城市的主导风引入市区，促进城市空气交换频率，减缓城市空气污染。同时还作为城市内部的生态廊道，连接公园和公园、公园和背景山体的公园廊道，形成城市联系不断的绿色空间。

13.3 基本生态控制线规划

基本生态控制线（ecological protection boundry，EPB）是以市域大型生态斑块和生态廊道体系为基础，从实现城市可持续发展、构筑城市生态安全格局的要求出发，为避免城市规模的盲目扩张和城市土地的粗放利用，把水源保护区、生态保护区、成片的基本农田保护区以及生态廊道等生态用地以法定强制性内容的方式控制下来，确定城市发展的基本生态底线。

基本生态控制线划定目的：①保护景观资源和生态敏感地区，保持城市生态结构的完整性，维护区域生态安全；②控制城市建成区的无序蔓延，促进城市土地集约利用。因此，基本生态控制线内外的用地是有机融合、相互依存、共生共融的生态耦合关系，基本生态控制线的划定并不是纯粹地抛开城市建设用地而进行的生态规划，而是在充分考虑城市建设发展和城市生态格局的基础上，建立城市建设用地与生态用地的互动关系。通过"红线"式管理与控制，避免城市规模的盲目扩张，促进土地集约、节约用地，保护城市重要生态资源，维护生态安全格局，促进城市向生态良性循环、环境宜居优美的可持续生态系统演变。为配合《广州城市总体规划（2011~2020)》的落实，实现对城市可持续发展、构筑城市生态安全格局要求，从规划控制与引导的视角，划定市域范围内的基本生态控制线，并开展基本生态控制线内的分区管控研究，明确基本生态控制线的建设管控与管理要求。

13.3.1 划定方法

在借鉴国内外理论与实践经验的基础上，规划按照落实生态安全格局、以生态要素分布为基础、以相关法律法规为依据、校核相关规划情况的思路，制订基本生态控制线规划方案。

在现状调研与资料整理的基础上，建立广州生态限制要素基础数据库，以生态要素相关政策法规为依据，确定基本生态控制线划定要素，通过生态要素空间叠加分析，初步划定基本生态控制线范围，以城市总体规划的生态空间结构为指导，结合现状用地、已批规划、土地利用总体规划以及重点项目的分布，对初步生态控制线范围进行校核与调整，深化确定基本生态控制线空间范围，提出基本生态控制线的空间管制与管理策略。

13.3.2 初步划定与校核

基本生态控制线划定分为初步划定与校核划定两个阶段。其中，初步划定的基本生态控制线范围包括（图13-2）：①自然保护区、基本农田集中区、一级水源保护区、森林公园、郊野公园、其他重要林园地；②规划控制的重要山体；③地质灾害敏感区、水土流失高敏感地区；④主干河流、水库及湿地；⑤维护生态系统完整性的生态廊道和隔离绿地；⑥其他需要进行生态控制的区域。

从加强基本生态控制线的刚性角度，结合现状用地、土地利用规划、重点地区的规划以及本规划更新的生态环境要素分布，对初步划定的基本生态控制线进行了校核调整（图13-3）。主要过程如下。

（1）基于生态环境要素评估的校正。将初步划定的基本生态控制线中未包含的集中成片的生物多样性保护重要地区纳入基本生态控制线范围，以实现对城市重要生态敏感区的保护。

图 13-2 广州市基本生态控制线初步划定图
注：引自《广州市城市绿地
系统规划（2001～2020）修编》

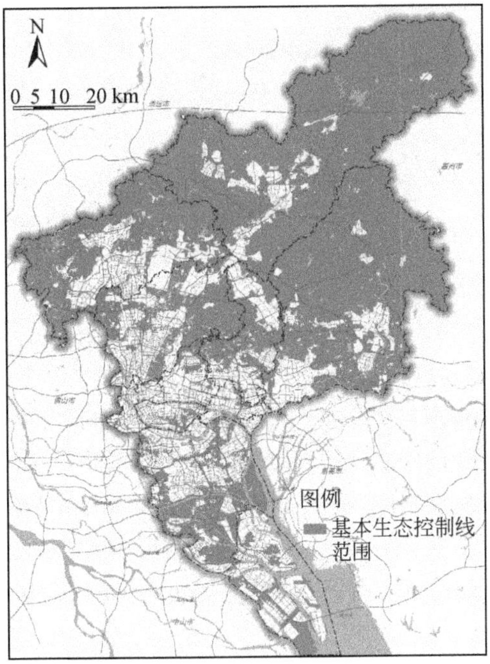

图 13-3 广州市基本生态控制线规划图

（2）与现状用地校核调整。利用第二次土地利用现状调查数据，将初步划定的基本生态控制线中成片建设用地（集中连片大于 10hm² 地区）调出 EPB 范围，为保证基本生态控制线的结构完整性，对 EPB 内部镶嵌的部分较小规模的已建村镇用地进行保留。

（3）与土地利用规划校核调整。对基本生态控制线内的土地利用规划允建区、有条件建设区进行分析，在保证生态结构完整、生态廊道连续的基础上，将部分与土地利用规划矛盾较大的地区调出基本生态控制线。

（4）与已批规划校核调整。与生态控制线进行协调的规划包括：中心五区控制规划导则、花都区、白云区、番禺区、南沙区以及萝岗区已批控制性详细规划。将已批规划中所确定的成片生态用地纳入 EPB 范围。将已批规划中所确定的绿地、道路、市政公用设施以外的非公益性建设用地，调出 EPB 范围。

（5）与重点项目校核调整。根据以上划定原则，经深化细化，划定市域生态绿地的基本生态控制线，面积为 5000km²，占市域面积的 67%。其中十区范围内基本生态控制线规模为 2000km²，占十区总面积的 53%。

13.3.3 分区管制

1. 管制思路

借鉴其他城市生态空间保护与利用的先进经验，对基本生态控制线内地区的建设行为实施管制，主要提出以下思路：①分级分类建立管制分区（图 13-4）。基于对建设活动管控和限制程度的差异，将基本生态控制线内分为禁建区和限建区（图 13-5），体现建设管制刚性与弹性的差异。在禁建区、限建区基础上，根据生态限建要素进一步划分若干类管制亚区（图 13-6）。②针对建设用地和项目制定管制要求。管制要求主要是对建设行为的控制引导，从新增建设项目和用地控制、现状建设项目和用地处理两个方面进行拟定。其中，禁建区严格控制新建项目和新增建设用地，已建项目和用地以迁出和改造为主；限建区仅允许公益性和少数类型建设项目和用地进入，已建项目和用地主要采取保留控制或调整功能，远期逐步迁出的举措。③管制要求在管制分区基础上根据生态限建要素的特点具体提出。

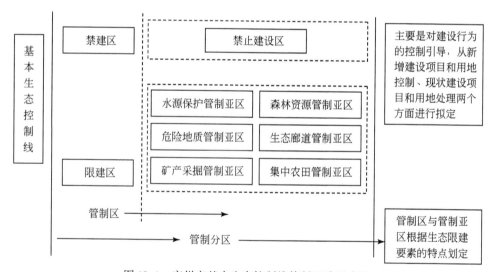

图 13-4　广州市基本生态控制线管制思路示意图

禁建区严格控制新建项目和新增建设用地，仅允许少数与禁建管制亚区内限建要素无冲突的公用设施进入。限建区内不同管制分区依据相应生态限建要素确定允许的少数独立建设项目，并控制建设开发强度。此外，基本生态控制线内管制要求是对建设行为管制的原则性规定。在针对具体建设项目和用地规划建设时，还需要结合个案情况进行具体分析对待。

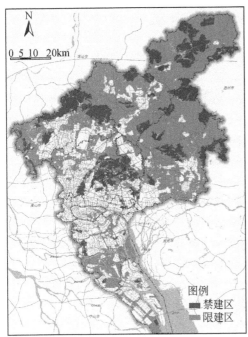

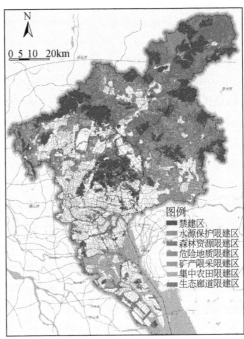

图 13-5　广州市基本生态控制
线管制区分布图

图 13-6　广州市基本生态控制
线管制亚区分布图

2. 管制原则

（1）尊重历史，实事求是。在守住生态保护底线的同时，需要充分尊重历史，实事求是，保护好 EPB 内的各类经济主体的合法利益，协调线内各类建设用地、建筑物与生态保护的关系，以此强化 EPB 内的生态保障功能的目标。

（2）分类处理，区别对待。EPB 涉及范围广，用地类型多样，包括不同类型的限建要素，不同类型的建设用地，生态敏感度和重要性不同，需要因地制宜，实行分类处理、分类管制的策略，实现生态用地保护和开发功能多样化。

（3）生态优先，适度利用。划定 EPB 的目标是优先强化生态公益林、生物多样性保护区、水源保护区、水体、湿地等各类稀缺生态资源的保护，保障城市生态安全，并在此前提下，以提高生态用地的利用效率为目的，适度利用生态用地，尤其是其中的限建区部分，实现生态保护和利用的统一。

（4）注重可操作性，逐步实施。对 EPB 内新增建设用地和现状建设用地的处理要立足于现实，妥善处理生态保护与生态控制线内居民安置、生产发展等问题，对于部分难以解决的问题，提出分期解决的时序，提高规划策略的可操作性。

3．管制分区

1）禁止建设区

禁止建设区指存在非常严格的生态制约条件，禁止城市建设进入，应予以严格避让的地区。包括自然灾害易发、风险极高的地区，资源环境敏感度极高或保护价值极高的地区，以及污染源或危险源的防护要求极为严格的地区。一般情况下，禁建区严格禁止与生态限建要素无关的建设。对区内现状已存在的建设用地，以迁出和改造为主。基本生态控制线内规划禁建区约1093km²，占基本生态控制线的21.9%。

2）限制建设区

限制建设区指存在较为严格的生态制约条件，对城市建设的用地规模、用地类型、建设强度以及有关的城市活动、行为等方面分别提出限制条件的地区。包括自然灾害易发、风险较高的地区，资源环境敏感度或保护价值较高的地区，以及污染源或危险源的防护要求较为严格的地区。

限建区一般可通过技术经济改造等手段减缓限制要求与建设之间的冲突，可以进行适度布局基础设施和少数类型独立的建设项目。对区内现状已存在的建设用地，以保留和改造为主。

基本生态控制线内规划限制建设区约为3907km²，占基本生态控制线的78.1%，限制建设区内生态限建要素如表13-3所示。

表13-3　基本生态控制线内限建要素与管制区划分表

管制区	管制亚区	面积/km²	占EPB比例/%
禁建区	—	1093	21.9
限建区	水源保护限建区	587	11.7
	森林资源限建区	2005	40.1
	危险地质限建区	22	0.4
	矿产采掘限建区	18	0.4
	集中农田限建区	831	16.6
	生态廊道限建区	444	8.9
	限建区小计	3907	78.1
合计		5000	100

3）管制亚区划分

管制亚区主要依据生态限制要素对限建区进行划分，共6类，包括水源保护管制、森林资源管制、危险地质管制、矿产挖掘管制、农田管制、生态廊道管制等类型，以实现限建区管制要求进一步在空间和控制内容上的细化，禁建区由于限制要素级别高，主要相对严格的禁建管制为主，不进行亚区划分。

管制亚区中, 森林资源限建区面积最大, 占 EPB 范围的 40.1%, 其次为集中农田限建区和水源保护限建区, 分别占 EPB 范围的 16.6% 和 11.7%。

13.3.4　管制要求

针对基本生态控制线内区域的建设项目和用地的管控而提出, 将建设行为或活动与具体建设用地类型挂钩, 以便直接指导控制规划的编制 (表 13-4)。

表 13-4　广州市基本生态控制线用地管制要求

管制区	管制亚区	新增建设项目和用地的管制	现状建设项目和用地的处理
禁建区	—	以生态保护为先, 禁止任何与生态限建要素冲突的建设, 在必需的情况下, 可能允许新增项目和建设用地主要包括下列几类: ①必要的道路和交通设施; ②必要的公用设施; ③森林公园。森林公园内的游赏和管护设施任一公顷用地容积率不应大于0.2、硬地率不应大于10%	禁建区内的违法建设项目和用地, 合法建设项目和用地中的各类与生态限建要素有矛盾冲突的项目, 均应迁出和改造。位于禁建区内的农村居民点或零散村庄可保留控制, 鼓励其按照城乡规划在基本生态控制线外进行异地统建, 其他建设项目和用地近期可保留控制, 远期根据情况迁出
限建区	水源保护管制亚区	不准新增向水体排放污染物的建设项目和用地, 禁止设立装卸垃圾、粪便、油类和有毒物品的码头, 严格控制设施建设规模	二级水源保护区和准水源保护区范围内, 排放污染物超过标准, 限期治理仍不达标的建设项目和用地须迁出或改造, 其他用地可保留控制
	森林资源管制亚区	禁止滥占林地, 除道路用地、供应设施用地、环境设施用地、安全设施用地、及必要的游赏道路、游赏设施、管护设施和康体设施以及少量的休养、疗养设施以外, 禁止新增其他类型建设项目和用地。新增建设项目和用地需符合森林公园保护和利用总体规划, 新增建设项目和用地需符合林地保护和利用总体规划, 容积率不得超过0.8, 旅游设施和休养、疗养设施项目的任意一公顷用地的容积率都不应大于0.2、硬地率不应大于10%, 食宿接待设施建筑面积占旅游设施总建筑面积的比重不应大于20%	生态公益林以及生物多样性保护重要地区内的违法建设用地或项目, 以及与生态限建要素有矛盾冲突的设施和项目须迁出或改造, 其他用地可保留控制
	危险地质管制亚区	除道路用地、防灾设施、绿地, 必要的管护设施外, 限制新增其他类型建设用地, 严格控制设施建设规模	对于违法建设用地或项目, 无法采取相应工程手段或有灾害性影响的项目和用地, 须迁出或改造, 其他用地可保留控制

续表

管制区	管制亚区	新增建设项目和用地的管制	现状建设项目和用地的处理
限建区	矿产采掘管制亚区	除道路用地、采掘类企业和仓储用地以及相关管护设施外，限制新增其他类型的建设用地。新增建设项目和用地容积率不得超过 0.8，建筑密度≤30%，建筑高度≤15m，如特殊需要应经规划审批部门批准后最多不超过 20m	除道路、采掘类企业和仓储用地以及相关管护设施可保留控制外，其他建设项目和用地须迁出或改造
	集中农田管制亚区	除供应设施用地、环境设施用地、安全设施用地以及必要的游赏道路、游赏设施和管护设施、与农业发展技术推广等研究相关的少量科研设施用地外，禁止新增其他类型建设用地。新增建设项目和用地容积率不得超过0.8，建筑密度≤30%，建筑高度≤24m	对于污染环境、破坏景观以及其他违法建设项目和用地须迁出或改造，其他用地可保留控制
	生态廊道管制亚区	除公园绿地、道路用地、供应、环境与安全设施用地、邮电设施用地、施工与维修设施用地、少量康体设施外，禁止新增其他类型建设用地，新增建设项目和用地容积率不得超过 0.8，建筑密度≤30%，建筑高度≤15m，如特殊需要应经规划审批部门批准后最多不超过 20m	对于违法建设项目和用地，对生态环境有较大影响的建设项目和用地，须迁出或改造，其他用地可保留控制

注：禁建区与限建区新增建设项目和用地，除符合上述管制要求外，还需符合有关法规、规范及规划，特别是个案的环境影响评价要求。

1. 禁建区管制要点

禁建区包括一级水源保护区、自然保护区、森林公园、风景名胜核心区、河流水体（蓝线）、重要湿地、危险地质等 17 种生态限建要素。参考相关法律法规和其他城市生态空间管控的经验，综合考虑禁建区内各生态限建要素的特点，拟定禁建区管制要求。

新增建设项目和用地的控制要求。禁建区以生态保护为先，严格控制建设用地占用林地、水域湿地等生态资源，严格禁止与生态限建要素相冲突的各类建设，在必需的情况下，可能允许新增项目和建设用地，主要有下列几类：①必要的道路和交通设施；②必要的公用设施；③森林公园。

现状建设项目和用地的处理。禁建区内的违法建设项目和用地，合法建设项目和用地中的各类与生态限建要素有矛盾冲突的项目，均应迁出和改造。位于禁建区内的农村居民点或零散村庄可保留控制，鼓励其按照城乡规划在基本生态控制线外进行异地统建。其他建设项目和用地近期可保留控制，远期根据情况迁出。

2. 限建区管制要点

限建区包括风景名胜区非核心保护区、二级和准水源保护区、其他林地、园地、生物多样性保护重要地区、农用地、生态廊道等 14 种限建要素。

限建区与禁建区相比，对建设活动和行为控制的弹性相对较大，以保障生态安全为底线，适当允许对生态环境影响较小的基础设施和独立的建设项目，但需严格控制建设规模和强度，对于违法建设、对生态环境有较大影响等类型的现状建设项目和用地，同样要求迁出或改造。

新增建设项目和用地的控制要求。限建区在确保生态环境不受结构性影响的前提下，允许适度新增建设用地。在必要的情况下，可能允许新增的建设用地包括：道路用地和交通设施用地；公用设施用地；公园绿地；公共服务设施用地，包括体育用地、文物古迹用地等；旅游、康体设施及休养、疗养设施用地和其他因公益性需要或生态环境保护、风景资源保护、文物保护需要进行安排的独立建设项目。以上所列建设用地应严格控制开发强度，新增建设项目和用地容积率不得超过 0.8、旅游设施和休养、疗养设施项目的任意一公顷用地的容积率都不应大于 0.2、硬地率不应大于 10%，食宿接待设施建筑面积占旅游设施总建筑面积的比例不应大于 20%。同时，新增建设用地或项目还须符合有关法规、规定或规范的具体要求。如有更严格或具体规定，以法规、规定或规范为准。

现状建设项目和用地的处理要求。限建区内的违法建设项目和用地应予以迁出或改造，合法建设项目和用地中的各类对生态环境保护有较大影响的项目且无法改变的，也应迁出和改造。其他用地可保留控制。限建区内允许布局少量的农村居民点，鼓励其按照城乡规划在基本生态控制线外进行异地统建。

13.4 生态管理分区

13.4.1 目的与原则

1. 分区目的

根据广州市生态系统分布和关键生态环境问题的空间分异规律，对广州市进行生态管理类型区划，为实施差异化的生态保护、管理与建设，促进资源合理利用、生态系统保育和环境条件改善提供指导。

广州市生态管理分区主要有以下目的：①落实自然生态系统的保护，划分对城市生态系统具有关键支撑作用与调节作用的生态成分，明确其以生态保育为优先的管理策略，落实城市生态安全格局与重要生态资源的保护与管理。②促进城市生态环境改善，划分城市关键生态环境问题区域，明确其城市发展与生态保护相协调的管理策略，加大治理力度，恢复受损生态环境，促进城市可持续发展。

2. 分区原则

（1）可持续发展原则。坚持生态保护与协调发展相结合的原则，坚持城市建设的理性增长和合理的生态环境资源利用，贯彻以人为本的和谐社会思想，为实现可持续的经济、社会与环境的协调发展提供保障。

（2）基于生态控制线的划分原则。以保护生态安全格局和重要生态资源为目标，以基本生态控制线划定为基础，强化生态空间的分区管理措施，落实基本生态控制线的分区管制策略。

（3）与规划管理相接轨原则。生态系统管理分区与现行的行政区划、社会经济属性、城市规划管理体系相关联，确定分区边界与城市规划管理界线接轨，以便于指引下层次规划如控制规划、修订详细规划等，落实生态管理政策。

13.4.2 分区思路

基于城市生态系统特征分析、基本生态控制线规划与城市生态环境问题专项研究，开展生态管理分区。分区思路如图 13-7 所示。

图 13-7 广州市生态系统管理分区流程示意图

（1）结合城市自然生态要素分析，以保护城市生态格局与重要资源为目标，划分基本生态控制线为主体的生态功能保育区。

（2）结合城市建设现状与总体规划空间布局、城市生态环境问题区域，划分以城市生态调控策略为主的生态协调发展区与生态调控改善区。

（3）基于生态系统管理分区与管理衔接的目标，分区边界与城市规划管理单元相契合，通过分析城市规划管理单元与基本生态控制线、城市生态环境问题区域以及总体规划布局的空间关系，明确生态管理分区边界和生态发展定位。

13.4.3 生态系统管理分区

综合生态基础评估、生态问题研究与基本生态控制线，结合规划管理单元，划分生态综合管理分区。将市域空间按规划管理单元划分为生态功能保育区、生态协调发展区、生态调控改善区三类生态管理分区（图13-8），并从生态空间保护、雨洪调控、面源污染控制、热环境改善等方面提出相应的生态管理策略、控制指标与指引。

1. 生态功能保育区

生态功能保育区位于基本生态控制线内，生态要素分布集中，现状和规划城乡建设项目很少，以生态空间为主的单元区域。该区域为广州最主要的生态腹地，具有重要生态系统服务功能或高生态敏感性，对于城市生态系统健康维持起关键作用的地区。

区域生态管理策略应以生态保护和维育为主，实施基本生态控制线管制，严禁不符合法律、法规的开发活动，根据主要生态要素与生态功能，重点实施基本农田保护、山体保护、水土流失恢复、生物多样性地区维育、水源保护区环境保护等工作，增强区域生态系统功能，积极引导城乡人口和建设转移。

广州划分为生态功能保育区的规划管理单位共689个，占市域规划管理单元个数的27.2%，面积约5140km²，占市域面积的69%。

2. 生态协调发展区

现状城乡建设较为集中或主要规划新建区，生态问题风险程度较高，需在地区建设中强化生态化建设引导的单元区域。该区域处于自然生态系统与城市人工生态系统交界地带，既对自然生态系统起缓冲保护作用，又支撑城市生态系统的物质循环过程。

区域生态管理以改善地区生态环境质量、预防生态恶化为主要目标，合理控制生态规划指标，严格控制环境污染与生态影响，不断提升地区生态环境质量。

广州划分为生态协调区的规划管理单位共796个，占市域规划管理单元个数的31.5%，面积约1354km²，占市域面积约18%。

3. 生态调控改善区

现状城乡建设密集，或规划开发强度大，生态问题风险程度高，需在地区建

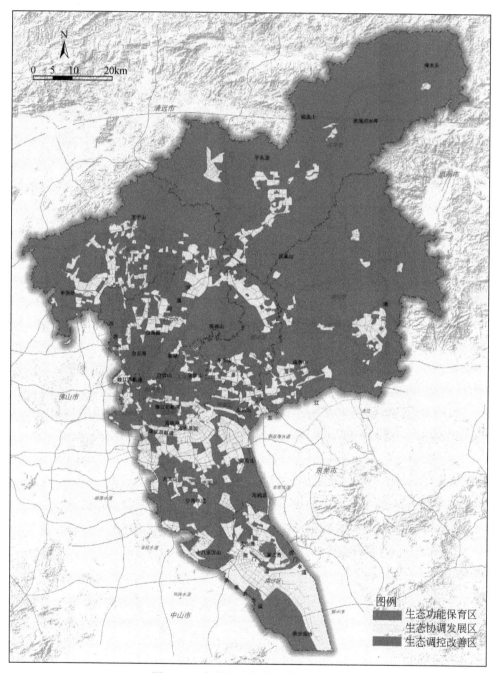

图 13-8　广州市生态管理分区规划图

设中严格控制生态影响，加强生态修复或改造的单元区域。

区域生态管理以缓解生态问题矛盾、降低生态安全风险为主要目标，加大实施污染治理、生态修复或改造，逐步改善地区生态环境质量。

广州划分为生态调控改善区的规划管理单位共 1039 个，占市域规划管理单元个数的 41.2%，面积约 940km^2，占市域面积约 13%。

13.4.4　生态系统管理分区规划指引

广州市生态管理分区规划指引内容，如表 13-5 所示。

表 13-5　广州市生态管理分区规划指引

管理区	特征	规划管理要求		
		主要策略	生态保护与建设重点	管理单元指标控制
自然生态保育区	1. 由基本生态控制线内管理单元构成，市域重要生态资源与生态要素分布地区 2. 主要为水源保护区、自然保护区、森林公园、风景名胜区、生态公益林、主干河流与排涝河涌、重要自然山体、地质灾害敏感性地带以及生态廊道等地区	以生态保护和维育为主，实施基本生态控制线管制，维护生态系统结构与功能，严禁不符合法律法规的开发活动，积极引导城乡人口和建设转移	1. 严格执行基本生态控制线管制，禁止与禁限建要素冲突的建设 2. 重点保护相应生态系统结构与功能的完整性，防止建设行为引起的动植物生境片段破碎化、水土流失、水源污染、土壤污染等问题 3. 开展生态系统退化地区的生态恢复规划与建设	1. 基本生态控制线面积 2. 水面率
生态协调发展区	1. 由基本生态控制线与城市集中建设区之间过渡区域的管理单元构成。主要分布在外围城区 2. 区内多为开发建设活动较为密集的城乡结合地区，人口密度一般；植被类型以人工植被为主，局部有少量林地和农田。随着城市化的发展，城市大气、水体、内涝、面源污染等各种生态问题开始出现	兼顾城乡发展与生态保护，以防止生态环境问题、维护生态安全为出发点，积极实施生态化建设，高标准控制生态规划指标，形成良好的地区生态环境	1. 重点保护现有自然环境要素，防止潜在的生态环境问题，积极规划建设大面积城市绿地，提高自然环境质量 2. 新项目选址严禁征用现有河湖水体、农田、绿地等用地 3. 加强城市规划建设项目的环境影响评价，对开发场地内已破损生态系统有计划地进行修复	1. 乔木率 2. 屋顶绿化率 3. 透水性铺装率（控制性指标） 4. 绿色建筑星级要求（引导性指标） 5. 建筑架空率（引导性指标）

管理区	特征	规划管理要求		
		主要策略	生态保护与建设重点	管理单元指标控制
城市生态调控区	1. 主要分布在荔湾区、越秀区大部、海珠区西部、天河区南部、白云区南部、番禺区中部等城市密集建设区，其他区亦在城区内有零星分布 2. 区内地貌类型以冲积平原和低矮台地为主，大部分地区地势平缓；主要为城市集中建设区，开发建设活动密集，人口密度高；原生植被均遭破坏，植被类型以人工植被为主。随着城市化的发展，城市大气、水体、内涝、面源污染等各种生态问题凸显，城市生态系统问题严重影响到居民生活	缓解生态问题矛盾、降低生态安全风险为主要目标，大力实施污染治理、生态修复或改造，逐步改善地区生态环境质量	1. 积极构建城市公园绿地系统，采用"见缝插绿"的方法，疏解城区密度，改善区域热环境 2. 鼓励地面透水材料的使用，积极开展雨水花园建设。开展排水管网改造工程，降低地表径流系数 3. 新建或改建项目应开展生态控制指标管理与审批	1. 屋顶绿化率和透水性铺装率（控制性指标） 2. 建筑架空率（引导性指标）

第 *14* 章 广州市番禺片区生态廊道控制性规划

广州市在 2001 年完成的《广州城市建设总体战略概念规划纲要》提出南拓战略，为避免城市在快速增长过程中连片蔓延发展，优化城市空间格局及布局，因此开展广州南部地区生态廊道控制性规划的编制。生态廊道的控制性规划既非传统的城市规划，也不是纯粹的生态保护规划，它是在传统城市规划的框架范围内，比照"控制性详细规划"在城市发展过程中对具体建设用地进行控制的法律地位，专门针对城市发展过程中城市生态性用地建设发展而制定的"控制性"规划。不仅对都市地区内的生态性用地总量、空间形态、空间格局以及不同地域在城市发展过程中的生态地位作出相应的规定，而且还根据具体地块的生态重要性，针对它的生态特性、控制要素、建设发展模式与要点、用地性质可调整范围等一系列要素都作出了相对具体而详细的规定，尤其强调"生态规划"具体实施的可操作性。

广州番禺片区生态廊道控制性规划强调"发展"与"控制"的协调关系。对城市生态用地的控制和保护是为了保证"发展"的可持续性，"保护"与"控制"的最终目的是为了更好地"发展"，使各类用地在城市拓展过程中尽可能大地发挥综合效应，促进城市生态系统的健康、持续发展。本次规划进行控制的生态廊道控制区面积约 598km²。研究范围涉及番禺片区与南沙区，总面积约 1314km²，其中陆地约 852km²，河涌及外围水域 462km²。规划首先根据番禺地区的自然环境特点和城市发展需要拟定的生态"斑块"——廊道初步结构对所需控制的地区进行分级。按照生态重要性初步确定了三个层级：一级控制区、二级控制区、三级控制区。

14.1 生态廊道内涵

14.1.1 概念辨析

廊道或"廊"是景观生态学的一个重要概念。在一个相对独立的大地理区域系统或景观生态系统中，其空间组成的基本形态特征的要素有斑块（patch）、廊道（corridor）、基质（matrix）、缘（edge）等，它们之间的主要区别在于观察者的空间尺度标准以及被观察对象在景观体系中的功能等级层次水平。同一个物质实体在不同的空间尺度标准之下，有时会代表着不同的空间基本形态要素。而廊道或"廊"专指具有线性或带形的景观生态系统空间类型和基本的空间元素。其最基本的空间特征是长宽度比。

除了空间特征的相关定义之外，廊道或"廊"的生态学意义在于它具有"沟通"和"阻碍"的双重功能：其一，对于廊道系统内部或廊道所联结的空间单元而言，廊道的连通性便于内在要素的交换和流通；其二，对于廊道两侧的空间而言，廊道的异质性却阻隔了它们之间的要素交换和流通。因此在生态学意义上，廊道在自身成为独特的生态系统的同时，还是划分两侧完整"生态功能单元"的重要天然依据。

本次规划中的"生态廊道"系统规划的基本思路取自于景观生态学的概念：廊道规划的核心指导思想首先在于促使生态要素流动，以充分发挥城市区域之中有限的生态用地和生态服务的综合功效。其次在于防止不利因素流动和扩散，即阻隔区域内两侧要素相互作用，防止一侧的某些要素对另一侧造成危害，或者两侧连片之后对大区域城市生态环境服务功能发挥的不利影响。本次规划中"生态廊道"系统的概念与景观生态学的廊道或"廊"的概念又有所不同，廊道是广州番禺片区内以生态服务功能为主导的生态用地的总称，并不一定具有线性特征。事实上从空间结构上看，本次规划的"生态廊道"是由生态学科学意义上纵横交错的廊道和生态功能单元（斑块）有机地构建起来的绿色生态网络体系。它具有整体性、系统内部高度关联性。

14.1.2　生态廊道规划的基本原则

（1）系统性。城市连绵区内发挥生态功能的各类用地必须连贯成一个完整的系统，以保证各类生态区域之间能够进行要素交换。

（2）完整性。城市连绵区内生态用地的规模必须满足自然生态系统自身运作的基本需求，保持承担相应生态功能区域的完整性。

（3）高效性。随着城市生态系统的发展，自然生态地所占总用地的比率正呈现逐年下降的趋势，为了以有限的自然生态用地达到最大生态服务功能，城市连绵区内生态用地的选择和建设都必须强调高效性。

（4）自然性。要充分发挥生态用地的生态效益，不仅与生态用地相互联系的形态与结构相关，同时还和城市连绵区内有特殊价值的生态区域的保留有密切联系。这些所谓特殊价值，不仅仅包括直接为人类所享用的绿地、公园、开放广场、休闲地带，更为重要的是维持城市整体生态平衡的地域——包括荒野、农田、滩涂、沼泽等一系列类型。这些看似没有直接经济效益的地域却是城市生态系统平衡的关键。简要的概括就是城市连绵区中必须保有一定数量的自然生态绿地。

14.1.3 生态斑块的选择原则

生态斑块是城市生态廊道系统建构的基础和关键，具有举足轻重的重要作用。番禺片区生态斑块选择的主要依据有以下几个方面：

现状生态稳定性较好、生态效率较高的生境单元。

对人类干扰极其敏感，同时又对整体城市生态系统的稳定性具有极大影响的生境单元。

具有较高物种多样性的生境单元。

建构城市生态网络的关键点或现状城市生态网络的断裂点。

具有保持城市景观多样性战略意义的地域。

蕴含不可替代的社会、文化价值，对达成"人与自然"和谐共生理念具有特殊意义的地域。

具有地域空间的相对完整性，其边界明确的地域。

生态特性均匀、功能相对完整，便于制定统一保护、建设政策的地域。

14.1.4 生态廊道体的控制原则

廊道是景观本底上分布的线性空间要素，它具有沟通自身相连的不同"斑块"和阻止廊道两侧之间要素流动的双重作用。

在本次生态廊道控制性规划中，确立廊道的核心指导思想首先在于促使生态要素流动，以充分发挥廊道系统的综合生态功效。根据其流动内容的不同，通常分为生物走廊、自然水系走廊、空气走廊、景观视廊四种类型。其次，某些廊道还具有防止不利因素流动和扩散的作用，即某些廊道用以阻隔其两侧要素相互作用的——主要是防止一侧的某些要素对另一侧造成不利影响，这种阻隔性的廊道在城市生态环境中主要体现为各类保护带和防护隔离带。

生物走廊：满足各个斑块之间物种沟通和种群基因交换需求，也就是各类动物在斑块之间迁移时生存所必需的带状自然地。

自然水系走廊：按地形、地貌状况自然形成的溪流、江河的水系极其周边岸线区域的自然地带。

空气走廊：促进城市内部空气流动——便于清新空气输入、污浊空气排出的带状地区。

景观视廊：为了使城市建成区内保持良好的视觉环境，促使人建环境与自然景观相融合，保证城市景观均好性而开辟的带状景观引入地。

根据廊道不同的自然属性和功能要求，其基本宽度要求也是各不相同的。但是实施中大多数廊道都兼有多重功能，所以具体宽度的确定也往往是取综合值。

14.2 生态环境现状与问题

14.2.1 自然环境概况

番禺地区地处广州之南，从地貌上分析其处在低山丘陵向海基平原、海涂滩地区域转化的地带；从城市格局上分析它是中心城市向郊野地区过渡的地区，多种类型"边缘区"的交错造就了本地域丰富的景观资源和自然生态资源——兼具山、水、林、田、丘、岗、滩多个层次的大地景观，全方位涵盖"山、城、田、海"四大要素，尤以后两者的特点最为突出。

番禺地势由北、西北向东南倾斜。北部主要是海拔50m以下的低丘。地貌发育主要是在西、北江干流在通过佛山与市桥丘陵间缺口后，沿丘陵向四面扩延，自西北向东南伸展淤积而成的三角洲平原。全境四面环水、境内河网纵横。总面积为1313.8km²，其中陆地面积952.3km²，河涌及外围水域有461.5km²。而陆地面积由717km²的平原和135km²的低丘和山地构成。简单的概括就是"一山、三水、六平原"。

区内河网纵横，水系密度极大。片区范围内有珠江干、支流21条，总长351.4km，多为西北—东南流向。支流宽100~250m，河深在-2~-6m；干流宽多在300~500m，河深在-4~-9m。干支流均属平原河流，水流平缓，潮汐明显，潮差平均为2.4m，其中虎门水道是县境最大的东部边界干流，河宽水深，从深井起宽932m，至狮子洋海鸥岛围宽2000m，虎门出口宽5800m。平均河宽3360m，平均水深10.2m，最深17.8m。20世纪70年代前，县境被河流水道分隔为大小岛陆30多个，80年代至90年代初，建筑了公路桥梁140多座，过去各洲岛间靠水路相通，而今多可桥路相连。

自然植被主要有季风常绿阔叶林、针叶林、灌草丛等群落植物品种，共有120多个科、300多个属、600多个品种。主要有马尾松、杉、柠檬桉、细叶桉、台湾相思、樟树、山茶树、竹、苦楝、岗松、鹧鸪草、芒萁等。山丘上长满马尾松、樟等林木；低丘坡地遍种荔枝、龙眼、橄榄、海棠、柑橘、橙等果树和菠萝；20 世纪 60 年代原生植被多被破坏，丘陵岗地土壤偏干偏酸，阔叶林灌木少见，植被稀疏。丘陵多为人工种植的耐瘠的木麻黄、松杉、台湾相思等。荒山灌木丛主要有桃金娘、芒萁群落等。天然竹林只有零星分布。整个区域转向以人工植被为主。北部山丘密林有较丰富的鸟兽资源，20 世纪 50 年代初期还有华南虎、黄麂等野生动物出没其间。河涌水网有较丰富的鱼类资源。但随着城市化进程的加快和环境污染日益严重，动物资源已经越来越少。

生态环境按珠江基面–5m 以上高程计算，海涂面积约 200km^2，新中国成立后至 1987 年围垦 8.5 万亩。近年来，随着海涂发育和人工促淤，滩涂地不断淤高，–2m 以上坦地 20 万亩。

14.2.2　生态资源现状评价

1. 土地资源数量

综合各方面信息表明，随着番禺片区社会经济的持续快速发展，建设用地需求量大增，耕地资源缩减，人地矛盾突出，保护耕地的压力大。未利用地面积较大，土地资源利用方式粗放，有相当部分被闲置或低效利用，土地浪费较严重（图 14-1）。土地资源的有限性已经成为阻碍地区社会经济和城市化进一步发展的主要自然资源。

2. 林业用地

林地被非法占用，蚕食现象十分普遍。由于城镇的发展，不少林业用地被改作建设用地，其中有许多属非法占用，这种现象在旅游风景区尤其严重。同时，林地中大量的采石场，更是给城市环境和旅游风景区自然环境造成严重威胁。

林业结构不合理，生态效率低，主要表现在：种植结构单一，用材林多，其他林种少，尤其是生态公益林（防护林和特用林）所占比例较低，森林生态系统趋于简单化。林龄结构不合理，幼龄林和中龄林分布面积最多，成熟林和过熟林所占比例较小，森林生态功能较差。森林单位面积蓄积量小，残次林分蓄积量多，林分质量差，生产力水平低，森林生产发展迟缓。森林火灾、病虫鼠害面积较大，森林生态系统稳定性有待提高。

番禺片区的地带性植被为南亚热带季风常绿阔叶林，但由于新中国成立前后曾多次对森林进行过度砍伐，森林植被遭到破坏，天然林已极少，现在山地丘陵的森林都是次生林和近几十年来栽植的人工林。从整体看，森林景观过于单调，松树林面积过大，常绿阔叶林和混交林比例小，没有充分利用当地气候资源。因此仍需进行树种、林种结构的调整，以利用充分光热条件，形成稳定的生态系

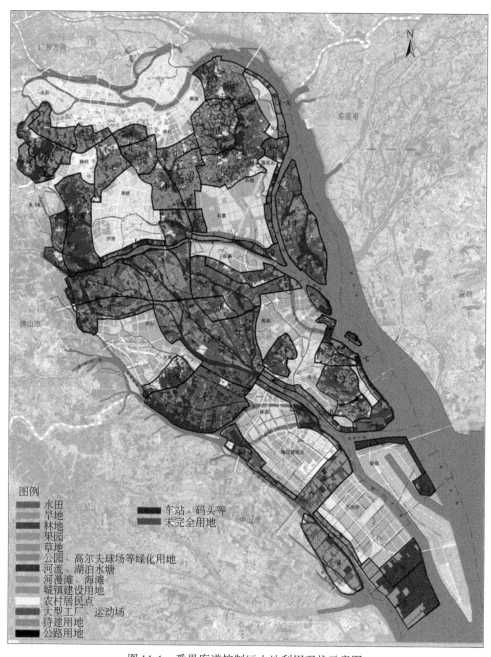

图例
水田
旱地
林地
果园
草地
公园、高尔夫球场等绿化用地
河流、湖泊水塘
河漫滩、海滩
城镇建设用地
农村居民点
大型工厂、运动场
待建用地
公路用地

车站、码头等
未完全用地

图 14-1　番禺廊道控制区土地利用现状示意图

统。如提高常绿阔叶林面积的比例，这不但可以提高森林景观的多样性，还可以
提高区域的生态效果。

3. 农业用地

全区耕地主要集中分布子沙湾水道以北的化龙镇及沙湾水道以南的榄核、灵
山、潭州、东涌、鱼窝头、黄阁、横沥、万顷沙、新垦等镇，以及珠江管理区和
围垦公司。主要种植水稻、甘蔗、蔬菜等农作物。园地。现状园地主要分布在沙
湾水道以北地区，主要种植大香蕉、龙眼、荔枝、柑橙等。农业用地具有一定的
生态效应，应该合理利用，提高生态价值与经济价值。

4. 水资源

番禺虽然地处丰水地区，河流纵横、水资源丰富，但水环境污染造成普遍的
"水质性缺水"，水资源的实际承载能力十分有限。造成水污染问题的主要原因
是：平原地区地面低平，排水不畅，地表水调蓄和流动体系混乱，河道等级和功
能不明，常常是同一河道承担了城镇用水、农业灌溉、水产养殖、水运交通、排
污通道等多种功能。工业废水和城市生活污水排放量逐年增加，而污水处理设施
严重不足。城市污水处理厂建成并正常运转之前，大量污水就近直接排放河道，
导致其水质严重恶化。乡村工业、农业、畜禽业的分散和无组织污染日益加重。
大量民营工业排放的污染物对水环境污染明显。农村集镇大都无污水净化处理设
施，生活污水与生活垃圾点多、面广。施用化肥、滥用农药、畜禽粪便等造成了
比较严重的面源污染。同时缺乏流域系统协调，河流两岸如果是不同的行政区
域，污染工业纷纷布置在共有的河道两侧。

5. 景观资源

番禺片区目前城镇呈现蔓延发展态势，城乡建设用地增长过快。城乡总体居
住环境质量不高、城镇风貌特色有所丧失、人文生态景观遭到一定破坏，城乡景
观破碎。

14.2.3 近 10 年城市扩展规律浅析

我们从广州番禺片区最近 10 年城市扩张变化状况（图 14-2）可以看出，
1989 年前，城市的发展主要集中在沙湾水道以北，有几个主要的发展核心：市
桥镇、中部偏北靠近广州的南村、中部的大石、东部的莲花山以及东北部的化
龙。这些极核点基本与北部的各个村镇的行政中心相关，突出体现了当时"村村

点火、户户冒烟"的村镇办工业,发展村镇经济的政策对城市化发展的影响。而沙湾水道以南,1989年以前的城镇发展核只有大岗镇一个。这种分布现象充分体现了在大都市区域,越靠近城市中心的地域城市化进程越快,往往得以优先发展的客观规律。1989~1996年,随着广州新城和南沙项目上马的政策号召,番禺地区的城市化格局出现了较大的变化:除了围绕市桥和大石,城市在急速扩张外,在番禺南部的大岗镇也迅速扩大了至少一倍,将原来两个相对独立的小组团联结成了一个整体。同时在黄阁、横沥、南沙出现了5个较大的跃迁发展极核,这个区域的发展如火如荼。在短短的几年间,城市建设用地和待建地的面积扩大了近10倍,就连位于基本农田保护核心地区的鱼窝头镇也在这一时期形成了一个小的发展极核。1996年之后,国家城镇发展和国土总体政策调整对这一地区城镇化的影响,在这一时期的卫星影像图上明确地反映出来,迅速城镇化的势头得到某种程度的遏制。可能是出于对上一时期发展存量土地的进一步消化,南部地区虽然建设不少,但土地的扩展并不多;更多的土地转化集中在两个传统发展极核——市桥和大石的周边。

以上是对广州番禺片区城镇扩张概况的简述,如果全面考虑城镇的自然环境条件和市政基础设施(特别是道路)的发展状况,我们对城镇扩张的规律的掌握就更为明了。

首先是沿路发展。大石之所以成为仅次于石桥的发展极核,就是因为交通的便捷——105国道、新光快速、华南快速极大地加强了该地区与广州中心城区的联系,使大石区的发展更多依托于广州中心城区而不是番禺;市桥—石基—莲花山的横向城市发展轴基本与市莲路的串联密不可分。到了近期扩张的南部地区,依托道路生长的趋势就更为明显,沿着广珠路、市南路、南沙大道、京珠高速延伸着一条条带状发展轴。在横沥的珠江管理区,成片的城镇建成区尚未成型时,首先沿着规划建成的城市道路形成了独特的"格网状"城镇。

其次,除去交通因素之外,"水脉"也是城镇扩张的主要依托。由于河道的灌溉和运输便利,番禺地区的传统城镇都具有沿着水系发展的特色,形成别具特色的华南水乡村镇。这种"临水而居"传统观念的影响,使"水景"成为居所的畅销热卖的重要"卖点",促使大城市区域内各类滨水土地迅速升值;而现代城市工业发展对大水运的依赖,造就了大规模的各类临港工业区对港口岸线的旺盛需求,更使得水道沿线土地价值急速提升。上述原因都使滨水区成为城市化进程中优先发展的地域。这些现象在广州番禺片区的发展中都有体现:①与广州老城一江相隔的大石镇,围绕沙浩岛和大石区之间的珠江就分布着绿岛别墅花园、珠江花园、海怡花园、华南新城、星河湾、滨江绿园、洛溪新城、洛涛居、丽江花园、海滨花园、莱因花园等十余个大型房地产开发项目,而它们当中的绝大多

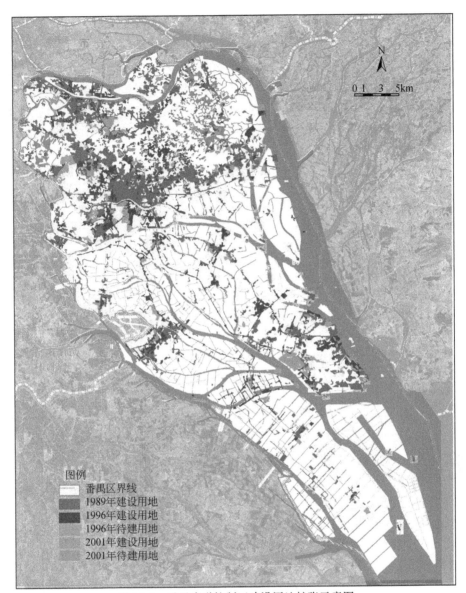

图 14-2　番禺廊道控制区建设用地扩张示意图

数，都做着"临水而居"的宣传文章。②珠江主航道中最大的岛屿新造小谷围被整体作为"广州大学城"，整体开发用地全面转化。③不论是珠江主航道、蕉门水道、沙湾水道还是洪奇沥水道，都规划有为数不少的、或大或小的、沿岸线分布的、各种门类的工业区，尤其以未来南沙港区最为突出。

最后是依托山地。我们可以称之为"向山发展"或"向绿发展"。从大的城镇空间格局所反映的状况来看，番禺地区的各个丘陵岗地的山头周边，都是城市化进程较快、建设力度较大的区域，例如，大石、市桥、沙湾、莲花山、黄阁、南沙、大岗莫不如此，更有甚者，南村的丘陵岗地已经几乎被蚕食殆尽。造成这种发展状况的原因主要来自以下方面：国家的基本农田的保护政策，迫使部分城市开发建设利用非基本农田保护区的山地；"乐山而居"的特色景观环境为部分房地产开发项目提供特殊的景观卖点——山地葱茏的绿色景观和清新的空气是别处难得的稀缺资源，同时起伏的地形更利于在有限空间的局部地段创造更为丰富的景观层次。

综上所述，该区城市化进程中的主动力有以下三种：中心城区的吸引力、交通干线（陆路、水路）的吸引力、自然景观的吸引力（毕凌岚，2004）。

14.2.4 土地利用过程中的生态问题

（1）用地生态功能不明确。区内各类用地的生态功能不明确，缺乏有效的控管和保护措施，各自发展，未形成整体化生态格局，生态效益低。自然山地丘陵系统、农田生态系统、海域生态系统、城市生态系统在生态过程与格局上缺乏系统性和连续性。未来应加强生态功能区划，明确各类用地的生态功能和控制策略，提高区域生态格局的整体性与过程的连续性。建立这种联系将是珠江三角洲地区整体生态环境可望发生重大改观的一个突破点。

（2）一些关键性的生态过渡带没有得到应有的维护。海陆之间的生态过渡带即海岸带，由于长期以来只注重堤坝的防护功能，而忽略生态环境建设，使得海岸的生态景观低劣，生态系统单调乏味，堤内沿岸森林植被稀疏，缺乏系统的防风林带。山体边缘过渡带没有得到应有的重视，而被人为地破坏和截断。一些重要的河道生态廊道没有得到很好的维护和利用，两岸的水陆生态过渡带受到破坏，水污染严重。大部分岸线没有预留适当的生态缓冲带，部分重要岸段被污染性工业群占领，一些重要的生态节点受到破坏。

（3）生态安全体系不完善。沿海平原和海岸生态防护体系不完善，缺乏沿岸防护林带和平原防护林网，抗灾能力低。城市缺乏控制性生态防护系统，生态保护带、生态隔离带等生态安全结构系统残缺不全。城乡之间缺乏必要的生态隔离带，不能对城镇的无序发展和污染扩展形成有效控制。平原地区的河网系统的生态安全保护体系严重不足，水陆生态过渡带的自然过程被人为破坏，水体污染严重。

14.2.5 生态环境问题成因

（1）片面追求经济增长，在决策、规划和行政管理等方面可持续发展思想并未落到实处。尽管可持续发展已成为共识，环境保护已成为基本国策，但由于生态成本、资源成本和环境成本在现行统计体制中无法体现，生态效益、资源效益和环境效益重视不足，造成不少地区片面追求目前的经济增长，而忽视增长的质量，忽视未来的发展潜力，忽视居民的生活质量。

（2）二元社会结构的管理机制不能适应城乡一体化的发展需要。番禺片区工业化发展迅猛，城市化进程加快，城乡之间的差别界限越来越模糊，城乡一体化的趋势越来越明显。但目前其管理体制仍沿用我国传统的二元经济结构决定二元社会结构，即对城市和农村存在着不同的管理体制，这就导致了规划建设和生态环境保护管理力量无法适应发展趋势。

（3）行政区间协调管理体制不完善。城乡一体化进程加快，城镇间的距离越来越小。部分地区只考虑本地区的经济发展，却忽视对环境的保护，侵害到周边地区的经济、社会利益，影响区域的社会经济协调发展。

14.3　生态廊道控制性规划的基本定位

14.3.1　规划指导思想

广州番禺片区生态廊道控制性规划强调"发展"与"控制"的协调关系。首先，对城市生态用地的控制，是为了保证发展的可持续性，一方面，为发展控制资源——杜绝过渡发展造成不恰当的自然资源损害，从而防止随之而来的一系列生态危害；另一方面，为发展调整进度——保证城市生长的有机、有序，预防城市人口增长带来的一系列经济、社会、文化危机。其次，在确定城市建设用地和生态用地的规划过程中应该始终贯穿着"发展"的思路，即"控制"的最终目的是为了更好地发展，让各类用地在城市拓展过程中尽可能大地发挥综合效应，促使城市生态系统达到更高层面的动态平衡。

因此，广州番禺片区生态廊道控制性规划重在协调广州城市发展过程中资源开发利用与生态平衡维护之间的关系，为城市社会、经济、文化与自然的和谐发展创造条件。

14.3.2　规划目标

（1）对番禺地区的城市生态用地实施有效的控制管理，保护城市生态资源，保护城市地域内具有特殊价值的生态敏感地，维护城市生态平衡。

（2）合理利用土地资源。依据城市区域内不同的土地特性确定合理的开发方式，充分发挥集约效益。

（3）保持良好的城市总体结构，优化城市空间格局和用地布局，引导城市有序、合理发展。避免因城市建成区域的无序发展和恶性扩张所造成的生态损失和土地浪费。

（4）进行生态资源的恢复和建设，提高生态系统运作的整体工作效率，增加城市环境竞争力。

（5）维持良好的城市总体环境状况，促进城市环境保护和建设，改善环境现状，提升区域综合环境质量。

（6）加强城市区域内的城乡关系整体协调，维持区域范围内城市生态系统和其他生态系统的相对协调性。

（7）促使以城市物质空间为依托的社会、经济、文化等子系统的协调发展，达成自然—社会—经济—文化全面进步，增强城市内在活力和发展潜能（毕凌岚，2004）。

14.3.3 规划基本定位

（1）《广州番禺片区生态廊道控制性规划》中通过针对生态性用地的落实细化工作，进一步加强这类规划的法律地位和对城市发展的具体指导、引导作用，具有极强的规划控制作用。但是对生态性用地的控制必须遵循生态系统演进与发展的客观规律，一般而言，自然生态系统的运行尺度都大于常规意义上的人工生态系统，所以，该"控制性"规划的控制尺度也远远大于传统城市规划体系下的控制性详细规划，而与总体规划的尺度类似。因此，本规划更强调对大的生态空间总体格局的控制和引导。

（2）本规划的控制目的是实现城市发展、自然保护的双赢，因此规划中所采用的方法是城市规划、生态规划能够充分结合与融合的方法。所依托规划模式来源于传统规划体系，便于本规划适时融入现在的规划管理体系，切实发挥相关作用。

（3）规划所秉承的理念与目标：在城市发展与自然演进的时空过程实现互适性平衡。规划寻求提供对城市地域内自然演进趋势的引导，真正达成我们不懈追求的"天人合一"。这种成果不仅仅是熟练的工程学、或者令人满意的环境、或者成功的经济发展，而是"自然—社会—经济"三位一体的有机体和真正的人类社会的艺术作品。

14.3.4 生态廊道规划力图解决的基本问题

（1）以生态廊道的模式对广州城市空间发展加以引导，改变相对紊乱的无机发展态势，从整个城市结构、形态与功能的角度加以有机调整，使城市发展化力为形。

（2）通过本次规划的引导，使番禺片区作为未来广州市发展的重要区域，突破传统城市发展桎梏，规避城市与自然的对抗性矛盾、城市人口远离自然等问题，成为亲近自然、与自然和谐的城市，开辟一条生态城市化的新途径。

（3）通过生态廊道规划协调好城市空间发展三种动力（一是现有城市中心的吸引力，二是主要交通干道的吸引力，三是自然景观的吸引力）的作用，使城市建设用地和城市生态用地数量配比合理、结构形态适宜。建构均衡、和谐、有机的整体城市空间，保持城市区域持续发展的能力。

（4）切实保护番禺片区内的生态环境敏感区域、自然特性明确区域和物种富集区域，杜绝人为破坏，作为城市区域中必不可少的自然环境区。以丰富城市生态系统的组成，更利于维护其系统平衡和稳定。

（5）通过生态廊道规划控制，以线、面生态的保护与优化，带动整个区域的优化，增强本地区在大区域中的生态竞争力。

（6）加强地域范围内城乡赖以生存的生态系统以及生物保护体系的内在有机联系，以生态为基础，整体协调社会、经济、环境、文化各方面的发展，达成区域、城乡发展的整体协调，维持区域范围内的生态完整性。

14.4 生态廊道规划结构、规模与用地

14.4.1 规划空间结构

依托广州番禺片区的自然生态现状，结合生态廊道系统的区域作用，番禺片区生态廊道系统将采用"斑块—廊道"相结合的开放式网络形态结构。以自然环境和城市建设现状为基础，划定14个重要的复合性生态功能区"斑块"（由7类城市生态功能单元组合形成）和5条重要的"结构性廊道"（不同的廊道和斑块往往包含这7种生态功能的某几类单元），串缀成番禺地区整个联通型的生态廊道系统，形成三横三纵的"用"字形空间形态（图14-3）。14个斑块和5条廊道各有不同分工，同时又结合成一个有机整体，在有限的用地内获取最大的生态效益。

1. 三纵即三条南北向生态主廊道

西部生态廊道南起洪奇沥水道入海口沿水道北上，穿过滴水岩、大夫山向北延伸，其组成要素主要有水系、田园和山林，属于现状自然生态要素保持较完好

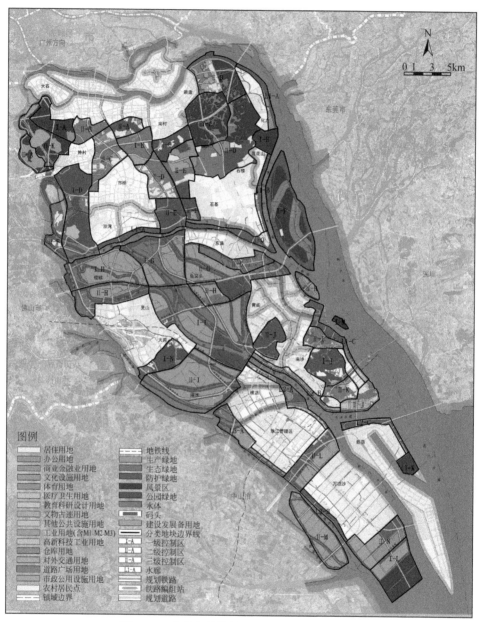

图 14-3 番禺廊道控制区土地利用规划示意图

的地区，如滴水岩鸟类自然保护区等。

中部生态廊道南起蕉门水道入海口沿水道北上，连接规划控制的市桥和广州新城之间的生态隔离带，穿过广州大学城向北延伸，其组成要素主要有水系（含湿地）和耕地两种，南段现状自然生态要素保持较好，但近几年的城市建设蚕食了北段部分耕地，致使生态结构的空间连续性相对较弱。

东部生态廊道南起珠江口，沿珠江水系及两侧滨水地区北上，经海鸥岛向东北方向延伸，其主要组成要素以水系为主（含湿地），另含滨水地区的自然要素，现状自然生态要素保持较好。

2. 三横即三条东西向生态主廊道

东起化龙地区的珠江造船厂、西至大石地区的沙浩岛，以位于番禺北部行政边界上的珠江主航道为核心的"水廊"。其主要是水系、湿地和内河岛屿。东部地区地处广州经济开发区和番禺之间，除部分已开发作为工业生产码头（如造船厂）的岸线带以外，基本生态状况尚好，西部因与广州主城区相接，沿岸建设量较大，自然岸线保存不佳，部分江岸已经完全硬质化。但是由于水系的连贯性和沿岸景观生态绿地的建设，该廊道依然是广州中部十分重要的景观和生态复合型走廊。

北部廊道西起钟村周边的山林和农田，经香江野生动物园、飞龙世界、森美反斗乐团及周边山林、农田向东穿过化龙农业大观延伸至莲花山和珠江。其组成要素比较全面，有山林地、农田、园地、水系和湿地。西面靠钟村附近的现状生态要素受城市建设影响较大，部分已被破坏，东面以化龙农业大观和湿地为主体的生态要素保持较好。

南部生态廊道西起滴水岩，沿沙湾水道向东延伸至珠江，共同构成网络型生态廊道。其中，番禺廊道系统中依托沙湾水道，结合鱼窝头生态农业区的东西走向廊道是珠三角地区的区域性主生态廊道；东侧依托珠江主航道和西侧依托洪奇沥水道的两条南北走向的水廊，是分别涉及东莞、深圳、香港和佛山、中山、珠海周边区域的次区域性生态廊道；中部依托蕉门水道纵贯全区的南北走向廊道和北部东西走向的陆域绿廊是广州市域性生态廊道。

14.4.2 规划规模

对生态性用地量的控制，必须立足于大区域范围内的总体平衡，参照已经试行的类似规划，在总量确定上必须达成生态用地主体地位，结合番禺的区域生态地位和生态环境现状，按生态性用地控制的土地面积，必须达到陆域总面积的45%～50%。本次规划的生态廊道控制区面积约为598km²，占番禺片区总面积的46%（番禺片区陆域加外围水域和河涌，总面积约1314km²）。

14.4.3 保护性土地利用性质、构成及规模控制

（1）湖泊区：水面70%以上，岛屿15%左右，最大岛屿1km²，岸线区域

15%，其中陆地区域，森林用地70%，草坡地15%，人工构筑物用地15%，且人工构筑物斑块最大面积不得大于250m×250m。

（2）湿地公园：不进行任何形式建设活动的自然保留地30%（主要是植被保存较好、具有相当自然群落的山体）；水面保持在40%～50%范围；部分植被较差的山体进行人工植被恢复，主要恢复为当地的植物群落，其中可进行部分的管理与旅游设施建设，总面积占20%～30%，其中人工构筑物总面积不得超过3%，且人工构筑物斑块最大面积不得大于250m×250m。

（3）生态农业区：农业生产土地面积约占60%，包括林地15%～20%，居住管理等用地约10%，道路、水面用地10%，其中人工构筑物斑块最大面积不得大于800m×800m。

（4）海岛观光农业区：中部为观光农业用地，面积约为60%，且最大农业斑块不大于3km×3km，林地需要15%～20%，居住管理等用地约10%，道路、水面用地10%，其中人工构筑物斑块最大面积不得大于300m×300m。岛的外围控制500～1000m的人工林地控制带。

（5）自然保护区：核心区域、缓冲区域、外围实验用地按自然保护区标准进行控制。

（6）城市森林：位于大都市区域内的以当地自然植被群落为主导生态功能单元。

（7）滩涂湿地自然带：以挡潮堤为界线，外围为自然湿地区域，内侧保留3km以上绿带，人工建设用地低于10%，且人工构筑物斑块最大面积不得大于200m×200m。

（8）城镇区内绿化带：全部为永久性森林林地，占95%以上，可以有不超过5%的草地，可以考虑2%以下的人工构筑物，但人工构筑物斑块最大面积不宜大于50m×50m。

（9）城镇郊区绿化带：永久性森林林地应该大于60%，生产性林地（苗木基地、荔枝林等）可占30%，人工构筑物（道路、加油站等）不得超过10%，且人工构筑物斑块最大面积不宜大于80m×80m。

（10）污染防护绿化带：永久性森林林地应该大于90%，人工构筑物（道路、加油站等）不得超过10%，且人工构筑物斑块最大面积不宜大于50m×50m。

（11）城镇区内"水"轴性景观绿化带：陆地上林地应占60%以上，草地低于20%，花卉园地占10%左右，人工构筑物斑块最大面积不宜大于50m×200m。

（12）城镇郊区"水"轴性环境保护带：陆地上自然地应占30%以上，林地应占40%以上，草地低于20%，人工构筑物斑块最大面积不宜大于80m×150m。

14.4.4 可开发的土地利用性质、构成及规模控制

廊道控制区内并非所有的用地都不能进行任何城市性开发建设，在不破坏生态平衡、不影响生态功能、不降低景观质量的基本前提下，在严格控制政策的引导下对廊道控制区内的部分用地进行生态性开发建设，以对土地的生态、景观价值维护、保育、修整为主，在发挥景观价值、自然价值的同时直接提高土地的经济价值，将有利于生态政策的整体推行。

建设项目确立必须满足的条件：以充分发挥生态性用地的生态服务功能为目标，在一定的限定条件下进行的以服务为主的辅助性开发建设。谋求生态效应为主、直接经济效益为辅，提倡"双赢"。严禁打着生态幌子违规开发；项目立项必须经过严格的生态评价过程；土地利用性质必须与土地自然特性相容，在不损失土地自然生态功能的同时可满足相应建设项目的使用功能；建设必须满足廊道控制性规划所制定的一系列生态指标和建设导则的要求；可以形成特有的绿色城市景观及村镇景观。具体可以选择的用地类型包括以下三大类。

1. 城市建设性用地类型

一类居住用地（R1）：对其建设形式、规模、绿地系统组织都作出特别详细规定的开发性用地。强调建设融于自然、充分尊重土地原有的生态特性。其建筑密度宜控制在20%以下，容积率小于0.30，建筑高度小于10m。主要针对廊道系统内结构性关键区中已经出让的建设用地，针对这种实际情况，结合生态廊道建设需要，作出相应的生态性补充规定，以尽量减少结构性廊道用地出让的整体生态损失。

旅馆业用地（C25）：某些生态功能单元的配套性服务设施。其建设形式、建筑密度、容积率、绿地率、绿化结构、节能指标等都应该有详细而具体的规定。其中建筑密度宜控制在15%以下，容积率小于0.40。

游乐用地（C36）：以户外性游乐项目开发建设为主，建筑密度应控制在5%以下，容积率小于0.10。建设模式还必须结合土地的自然特性（如地形、植被、水系等）。

体育用地（C4）：以户外、野外体育项目开发为主，必须利用原生地形、植被等生态元素。允许配建少量服务性设施，建筑密度应控制在5%以下、容积率小于0.10。

休养、疗养用地（C53）：结合自然山水的健康加油站，强调建设融于自然，充分尊重土地原有的生态特性。其建筑密度宜控制在20%以下，容积率小于0.50，建筑高度小于10m。应该配合大的生态功能单元统一考虑，对一定地域范

围内的该类用地总量有严格控制，防止出现"天下名山，疗养院多"的怪现象。

教育科研设计用地（C6）：结合生态科研和教育基地设置的辅助性设施用地。

文物古迹用地（C7）：配合当地的人文遗存的保护性用地，除古迹本身外，辅助性设施的建筑密度宜控制在10%以下，容积率小于0.30。

绿地（G）：主要指廊道内的风景名胜区和具有观光旅游功能的生态保护区等。

2. 农村建设用地类型

针对位于生态廊道内的乡村农业地区，其建设策略以调整为主，促使传统农业逐渐向生态农业、观光农业转换。由单纯的农产品生产转向农业生产与旅游、自然维育相结合，在改善环境质量、维护生态平衡的同时，切实提高农村地区的整体经济实力，增加农民收入。因此，应着重调整农村居民点的数日、建设强度和附属生产设施的布局，提高土地的社会综合生态效益。

村镇居住用地（E61）：生态廊道内的村庄目前在控制非农建设规模的基础上可予以适当保留，远期根据生态廊道的具体结构进行相应调整。逐渐引导迁村并点集中建设，适当提高局部地点的建设强度，迁出的居民用地逐步退宅还绿，部分农村居民点归还成生态用地。

村镇企业用地（E62）：全面推行生态化建筑模式，严格控制开发性质、开发强度、建设总量、建设模式。

3. 农业生产用地类型

农田：对农田布局进行调整，根据生态功能发挥的需要，一方面，部分退耕还湖、还湿地、还森林；另一方面，大力推行生态耕种方式，逐步脱离农业对石油的依赖，提高农业产品品质，充分发挥土地生物生产效益。

园地：根据土地的自然生态特征对园地布局进行调整，部分园地退耕还林、还草；提倡对园地的复合式经营，在发挥农产品生产功能的同时带动第三产业的发展。

苗圃：根据土地的自然生态特征和市场发展，适当扩大苗圃用地，提倡复合经营。

14.5 番禺生态廊道系统功能定位

14.5.1 番禺片区生态斑块规划

本次规划重点控制最为重要的两级"斑块"系统，涵盖"面"和结构性的

"点"。按照所产生生态功能的强弱、作用区域的大小，分别称为"重点斑块"和"次级斑块"。

第一层级"重点斑块"分为自然性斑块和半自然性斑块两种类型。前者包括钟村山水生态区、海鸥岛生态区、南沙新垦滨海滩涂生态区、化龙山林湿地生态区、大夫山—滴水岩森林生态区；后者包括鱼窝头生态农业区、榄核浅海涌农业区、潭州生态农林复合区、黄山鲁森林风景区。

第二层级次级斑块也分为自然性斑块和半自然性斑块两种类型。前者包括大虎岛自然保护区、龙穴岛入海口生态区；后者包括莲花山风景名胜区、黄阁山林度假区、万顷沙（洪奇岛）观光农业区。

对于重点控制层级以下的生态斑块，本次规划不作具体规定，仅根据其性质特点制定相应的保护建设导则。根据保护建设导则的相关内容，在具体规划的过程中进一步确定详细政策。

第一层级和第二层级斑块的相应功能以及保护与建设控制措施，如表 14-1 所示。

表 14-1　广州番禺片区廊道系统"斑块"规划控制对策一览表

编号	生态单元名称	生态属性	生态功能	保护与控制生态要素	生态保护策略	建设主题
1	粤湖（钟村山水生态区）	自然性斑块	1. 联结番禺与广州中心城区和佛山的重要生态节点及生态功能区	1. 人工湖泊 2. 飘峰山 3. 岛屿 4. 古村落 5. 古水道 6. 花木林	1. 联结小块水体，形成广阔水面，蓄水、防洪、排涝、灌溉调节、改善地区小气候，开发区域生态旅游资源，提升广州地区的经济竞争能力为一体的综合生态功能区 2. 远期置换飘峰山南侧山脚下的工业园，近期控制其发展规模 3. 处理好与顺德的扩展关系 4. 疏浚古河道，将水田开辟为湖区，加强生态功能 5. 保护古村落完整空间格局，保护苏氏、雷氏宗祠等重点文化遗存，保护历史文化遗产 6. 建议规划中的西部干线东移，经飘峰山打隧道，从钟村工业园区西侧边缘通过 7. 建议规划中火车站充分考虑生态要素	1. 开辟人工湖 2. 生态复建 3. 旅游 4. 度假 5. 旅游商贸 6. 宾馆 7. 低密度住区

编号	生态单元名称	生态属性	生态功能	保护与控制生态要素	生态保护策略	建设主题
2	海鸥岛生态区	自然性斑块	1. 沙湾水道与珠江水道交汇处的重要生态敏感区 2. 珠江番禺段最大的岛屿与江心田园风光的主要载体 3. 与东莞之间的生态隔离带 4. 广州主导风向的来风口 5. 广州新城水上观景门户	单元完整面积较大20.35km² 1. 河涌 2. 农田 3. 山林 4. 湿地	1. 保护自然岸线的原生性 2. 加强自然生态保护,禁止高强度的人为干扰 3. 谨慎适度开发休闲旅游设施 4. 增加林地面积 5. 实施生态建设,增加生物多样性,重点推进引鸟工程 6. 适当增加水面,提高生态功能	1. 生态复建 2. 生态农业 3. 高档旅游观光产业 4. 高档会议接待
3	南沙新垦滨海滩涂生态区	自然性斑块	1. 海鸟迁徙的重要栖息地之一 2. 珠江出海口重要的生态功能区之一 3. 海陆交错带的生态敏感区 4. 生物多样性富集区 5. 防止海水入侵,保护上游水体质量的重要地区	1. 滩涂湿地 2. 红树林 3. 海岛 4. 海岸带生物	1. 禁垦 2. 设立自然生态保护区(保护各生态要素) 3. 控制发展带有水体、气体污染的工业 4. 严格控制区内人流量	1. 自然生态保护区 2. 科研科普教育基地
4	化龙山林湿地生态区	自然性斑块	1. 珠江交汇处重要的生态敏感区 2. 番禺片区与中心城区东部重要的隔离带和交接地带 3. 湿地功能	1. 自然山林 2. 河道水网 3. 生态农田	1. 工业相对集中,将化龙镇中心工业区置换出此区域,建议布置在金湖工业区东侧集中布置 2. 恢复山林生物群落,禁止开挖山体 3. 保护与恢复水体生态功能,控制养殖业发展,限制污染排放,防止水体富营养化 4. 促使传统农业转化为生态农业	1. 湿地生态科研基地 2. 生态农业科研基地 3. 科普教育基地

续表

编号	生态单元名称	生态属性	生态功能	保护与控制生态要素	生态保护策略	建设主题
5	大夫山—滴水岩森林生态区	自然性斑块	1. 水源保护区 2. 森林生态系统保护区	1. 森林生态系统 2. 水体 3. 陆生生物	1. 建议规划的西部干线移至该地区西侧，以保持生态功能单元的完整性 2. 加强对原生植被的维育，改善林相 3. 保护水体质量 4. 培育生物多样性	1. 自然生态保护区 2. 森林公园 3. 科研基地 4. 科普教育 5. 旅游休闲
6	黄山鲁森林风景区	半自然性斑块	1. 山林生态敏感区 2. 南沙新区的城市绿心	1. 山林 2. 山体	1. 保护水体、山体 2. 强化对已破坏山体的生态修复 3. 控制岸线开发强度，采用生态手法建设岸线与港口码头 4. 慎重选择开发项目，防止不当开发对生态资源的损害	1. 风景区 2. 旅游休闲开发 3. 高档居住区 4. 港口码头
7	鱼窝头生态农业区	半自然性斑块	1. 番禺片区的生态绿心 2. 基本农田保护区 3. 广州城市自然特色"山城田海"的重要组成部分 4. 岭南农业文化基因库	1. 基本农田 2. 花木苗圃 3. 河涌	1. 控制和引导区内现有及已批准工业发展，加强对工业污染的防治和环境保护工作 2. 工业用地集中布置建设，将镇区南部河涌交汇处的生态敏感区域内的规划布置的工业用地调整至镇区周围集中布置 3. 保护基本农田，发展优质观光农业，走农业产业化、生态化、集约化的道路	1. 旅游 2. 观光生态农业 3. 高附加值的农副产品加工业
8	潭州生态农林复合区	半自然性斑块	1. 山林生态敏感区 2. 现代化新型农业村镇示范区	1. 山林 2. 植被 3. 农田 4. 河涌	1. 保护山林和基本农田 2. 培育立足当地自然环境特点的特色高效农业生态系统 3. 慎重选择落户区内的工业项目，防止工业生产对资源的损害 4. 农业科研与集约化生产结合示范区	1. 农林科研基地 2. 观光农业 3. 观光林业 4. 旅游休闲

续表

编号	生态单元名称	生态属性	生态功能	保护与控制生态要素	生态保护策略	建设主题
9	榄核浅海涌农业区	半自然性斑块	1. 沙湾水道水源保护区 2. 基本农田保护区	1. 水质 2. 农田 3. 河涌 4. 果林	1. 保护基本农田 2. 保护水体水质 3. 控制区内工业性质和发展方向，杜绝引入污染企业 4. 番禺片区休闲农业示范点	1. 旅游休闲 2. 绿色农业
10	大虎岛自然保护区	自然性斑块	鱼类洄游产卵场	1. 海岛 2. 鱼类 3. 水体	1. 保护其岛屿原生生态状态，按国家自然保护区有关规定严格控制 2. 严禁对大虎岛地区进行任何开发建设	1. 生态复建 2. 科研基地 3. 自然保护区
11	龙穴岛入海口生态区	自然性斑块	1. 自然保护区 2. 南海港口区的自然地标	1. 山体 2. 海岸 3. 水体 4. 生物	1. 保护山体及山林植被现状，严防港口建设过程中的建设性破坏 2. 保护海岸线原生状况 3. 保护沿岸海水水质，防止港口水污染	1. 自然保护区 2. 科研基地 3. 科普教育
12	莲花山风景名胜区	半自然性斑块	1. 珠江狮子洋的重要自然地标 2. 广州新城和化龙工业区之间的城市发展控制带 3. 山林生态敏感区	1. 莲花山 2. 山林 3. 风景名胜	1. 破坏的山体和植被 2. 以自然条件为基础，建设服务于区域的特色旅游区 3. 保护文物和名胜古迹	1. 旅游休闲 2. 观光度假 3. 高档居住区
13	黄阁山林度假区	半自然性斑块	1. 南沙新城生态绿心 2. 城市休闲活动区	1. 山林 2. 生物	1. 严格控制建设开发过程中对自然山体的破坏，防止生态资源损失 2. 加强山林植被的维育，改善林地质量	1. 森林公园 2. 休闲度假 3. 高档居住区
14	万顷沙（洪奇沥）观光农业区	半自然性斑块	1. 洪奇沥水道入海口冲积岛屿生态敏感区 2. 特色水、陆交接地域复合农业区	1. 农田 2. 河涌 3. 洪奇沥水道	1. 改变单一的农业产业结构，加强农业生产相关的第三产业的发展 2. 促使农业走绿色生态化、多样化、集约化道路 3. 大力发展高附加值的观光农业，建设农业公园	1. 复合生态农业 2. 农业观光 3. 特色旅游

14.5.2　番禺片区生态廊道规划

本次规划重点控制在广州大城市区域空间构架搭建中具有特殊作用、对城市发展具有引导意义的"结构性廊道"。通过这些"结构性廊道"把所有重要的"斑块"串联成一个有机整体，促进各类生态要素（生物、水、空气等）的流通和交换，并充分发挥生态用地的集约效应，提升相应生态服务功能。根据广州番禺片区自然环境现状和城市空间扩展趋势，共确定五条"结构性廊道"。

1. 沙湾水廊

该廊道是贯通珠江三角洲地区十分重要的东西走向的结构性生态廊道，是区域的生态"绿心"。联结着大夫山滴水岩森林生态区、榄核浅海涌农业区、北部绿廊、鱼窝头生态农业区、珠江水廊，辐射力影响到整个珠江三角洲地区。它具有促进大区域内生态资源和要素交流与沟通、涵养区域水资源、防止珠江水系水质恶化、创造优美城市沿江景观的重要作用。

2. 珠江水廊

该廊道是一条次区域性的重要生态廊道，它穿过广州市，影响着整个珠江水系所涵盖的地域范围。本次规划控制的番禺段，横亘于广州市和东莞市之间，虽然是廊道的下游区域，因为处于入海口，具有独特而重要的生态作用。它不仅包含重要的珠江入海口生态敏感区，而且是广州地区最为重要的空气走廊，同时还是重要的交通运输大动脉。在形态结构上，珠江水廊由珠江主航道水道和两侧岸域一定宽度的绿带共同构成。

3. 洪奇沥水廊

该廊道也是一条区域性生态廊道，它影响着广州、佛山、中山三个城市的生态环境。它串联并沟通着钟村山水生态区、大夫山—滴水岩森林生态区、榄核浅海涌农业区、潭州生态农林复合区、万顷沙（洪奇岛）观光农业区、南沙新垦滨海滩涂生态区等一系列重要生态"斑块"。目前，整个流域具有良好的生态基础，蕴含着强大的生态服务功能和生态开发潜力。在形态结构上，洪奇沥水廊由洪奇沥水道、江心岛屿和两侧岸域一定宽度的绿带共同构成。

4. 北部绿廊

该廊道是广州市内最重要的一条生态廊道。其主体位于原番禺城市建成区和广州新城之间。一方面，设置该绿廊在于重点防止这两大城市建成区在发展过程中发生空间粘连，以保证城市发展能够被控制在合理的规模之内；另一方面，该绿廊具有联系和沟通钟村山水生态区、化龙山林湿地生态区、大夫山滴水岩森林生态区、鱼窝头生态农业区四大"斑块"的重要作用。对于生态要素的流动、生态用地相应生态服务功能的发挥和效率提升都具有重要意义。在空间形态上，本廊道主要由各类农田、山林、河涌等自然和半自然地块串缀形成。

5. 蕉门水廊

该廊道是番禺片区内部的一条南北向生态廊道，联结着沙湾水廊、鱼窝头生态农业区、黄山鲁森林风景区、黄阁山林度假区、珠江水廊。不仅具有河口交汇区的特殊生态功能，而且蕴含着丰富的景观资源，同时还具有重要的航运功能。

对于结构性廊道以下的分支廊道，本次规划不作具体规定，根据其性质特点制定相应的保护建设导则，在具体规划的过程中再根据本次规划制定保护建设导则的相关内容，进一步确定详细政策。番禺片区廊道系统规划控制对策，如表14-2所示。

表14-2 广州番禺片区廊道系统规划控制对策一览表

编号	生态单元名称	生态属性	生态功能	保护与控制生态要素	生态保护策略	建设主题
1	沙湾水廊	水系廊道	1. 珠江三角洲一条重要的区域性东西走向生态廊道 2. 联结着大夫山滴水岩森林生态区、榄核浅海涌农业区、北部绿廊、鱼窝头生态农业区、珠江水廊 3. 涵养区域水资源、防止珠江水系水质恶化 4. 广州新城、番禺老城区优美城市沿江景观带 5. 重要的航运水道	1. 水体水质 2. 水源保护 3. 城市森林 4. 岸线绿带 5. 滨水景观	1. 加强生态建设，尤其是水源保护区的生态建设，涵养水源，提高水质 2. 合理分配人工岸线和自然岸线的比率，保证水陆过度敏感区的生态平衡和健康发展 3. 控制和引导流域沿线的产业发展，防止不当产业发展对环境造成危害 4. 加强沿岸城镇地域滨河景观游憩带的建设	1. 区域生态要素交换与沟通 2. 水源保护 3. 特色滨水休闲区 4. 沿江绿带 5. 流域污染控制 6. 景观多样性建设

续表

编号	生态单元名称	生态属性	生态功能	保护与控制生态要素	生态保护策略	建设主题
2	珠江水廊	水系廊道	1. 广州与东莞之间的区域性生态廊道 2. 珠江入海口重要的生态敏感区 3. 广州地区最重要的空气走廊 4. 重要的水上交通运输大动脉	1. 水体水质 2. 岸线 3. 水生生物 4. 空气流通 5. 航运	1. 保护水体水质，限制沿岸地域工业性质、工业区建设总量和城镇居民点建设总量 2. 保护岸线景观，防止开发过程中侵占公众景观资源，以及对沿江景观的不当占用 3. 保护水岸原生生态，维持一定规模的自然岸线	1. 区域空气走廊 2. 重要的生态性水道沿岸产业带 3. 港口开发 4. 临港工业生态化
3	洪奇沥水廊	水系廊道	1. 广州、顺德、中山之间的区域性生态廊道 2. 联结并沟通钟村山水生态区、大夫山滴水岩森林生态区、榄核浅海涌农业区、潭州生态农林复合区、万顷沙（洪奇岛）观光农业区、南沙新垦滨海滩涂生态区等重要生态"斑块" 3. 整个流域具有良好的生态基础，蕴含着强大的生态服务功能和生态开发潜力的天然水系	1. 红树林 2. 滩涂 3. 海岸生物 4. 水体水质 5. 农田 6. 城市森林 7. 湖泊 8. 迁徙鸟类	1. 建设区域性的自然生态水廊，发挥其对区域生态服务功能 2. 严格控制沿江地域的开发建设，防止对水体的污染和破坏，保护区内下游的红树林自然保护区 3. 调整区内产业结构，大力发展生态性、复合型高效农业和观光休闲性旅游产业 4. 建设区内生态环境，调整生态系统结构，提升生态服务效率 5. 建议万顷沙镇延洪奇沥水道规划的工业区调整至对流域影响较小的地域重新布点	1. 建设区域性自然生态水系廊道 2. 保护原生生境 3. 增加生物多样性 4. 调整产业结构 5. 调整特色农林渔业发展带

续表

编号	生态单元名称	生态属性	生态功能	保护与控制生态要素	生态保护策略	建设主题
4	北部绿廊	陆域廊道	1. 原番禺城市建成区和广州新城之间控制城市空间结构的重要屏障 2. 联系和沟通钟村山水生态区、化龙山林湿地生态区、大夫山滴水岩森林生态区、鱼窝头生态农业区四大"斑块"发挥生态集约效益	1. 山林 2. 农田 3. 河涌 4. 花果林 5. 小型哺乳类动物	1. 尽量保存该区域内的生态原生地，保证该区域内山系、水系的连续性，保护原生植被。构建"生物走廊" 2. 逐步迁出区内的工业和大型城镇居民点，对先期开发造成破坏的地域进行生态恢复建设 3. 发展绿色高效农业，使产业发展与生态平衡相得益彰 4. 严格限制非生态性开发建设，并控制建设总量	1. 恢复生态 2. 迁建工业，调整产业结构 3. 保护生态原生地，增加生物多样性
5	蕉门水廊	水系廊道	1. 番禺片区内部的一条南北向生态廊道 2. 联结着沙湾水廊、鱼窝头生态农业区、黄山鲁森林风景区、黄阁山林度假区、珠江水廊 3. 河口交汇区的特殊生态功能 4. 丰富南沙新区城市水岸景观 5. 重要的航运水道	1. 岸线绿带 2. 滨水景观 3. 航运	1. 保护区内山林地生态环境，强化其生态服务功能 2. 建设与自然共生共荣的城市生态环境 3. 提升区内城市建设取得生态品味和环境档次 4. 合理开发滨水岸线 5. 达成生态廊道系统与城市环境的网络状有机融合	1. 保护山林 2. 高档游憩地 3. 生态居住地 4. 水岸景观

14.6 生态廊道控制性指标体系及规划策略

14.6.1 分级控制体系的建立

1. 分级控制指导思想

本次规划对廊道系统的分级本着"积极"的指导思想，突破以往常规对城市生态用地的"消极"保护方法，强调对廊道系统中生态用地的积极建设：一方面，在维护其肌体健康、保证其系统良性运转的同时，谋求最大限度地发挥生态服务功能，以利于城市生态系统的整体生态平衡；另一方面，通过分级控制，在有效防止城市建设对基本生态用地的侵蚀的同时，促使城市生态性用地渗入成片城市建成区，并联系成有机网络，充分发挥生态作用。

2. 分级体系

在大区域、超尺度空间范围内进行生态性控制规划，由于实地自然环境千差万别的特点，不同地段人类建设活动强度的不同，都决定了按照统一的指标体系进行控制是不现实和不科学的。为了便于规划指导实施和控制管理，按照不同的重要性梯度，把生态廊道内各个地块在城市生态系统功能发挥中相应的生态地位人为划分为三个层级，即"一级控制区"、"二级控制区"和"三级控制区"（图14-4）。对于无法正常纳入三级系统的带状地块，特别命名为"廊道地块"，其保护级别和重要性以及控制原则等同于"一级控制区"。

每一层级形成一系列保护、控制与建设指标，这些指标之间具有一定内在的逻辑性——相互制约和促进，以防止单项指标不当造成生态破坏，并保证开发建设与生态维育的相辅相成，由控制性指标和"建设导引"两部分组成。控制性指标是生态廊道建立所必须遵循的相关控制要素；建设导引是指从整体生态效率发挥角度出发，针对具体地块实际状况，提出的具体建设建议和注意要点。

在遵循生态系统运作规律的基础上，将城市生态用地与城市建设用地的控制相协同，生态廊道地块的划分依据有以下原则：尽可能保证基本生态功能单元的地域完整性；考虑城市发展、扩张的相应规律，结合城市道路格网的基本形态；综合考虑自然山水边界尺度与城市空间尺度，每一地块适当控制。

3. 各级控制要点

1）一级控制区
生物多样性很丰富，不但具有突出的生态服务功能，而且具有突出的生态和景观特色；现状人工干扰和破坏较少；对维护城市生态系统良性运转和形成廊道结构具有重要意义的关键地域。

（1）功能作用：对保持大城市连绵区内物种多样性、景观完整性和多样性有重要意义。对维持城市环境质量，推动城市生态系统的健康发展具有重要的作用。划分大城市连绵区内城市空间格局，控制城市发展方向。

（2）控制原则：保护与优化。

（3）控制要点：自然生境，以尽量保持环境的原真性为主导，保证系统维

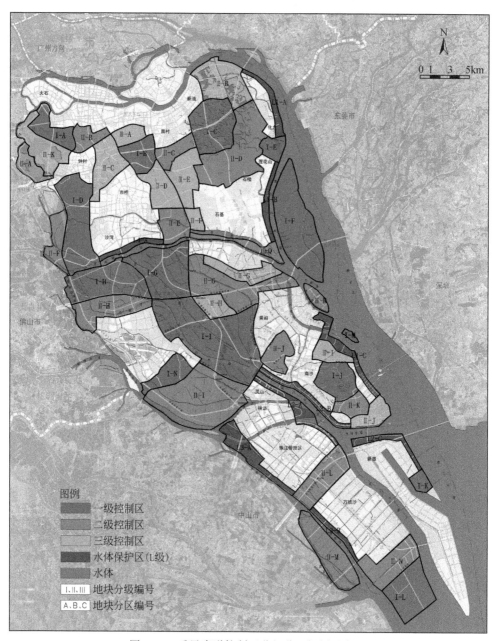

图 14-4　番禺廊道控制区分级分区规划示意图

持运作的基本需求。同时允许因特殊情况建设不超过限定数量和形式的人工构筑物存在，以满足相应人类活动的需要。例如，水系、山体、湿地、城市森林、自然保护区、水源保护区、滨河地带。

人工管理半自然生境，以严格限定人类活动（如科研、生态农业等）为主导，强调人类活动与自然生态的协调和统一。在该区域内开发建设的强度、模式都要有相应的严格规定。例如，与原生自然生态系统关系密切的人类游憩区和活动区（各种类型的生态公园、森林公园、疗养地、生态科研基地等），以及完整的高效农业生态系统。

2）二级控制区

生物多样性比较丰富、生态服务功能较强、具有一定生态和景观特色；现状存在一些人工干扰和破坏；对城市生态系统良性运转效率提高和形成廊道结构具有特殊意义的地域。

（1）功能作用：避免城市蔓延过程中侵占生态用地，保证生态廊道系统的结构完整性。加强生态廊道系统生态功能，提升生态服务效率。突出特色景观，引导城市空间扩展。

（2）控制原则：控制与恢复。

（3）控制要点：强调对原生生态环境进行有目的的修复。建设活动必须满足相关要求，如限定建设性质、控制开发强度、划定具体建设的区域和面积等。例如，临近核心区周边的已开发用地、生态胁迫区；滨水绿带、水体、山体、山麓、坡脚附近的已开发地带等。

3）三级控制区

有一定的生物多样性和景观特色，对生态廊道整体生态服务的完善有重要意义，但是现状人工干扰较大，已有相当建设规模和建设强度的地域。

（1）功能作用：充分发挥廊道的生态功用，增强城市生态环境的内在活力。

（2）控制原则：引导与限制。

（3）控制要点：需要对开发建设的强度、方式、空间格局和区域发展模式精心调控，制定相应的政策进行引导。例如，临近缓冲区、核心区开发强度大的地域。

4）廊道地块

廊道地块指在整个番禺片区生态廊道系统中具有保证廊道系统性、有机性、整体性有重要作用，但又无法纳入前述三级控制地块的带形城市生态用地。

（1）功能作用：对保证生态用地系统的整体性、有机性、系统性具有重要意义。控制城市空间结构和发展方向，维护城市生态系统平衡。

（2）控制原则：因势利导。

（3）控制要点：立足该地带的自然条件，充分发挥带形区域内的生态优势，在生态维育的基础上，结合相邻城市地域的建设主题，设定适宜的开发项目、开发方式和开发强度。

4. 生态绿线

生态绿线范围：核心保护区、生态缓冲区、建设协调区和廊道地块共同构成的整个番禺地区生态廊道大系统的外包络界线。

控制要点：在此界线以内的土地利用在任何情况下都必须服从于发挥生态服务功能的需求。在保证维护特殊生态用地自然生态原真性的基础上，优先发展对城市生态系统平衡具有建设作用和维育功能的相关项目。必须严格按照廊道的生态要求进行开发模式、强度乃至具体空间格局的管理和控制。

14.6.2 控制规划地块编号

一级控制区地块编号以罗马数字"Ⅰ"开头。从Ⅰ-A～Ⅰ-M共计13块。
二级控制区地块编号以罗马数字"Ⅱ"开头。从Ⅱ-A～Ⅱ-S共计18块。
三级控制区地块编号以罗马数字"Ⅲ"开头。从Ⅲ-A～Ⅲ-P共计15块。
廊道地块编号以汉语拼音"L"开头。根据所处地域不同，分为四组：L1-A、L1-B、L1-C，分布于珠江水道区域；L2-A、L2-B、L2-C，分布于蕉门水道；L3-A、L3-B，分布于洪奇沥水道；L4-A，分布于沙湾水道。共计9块。

14.6.3 一级控制区生态控制指标

本级指标由对地块内生态环境进行保护的控制性指标和通过生态建设促使生态环境进一步优化的建设导引组成（图14-5）。

1. 控制性指标

对地块基本状况的描述性与规定性指标，包括用地编号、用地性质、用地面积，共3个指标。对地块内水域状况的控制指标，包括水体面积、河道宽度、滨河绿带宽度、滩涂（面积），共4个指标。对地块内自然生境状况的控制指标，包括林地面积、草地面积、山体面积共3个指标。对地块内农业生产用地的控制指标，包括果园、农田（旱地、水田）共3个指标。对地块内辅助设施建设用地的控制指标，包括辅助用地（用地面积、建筑密度、设施类型）3个指标。对地块内生态状况的控制指标，包括不透水地面面积、人口容量2个指标。

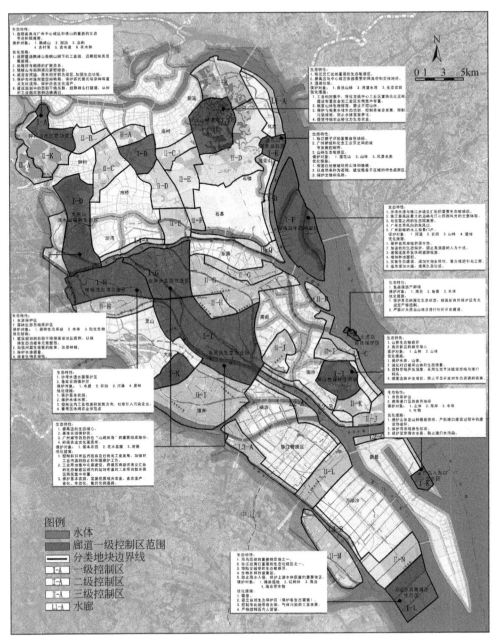

图 14-5　廊道一级控制区分布与控制示意图

2. 建设导引

一是生态功能定位，对地块所发挥生态功能的界定。二是主要保护对象，保证地块内生态系统平衡和良性运转的关键物种。三是生态保护要点，维护地块内生态系统平衡的相关基本要求。四是土地使用控制，对地块内各种生态用地类型的相应规定。五是生态优化与多样性，促使地块内生态系统功能增强和多样性增加的措施和引导。六是产业发展方向，地块内社会经济与生态建设协调发展的产业引导。七是空间布局要点，地块内生态用地的空间形态、空间结构与分布特点，以及与区外生态用地的空间系统的关系等要求。

14.6.4 二级控制区生态控制指标

本级指标由对地块内生态环境进行恢复控制的控制性指标和建设导引组成（图 14-6）。

1. 控制性指标

与一级控制区生态控制指标一致，但相应的控制标准有所差异。

2. 建设导引

一是生态功能定位，对地块所发挥生态功能的界定。二是建设控制要素，对地块内规划的建设与开发项目达成与环境平衡发展所必须遵循的相应规律和控制的建设要素。三是生态恢复类型，通过生态建设地块内生态用地所要达成的相应生态系统类型。四是产业发展方向，地块内社会经济与生态建设协调发展的产业引导。五是空间布局要点，分为生态用地空间布局要点和建设用地布局要点两类。生态用地的空间形态、空间结构与分布特点，以及与区外生态用地的空间系统的关系等要求；地块内建设用地的空间形态、空间结构特点（着重选择顺应生态系统运作要求的建设形式），以及与区外生态用地和建设性用地之间的空间关系要点。

14.6.5 三级控制区生态控制指标

本级指标由对地块内建设与开发进行引导和限制的控制性指标（涵盖生态用地、建设用地控制性指标）以及对生态环境进行生态建设的建设导引所共同组成。

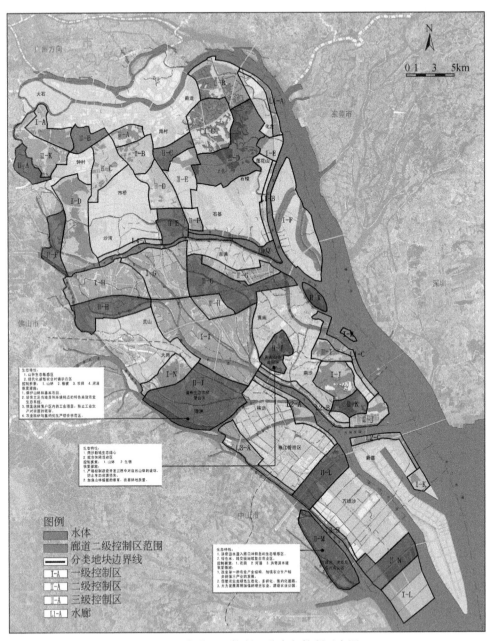

图 14-6　廊道二级控制区分布与控制示意图

1. 控制性指标

对地块基本状况的描述性与规定性指标，包括用地编号、用地性质、用地面积共 3 个指标。

2. 生态用地控制性指标

对地块内水域状况的控制指标，包括水体面积、河道宽度、绿带宽度共 3 个指标。对地块内自然生境状况的控制指标，包括林地面积、草地面积、山体面积共 3 个指标。对地块内农业生产用地的控制指标，包括农田（旱地、水田）3 个指标。

3. 建设用地规定性指标

建设用地规定性指标，主要包括建筑密度、建筑限高、容积率、绿地率、外向绿地比例、建筑后退红线和配套设施等（图 14-7）。

14.7 番禺片区生态廊道建设政策导控

14.7.1 建设与管理问题

1. 生态服务观念及由此带来的观念上的冲突

生态的服务功能及由此带来的生态价值是潜在的、长远的、递增的，生态服务的环境基础是产品经济长足发展的平台。传统的发展模式，追求产品经济，而忽视生态保育的方式是片面的，而且贻害无穷。建设与管理中遇到的最大阻力多来自于此。地方政府、企业、个人因缘于地方、部门和个体的暂时及局部利益与矛盾，回避生态问题，忽视自然环境保育，这一现实问题必须通过革新观念，统一认识来为整体的协调行动奠定基础。

2. 行政区域的生态整合及由此带来的管理上的冲突

生态服务平台的建立是以一定区域的自然环境中各种要素的综合影响为基础的。因此，生态廊道往往与次级的行政分区并不完全一致，多是跨行政分区的，于是行政管辖在生态问题上就需要有关部门的协同与配合，以避免跨行政区域的生态整合及由此带来的管理上的冲突。

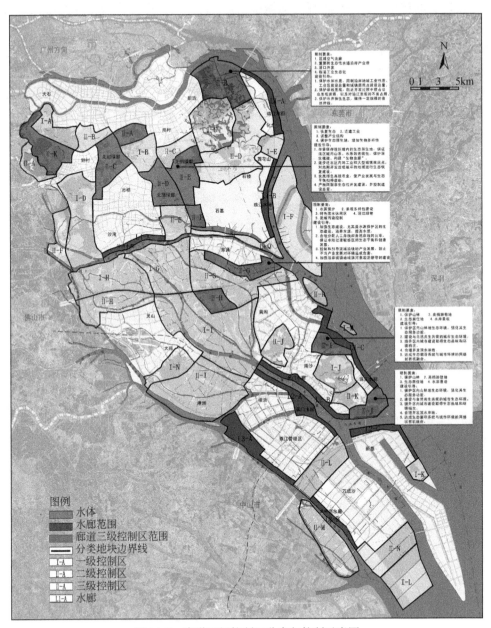

图 14-7　廊道三级控制区分布与控制示意图

3. 近期、局部开发利益与长远区域整体效益在时间、空间上的冲突

近期与远期、局部与整体利益的冲突在城市建设中是普遍存在的，但具体到

生态廊道的建设，因为生态廊道对城市结构、城市开发时序、城市开发模式的较大影响，这两个矛盾就显得尤其突出。但是，"自然要素现在和人类在一起，成为宇宙中的同居者，参加到无穷无尽的探索进化过程中，生动地表达了时光流逝的经过，它们是人类生存必要的伙伴，现在又和我们共同创造着世界的未来"。我们在对城市建设的探索进化过程中，必须主动地解决近期、局部开发效益与远期区域整体效益在时间与空间上的冲突，和自然要素一起共同创造我们的未来。

14.7.2　建设与管理的策略

1. 建立经济、社会、环境在空间地域上的协调机制

本次城市生态廊道控制性规划是对城市宏观空间格局和生态系统均衡发展的总体把握，在研究番禺与周边行政接壤区域、番禺片区内各镇域之间经济、社会、环境在空间地域上的协调发展基础上，强化番禺片区域规划与周边地区的协调，以及番禺片区内各镇域之间的协调，促进不同行政区之间加强协作，共同提升生态环境的建设质量。在城市开发和建设过程中，近期与远期、局部与整体利益的冲突是普遍存在的，必须主动地解决近期、局部、开发效益与远期、区域整体效益在时间与空间上的冲突，这就需要有区域性的合作和统一行动。自然资源的开发会产生复杂的外部效果，对它们的开发和保护直接关系到整个区域的利益。因为生态用地系统的建设是一个跨行政区的系统工程，所以必须建立宏观的、系统的城镇发展协调机制。具体到城市区域生态用地系统的规划，需要加强生态资源开发与保护的区域合作，建立协同的区域合作机制，实现区域生态保育一体化。

区域协调机制是关于区域协调的制度，指为实现区域协调、健康发展，协调各种利益主体之间的矛盾，统筹安排密切相关的事务，所建立的一整套措施手段和法定程序，以及为此而制定的相关法律和协调关系的政策。

2. 建设与管理中政府的定位与作用

政府在生态廊道建设与管理中的地位应该是主导的、宏观的，其所起的作用应该是强有力的控制、指导与协调。如果脱离政府的主导地位和政府的强力控制、指导与协调，生态廊道建设的落实与推进，就会遇到空前的阻力。

3. 尊重市场规律，强化经营理念

尊重市场规律，以市场经济模式管理和经营开发生态廊道。生态廊道的建设既是一个动态开放的、不断优化细化的过程，也是一个不断暴露矛盾的过程，因此必须结合市场运作的规律和经验，根据市场经济的特点，灵活地选择开发建设的模

式，以便于平衡土地利益冲突，拓宽建设资金渠道，提高生态廊道建设的效益。

城市的区位、土地、山林水体、动植物矿藏资源、公用设施水平、产业品牌和重要的人力资源等，都是经营城市的资本和形成城市综合竞争力的物质基础。在这样的物质基础之上，城市的发展变化有其内在的经济规律，而发展的过程中又受到市场规律的制约与影响。因此，政策指引与规划的落实必须考虑市场规律，尊重市场规律，利用市场规律为落实生态廊道服务。其具体表现在以下几方面。

（1）利用市场规律，制定灵活的利益补偿措施。为拆迁、移建和项目变更优选创造条件。同时还要考虑近期利益与长远利益得失的综合平衡。

（2）利用市场规律，形成多渠道融资、多种方式引进资金的开发模式。生态廊道建设与维育，一方面，需要大量的资金投入，因而需要有灵活的融资模式。另一方面，生态廊道本身也可作为经营实体，结合适度的旅游与服务项目，以经营效益来维持自身的管护与修缮费用。

（3）利用市场规律，合理培育和引导级差地租。生态廊道的建设会较大的影响周边城市用地的批租，因为生态廊道的建设无疑会提升廊道与斑块自身及其影响区域或区段的环境质量，对由此而引起的地价变化应作好预测，并应进行合理的培育和引导。

4. 生态廊道建设的政策保证

搞好规划管理，严格控制土地批租与开发，严禁违章违规建设，做好规划与建筑法规宣传，重点抓好公共设施和生态环境建设，减少管理层次，提高行政效益；建立一种环境保护和经济发展相协调的政策环境，使环境资本开发者、经营者能够规范地进行市场经济活动，并受到法律的保护；促进规划管理进一步完善，减少管理层次，提高行政效益，废止不适应现代生态城市建设的政策桎梏；抓好公共设施和生态环境建设，严格控制土地批租与开发，严禁违章违规建设，更有效地保护人类的自然生态环境。

（1）界定自然资源的产权。除无法明确产权的特殊公共资源如水、空气以外，政府可以对其他自然资源通过立法、授权，以及配额、利用许可、开业许可和其他法律工具，建立私人或企业对公共资源的有限使用权。例如，森林、湖泊等自然资源，可以长期出租，使公共资产运营"私有化"。促使人们像爱护私有财产一样自动地珍惜和保护环境。

（2）建立资源保护的补偿制度和地方财政转移支付补贴。

（3）建立排放许可制度。政府根据社会成本收益分析，确定一个目标污染水平，按此数量印制许可证，然后向污染企业分配这些许可证的份额，以控制污染。那些能够以低代价减少其排放的企业可以把它们的许可证出售给其他企业；那些不能以低代价减少其排放的企业，可以购买继续排放的权利。

（4）加强规划管理，认真贯彻执行《城市规划法》。加强城市生态资源与文化资源的建设与管理，切实做好与廊道系统相关的原生生境和历史文化遗产的保护。认真执行"一书两证"制度，凡在规划范围内选地定点的项目，必须符合廊道规划。

（5）加强规划管理队伍的建设。着重培养具有生态城市理论基础的管理人才，加快现代化技术手段在城市领域中的应用，不断提高城市规划管理水平。

5. 公众参与

生态环境保护是公众参与比较集中的领域。加强规划宣传，增强全民规划意识，充分发挥非政府组织与公民作为市场利益人和生态廊道建设受益人在环境保护与发展决策方面的积极作用。

（1）公众参与的定位与作用。公众参与的主要作用是参与建设与反馈，配合作好利益协调。一是有效地传播环境现状以及环境整治的进展等信息；二是帮助有关机构收集大众所关心环境问题的信息，更加科学地进行环境保护与发展决策；三是增加公众在环境保护和环境改善方面参与的积极性，使基层民众自觉执行廊道规划和有关法规，支持和参与城市生态环境的建设管理。

（2）公众参与的渐进模式。先教育、后参与，通过广泛宣传，不断提高民众的生态素质，使他们在真正了解了生态环境建设与保护的基本知识之后，切实参与到生态廊道区域的规划建设具体过程中来。广泛享有对环境状况的知情权和建设过程的参与权。采用"公众参与，先听证后落实"的高效节约的管理运行模式。项目落实之前充分参与，充分暴露矛盾、暴露弊端，集思广益，以减少冲突，同时发挥各级政府、企业、团体、个人的主观能动性。

14.8　重要示范性地区概念规划

本节以钟村山湖地带节点规划为例，来说明生态用地控制性规划的主要内容和生态控制措施。

14.8.1　区位与现状分析

1. 区位

本节点位于"三横"中的北部生态廊道西端，"三纵"中的西部生态廊道番禺境内的北端，是联结番禺与广州中心城区和佛山重要的生态节点及隔离带。其范围包括属于廊道一级保护区的Ⅰ-A地块、属于廊道二级保护区的Ⅱ-A地块和属于廊道三级保护区的Ⅲ-K地块。本节点北连珠江主航道，东面与属于二级保护区的Ⅱ-B地块相接，西面为洪奇沥水道，并依托它与南部属于二级保护区的Ⅱ-F地块相接。

2. 规划生态的意义

在本规划区内依托现有的飘峰山山体和大面积的小块鱼塘水面优势，打造一个融山水于一体的生态建设项目，不仅可以在生态服务功能上取得改善小气候、净化空气、改善环境质量等多种成果，而且可以打造一个崭新的城市形象，从而提高广州市，乃至整个珠江三角洲的竞争能力，可以更好的加快广州社会经济的发展。

3. 现状条件分析及评价

现状土地利用：片区内北部为飘峰山，山体由东西向蔓延，东高西底，东宽西窄；山体坡度多在25%～40%；山体植被现状以草地、灌木为主，种类主要有桃金娘、芒箕群落等；林地散布其中，树种多为人工种植的耐瘠的木麻黄、松杉、台湾相思树等，部分为果林。片区南部为大片的鱼塘，平均水深1m，水田、旱地和果园散布其中，中西部为钟村古村落。

14.8.2 土地利用规划

该区域土地利用规划如图14-8所示。在规划中的广州火车站的西侧，利用洪奇沥水道的有利条件，连接现有的小块鱼塘水体，从而形成两个相对广阔的湖泊水面，同时将二者及洪奇沥水道联系起来，使湖泊成为活水；保留现有的古村落，开发成历史文化与民俗旅游区，水面对古村落形成三面合围之势。这样不仅在生态功能上形成集蓄水、防洪、排涝、改善地区小气候等于一体的综合生态功能区，同时可以旅游生态资源和传统文化资源开发区域生态旅游，推动本地产业向生态型产业转变；可以利用广州火车站的城市门户优势，树立广州城市新形象，提升广州地区的综合竞争能力。

完整保留飘峰山山体，培育岭南特征的山体生态系统。同时通过土地置换，搬迁出位于山脚的现状工业建设用地，整治现状村落，取消钟村镇谢石工业区，布置生产绿地，形成完整的山麓保护带，完善山体生态系统，提高生态服务功能。

以北部工业用地——火车站及附属设施为中心，规划区东西两侧分别规划南

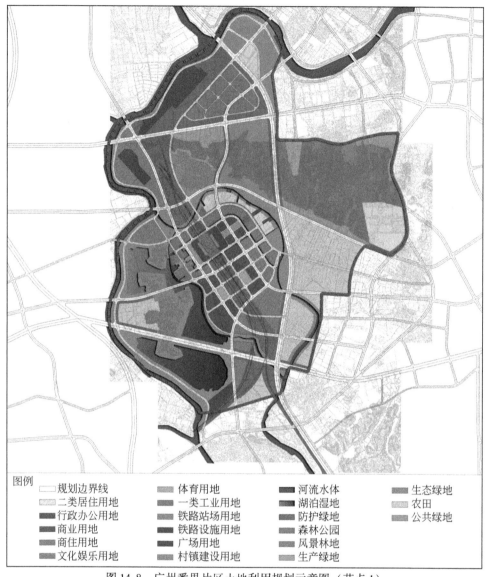

图例
规划边界线　　　体育用地　　　河流水体　　　生态绿地
二类居住用地　　一类工业用地　　湖泊湿地　　　农田
行政办公用地　　铁路站场用地　　防护绿地　　　公共绿地
商业用地　　　　铁路设施用地　　森林公园
商住用地　　　　广场用地　　　　风景林地
文化娱乐用地　　村镇建设用地　　生产绿地

图 14-8　广州番禺片区土地利用规划示意图（节点 1）

北向呈带状相连的生态用地群；西侧以人工湖泊为重点，依托洪奇沥水道，以水系生态为主要特征；东侧以飘峰山山体为重点，由珠江主水道向南延伸到规划区南端，以陆生生态为主要特征。由此形成本生态节点的生态主体。

在湖泊周边、河流两侧布置生态绿地，利用生态系统的边缘效应和水陆交错的有利条件，复建水陆交错生态系统，增加水体生态系统的生态活力，全面提升生态服务功能。

保留古村落西侧及火车站东侧的农田用地，推广生态农业耕作方式，在保护国家基本农田的基础上，也可作为古文化旅游资源加以利用。

保护古村落的完整空间格局，并预留其发展用地，疏浚古河道，恢复岭南水乡的城市景观特色；保护雷氏宗祠、苏氏遗址等重点文化遗迹，保护历史文化遗产。

在一类工业用地、铁路设施用地的内部及外围，贯穿规划区的道路系统两侧，规划防护绿地，减少它们对外界的影响。

钟村镇的产业发展由现在的以工业为主，转向未来以生态旅游服务为主。

14.8.3 生态功能分区

规划区内根据现状条件，生态功能分为八大类生态功能区：火车站及周边城市建设区、飘峰山山体林地生态功能区、飘峰山山麓地带生态功能区、湖泊湿地生态功能区、水陆交错带生态功能区、平原林地生态功能区、农业生态功能区和岭南历史文化与民俗生态功能区（图14-9）。各生态功能区相互支撑、相互补充，发挥"1+1>2"的生态聚合效应，全面提高生态服务功能。

1. 小生态廊道系统

小生态廊道作为廊道各地块内部与相近地块之间的生态联系通道，主要起着加强生态联系的功能，也可作为动物迁徙通道。这样可以更好的培育生态系统，更大的发挥生态服务功能。小生态廊道主要利用山体、河流等自然要素形成。

在受到阻碍不能以自然条件到达系统贯通性的区域，采用人工方式预留廊道接口，多采用架空方式来形成。作为生态迁徙功能的小生态廊道接口之间的间距控制在1000m以内，接口宽度在100m以上。

2. 生态廊道接口

生态廊道接口是生态廊道相互联系的节点区域，关系生态廊道的贯通性，是生态建设的重点控制区域，廊道接口区域的生态建设应注意与其他廊道地块之间的衔接，使生态功能协调一致，生态空间对应布局。

本规划区内的生态廊道预留用地的廊道接口：向北与沿珠江主河道相接；向南利用南部的水道及两侧的绿化保护带与Ⅰ-D地块相连，向东利用山体的延续与Ⅱ-B地块相连。

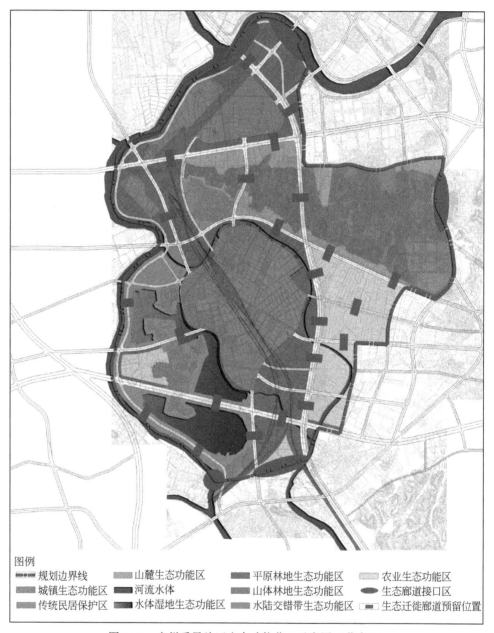

图例
  规划边界线 山麓生态功能区 平原林地生态功能区 农业生态功能区
  城镇生态功能区 河流水体 山体林地生态功能区 生态廊道接口区
  传统民居保护区 水体湿地生态功能区 水陆交错带生态功能区 生态迁徙廊道预留位置

图 14-9 广州番禺片区生态功能分区示意图（节点 1）

14.8.4 生态建设控制

层级控制：规划区域分为核心区、协调区和城市建设区等。

1. 核心区

这是生态系统的核心区域，对维护城市生态系统良性运转具有重要意义的关键地域。包括飘峰山山体区域、人工湖水面及周边范围内，以及 A-1 ～ A-6 号地块，地块编号如图 14-10 所示。对现有的原生自然生境进行充分的保护，对由于

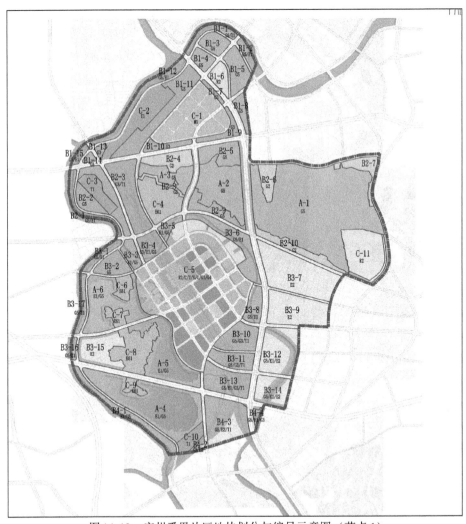

图 14-10 广州番禺片区地块划分与编号示意图（节点 1）

受到干扰而遭到一定破坏的半自然生境进行生态恢复建设。区内除可以容纳极少量的旅游服务设施外，禁止任何城市建设行为，建设必须以不破坏现有生态系统为原则。

2. 协调区

这是为了提高生态系统的生存力必需的保护区域，也是自然生态用地与城市建设用地之间相互过渡的适应地带。包括北部生态绿地区、飘峰山南北两侧的山麓地带、火车站及城市建设区域周边等除城市建设区及核心区以外的所有区域，包括 B1-1 ~ B1-15，B2-1 ~ B2-10，B3-1 ~ B3-17，B4-1 ~ B4-4 号地块。区内可以容纳少量的旅游休闲服务设施建设，建设以不破坏现有生态系统为原则；对现有的原生自然生境进行保护和改造利用，对由于受到干扰而遭到一定破坏的半自然生境进行生态恢复建设。

3. 建设区

这是位于生态廊道内部的城市建设区域。包括火车站及周边城市建设区、铁路设施用地、农村居民点，以及 C-1 ~ C-11 号地块。区内可以容纳一定开发强度的城市建设，但必须引导城市建设的功能，严格控制其开发模式和开发强度。

4. 线性导控

规划区域内设立绿地控制线、水体控制线、山体控制线、农田控制线和城市建设区控制线、农村居民点控制线等。

（1）绿地控制线。画线是为了控制各种绿地的范围，同时也控制各个生态功能区的边界线。

（2）水体禁建线。画线是为了控制水体的保护范围。在本规划区内其走线应顺应现有的河道设立，这个控制线是最小控制线，水体的范围应顺应自然变化过程，不得人为限制其范围。

（3）山体禁建线。画线是为了确定山体的保护范围。在本规划区内其走线应顺应飘峰山山脚下的截洪沟设立。

（4）农田控制线。画线是为了确定农田的保护范围。

（5）城市建设区控制线。城市建设区必须控制在这条控制线之内。

（6）农村居民点控制线。画线是为了确定农村居民点建设的范围。

5. 宽度控制

（1）铁路设施及城市建设区和农村居民点的周边布置防护绿带，宽度控制在 50 ~ 100m。

（2）穿越生态廊道区或位于生态廊道区边界的主要城市道路两侧，根据道路的等级分别布置 30 ~ 50m 宽的防护林带。

（3）水体周边控制 50m 以上的生态绿地范围。

6. 生态建设措施实施

根据现有的自然生态条件和地块所处的地位而采取不同的生态建设措施，生态建设措施包括三大类型：生态保护、生态恢复和生态重建。

14.8.5　其他控制要求

（1）交通组织。本区域内的交通形式以公共交通优先为首要原则，对外交通建立以清洁能源为动力的轨道交通。减少对外交通道路的数量，提高道路等级，减少道路系统对自然生态斑块内部的分隔影响。道路断面采用快速干道与辅道相结合的方式，在适当区域架空设置。内部交通道路应提高道路绿化的比例。

（2）建筑风格和形式。应体现传统与现代结合的岭南建筑风格，建筑应采用自然通风采光、太阳能综合利用、水资源综合利用等生态建筑技术手段。

（3）绿化植被的种类。采用自然生态效应高的本地植物类型，并以群落为植被种植单元。

（4）古村落保护。在村落空间格局、建筑形式、绿化方式方面保护古代岭南村落风貌，培育传统文化氛围，在空间布局上重点恢复水网空间格局。

第 *15* 章　广州生态用地规划管理与实施建议

15.1　建立基本生态控制线管理机制

15.1.1　推进基本生态控制线立法

基本生态控制线是构筑城市生态安全格局，实现城市可持续发展的必要底线，在划定基本生态控制线的同时，必须推进相关管理条例或法规的设立，强化生态控制线权威性，为城市生态用地的保护和控制提供刚性依据，确保基本生态控制线得到有效的保护和功能的逐步提升。

生态控制线管理条例或法规的设立应落实国家相关法规和规范性文件，针对广州生态控制线内不同管制分区及限建要求，明确管理控制内容、管理权责以及管理程序，上升为地方法规，纳入广州市生态保护的整体制度框架。具体内容应包括以下几点：

（1）基本生态控制线的概念、意义、划定原则。

（2）基本生态控制线划定的批准部门及批准程序、调整程序。

（3）基本生态控制线内对新增建设项目、用地以及现状建设项目、用地的处理。

（4）基本生态控制线内建设项目的管理、审批程序。

（5）基本生态控制线管理的职能机构及职责分工。

（6）基本生态控制线内违法行为的查处依据、要求和处罚办法。

15.1.2　建立多部门协管机制

基本生态控制线的管理涉及土地开发、环境保护、耕地保护、生态补偿等多项工作的开展，各类生态用地及各项管理内容所归属的主要职责机构存在相互交叉以及权责不明的现象，不同部门依据不同的法律法规作为管控依据，形成多头管理，而影响管控效果。

为此，需要加强政府统一领导和各相关部门的职能协调，突破多部门交叉、权责不明的现象，积极构建部门协调共管机制。建议建立"城市生态控制线联席会议制度"，打破部门条块分割的现状，实现从生态控制线的划定、监督、管理全过程的多部门协调共管机制，形成政策的"合力"。

以基本生态控制线内重要生态限制要素为依据，以现行法规为基础，明晰生态用地管控边界、管理归属权责和管理手段，在未来的生态用地建设过程中，进一步明确管理主导部门职责，是加强各类生态用地管制与建设实施效果的基础。主要生态用地的主管部门和管理依据如表 15-1 所示。

表 15-1　主要生态用地主管部门和管理依据

序号	生态用地类型	主管部门	法律依据
1	饮用水源保护区	环保部门	水污染防治法、饮用水源保护区管理条例
2	自然保护区	环保部门综合管理与林业、农业、地质矿产、水利、海洋等部门管理相结合	自然保护区管理条例
3	风景名胜区	建设部门	风景名胜区条例
4	森林公园	林业部门	森林法、森林公园管理办法
5	基本农田保护区	国土和农业部门	土地管理法、基本农田保护条例
6	重要水体	水务部门统一管理和监督，环保、建设、交通、国土、农业、渔业、卫生等部门分工负责	水法、水污染防治法、城乡规划法、城市蓝线管理办法
7	林地	林业部门	森林法
8	耕地	国土和农业部门	土地管理法
9	历史文化遗产保护用地	建设和文保部门	文物保护法、城乡规划法
10	矿产资源开发准采区	国土部门	矿产资源法
11	地质遗迹	国土和环保部门	地质遗迹保护管理规定
12	地质灾害易发区	国土部门	地质灾害防治条例
13	坡度≥25°地区	水务、建设部门	水土保持法
14	水土流失敏感区	水务部门	水土保持法
15	蓄滞洪区	水务部门	水法、防洪法
16	生态廊道	建设部门	尚无相关法律依据

15.1.3　建立适时更新机制

为保证基本生态控制范围界线实现长效客观、合理，调和城市生态保护、绿地建设与城市理性发展需求之间的矛盾，有必要每 3~5 年完成一次基本生态控制线的系统性检讨与更新。对基本生态控制线定期检讨更新基本原则如下。

（1）保障生态系统完整原则。生态控制线内对重要生态敏感性地区、生态廊道等生态空间要素予以刚性控制。

（2）占补平衡原则。生态控制线范围的调校应保障各个行政区总量规模不减。

（3）兼顾发展原则。生态控制线内，国家、省、市重点项目确实需要占用生态控制线用地的，基于规划环境影响评价，可适当对控制线范围进行调校。

（4）协调规划原则。对基本生态控制线范围的调校更新应与下位相关规划进行综合协调。

15.1.4　建立公众参与的监督机制

通过多种传播媒体提高全民的生态环境保护意识，宣传生态控制线理念，加强对生态控制线范围内群众的宣传教育，将生态控制线保护的认知度在公众中逐步提升。

建立公众参与的监督机制。在基本生态控制线立法的基础上，综合利用遥感动态监测与管理体系，通过 3S 技术、空间基础数据获取监测信息，采用多技术、全方位、大范围的对线内建设行为进行监控，定期向市民公布生态控制线内违法建设监测结果，各部门协作组织开展保护生态控制线的公益活动，加强生态线管理的法律法规知识宣传和教育工作，营造全民参与生态线保护的社会氛围，争取公众广泛的理解和支持。

15.1.5　完善以生态保护补偿为主的配套政策

针对基本生态控制线等生态资源与环境保护区域，需探索建立行之有效的生态补偿机制。补偿机制的建立是生态控制线能否成功实施的关键，是生态控制线立法最重要的配套政策。总的来说，通过推进土地利用、政绩考核、社会事业发展等方面的体制机制创新，综合运用财政转移支付、产业发展引导、社会资金投入等多种补偿手段，实施生态补偿。

15.2　实施生态管理分区

以生态管理分区指导下层次规划特别是控制性详细规划的编制，按照不同分区生态管理要求，结合各专项规划要求，加强所属单元规划的生态规划控制与引导。

在组织编制地区控制性详细规划中，应根据地区所在位置，对应梳理地区所在生态管理分区，按照所在分区提出生态保护、生态建设与修复方面的任务要求，增加相应的生态控制指标，并结合专项研究与规划，对地区单元的雨洪调控、面源污染控制、通风与热环境改善、生境保护与生态廊道建设等方面提出规划的指导性建议，以引导控制规划，进一步加强规划方案的生态考虑与相关内容的控制。

同时，建议根据生态管理分区提出的导向，深化研究分区的管理要求和指标数值的控制标准，实现更具体、更有操作性的规划指导。

15.3　深化完善生态用地规划指引

生态用地规划属于城市总体规划层面的专项规划，要保证规划内容能够落到实处，有必要进一步制订更为详细的实施细则，并在规划体系的技术标准、规划管理以及法律法规各层面，制定相关的配套措施和相应的操作指引。

（1）细化对基本生态控制线内现状各类建筑物、构筑物及其他设施的控制和处理，以及已批未建项目和在建项目的调整和监管要求。

（2）制定郊野森林公园、湿地公园开发控制导则，对其中的土地利用控制、开发强度控制、生物多样性保护规划、绿化规划、景观规划、游憩设施规划、公共交通设施规划、消防规划、建设审批办法、日常管理等方面作出具体规定，作为生态公园建设、审批和管理依据。

（3）增加《广州市城市规划标准与准则》中关于郊野森林公园、湿地公园等建设方面的补充规定，包括其自然保育、游憩功能、用地比例、设施、绿化指引等。

（4）在全市生态用地规划的指导下，组织开展或者修编相关的专题规划，深化和落实生态廊道、郊野森林公园、湿地公园等建设和保护策略。

主要参考文献

艾勇军，肖荣波 . 2011. 从结构规划走向空间管治——非建设用地规划回顾与展望 . 现代城市
　研究，8：64-66

柏春 . 2009. 城市气候设计——城市空间形态气候合理性实现的途径 . 北京：中国建筑工业出
　版社

保罗·鲍克斯 . 2001. 地理信息系统与文化资源管理：历史遗产管理人员手册 . 南京：东南大
　学出版社

北京市人民政府 . 2004. 北京市城市总体规划（2004-2020）. 北京：北京市人民政府

毕凌岚 . 2004. 生态城市物质空间系统结构模式研究 . 重庆：重庆大学博士学位论文

曹新向，司艳宇 . 2005. 城市水体生态系统服务功能研究 . 国土与自然资源研究，（2）：79-80

车生泉 . 2001. 城市绿色廊道研究 . 城市生态研究，25（11）：44-49

车生泉 . 2003. 城市绿地景观结构分析与生态规划——以上海市为例 . 南京：东南大学出版社

陈春娣，荣冰凌，邓红兵 . 2009. 欧盟国家城市绿色空间综合评价体系 . 中国园林，03：66-70

陈德雄 . 2002. 文化·空间·生态·载体——滨水地区城市设计的四大要素 . 规划师，18
　（8）：40-43

陈吉泉 . 1996. 河岸植被特征及其在生态系统和景观中的作用 . 应用生态学报，7（4）：
　439-448

陈婧，史培军 . 2005. 土地利用功能分类探讨 . 北京师范大学学报（自然科学版），（05）：
　536-540

陈爽，张皓 . 2003. 国外现代城市规划理论中的绿色思考 . 规划师，4：71-74

邓红兵，陈春娣，刘昕，等 . 2009. 区域生态用地的概念及分类 . 生态学报，（03）：1519-1524

邓小文，孙贻超，韩士杰 . 2005. 城市生态用地分类及其规划的一般原则 . 应用生态学报，
　（10）：2003-2006

丁圣彦，曹新向 . 2004. 清末以来开封市水域景观格局变化 . 地理学报，59（6）：956-963

东莞市人民政府 . 2009. 东莞市基本生态控制线管理规定 . 东莞：东莞市人民政府

董亮，朱荫湄，胡勤海，等 . 2002. 应用 DRASTIC 模型评价西湖流域地下水污染风险 . 应用生
　态学报，13（2）：217-220

董哲仁 . 2003. 生态水工学的工程理念 . 中国水利，（1）：63-66

冯雨峰，陈玮 . 2003. 关于"非城市建设用地"强制性管理的思考 . 城市规划，27（8）：
　68-71

高芙蓉 . 2006. 城市非建设用地规划的景观生态学方法初探——以成都市城市非建设用地为
　例 . 重庆：重庆大学硕士学位论文

葛小平，许有鹏，张琪，等．2002. GIS 支持下的洪水淹没范围模拟．水科学进展, 13：4,
　　456-460

耿元波，董云社，孟维奇．2000. 陆地碳循环研究进展．地理科学进展, 19 (4)：297-307

古琳，陈辉，黎燕琼，等．2008. 成都市避震疏散公园绿地面积指标．生态学报, 28 (12)：
　　5876-5884

广州市城市规划勘测设计研究院．2007. 广州城市总体发展战略规划．广州：广州市城市规划
　　勘测设计研究院

广州市规划局．2004. 广州生态区划政策指引与番禺片区生态廊道控制性规划．广州：广州市
　　规划局

广州市规划局．2010. 广州市城市总体规划（2010–2020年）．广州：广州市规划局

郭红雨，蔡云楠，肖荣波．2011. 城乡非建设用地规划的理论与方法．城市规划, 1：35-39

郭利华，龙毅．2002. 基于 DEM 的洪水淹没分析．测绘通报,（11）：25-30

国家环境保护总局．2003. 生态功能区暂行规程．北京：国家环境保护总局

国土资源部．2011. 基本农田划定规程．北京：国土资源部

韩冬梅．2007. 临沂市生态用地规划布局研究．石家庄：河北师范大学硕士学位论文

侯喜禄，白岗栓，曹清玉．1996. 黄土丘陵区森林保持水土效益及其机理的研究．水土保持研
　　究, 3 (2)：98-103

胡明星，董卫．2002. 基于 GIS 的镇江西津渡历史街区保护管理信息系统．规划师, 18 (3)：
　　71-73

胡永红，秦俊，王丽勉，等．2010. 城镇居住区绿化改善热岛效应技术．北京：中国建筑工业
　　出版社

黄光宇．1998. 乐山绿心环形生态城市模式．城市发展研究,（1）：7-9

黄国如，聂铁锋．2012. 广州城区雨水径流非点源污染特性及污染负荷．华南理工大学学报
　　（自然科学版）, 40 (2)：142-148

黄秀兰．2008. 基于多智能体与元胞自动机的城市生态用地演变研究．长沙：中南大学硕士学
　　位论文

黄奕龙，王仰麟，刘珍环，等．2008. 快速城市化地区水系结构变化特征——以深圳市为例．
　　地理研究, 27 (5)：1212-1220

黄翼．2002. 城市滨水空间的设计要素．城市规划, 26 (10)：68-72

贾俊，高晶．2005. 英国绿带政策的起源、发展和挑战．中国园林, 3：69-73

蒋德松，蒋冲，赵明华．2008. 城市岩质边坡生态防护机理及试验．中南大学学报（自然科学
　　版）, 39 (5)：1087-1094

李博．2008. 城市禁限建区内涵与研究进展．城市规划学刊,（4）：75-80

李凡，符国强，齐志新．2008. 基于 GIS 的佛山城市文化遗产景观风险性的评估．地理科学,
　　28 (3)：431-439

李锋，王如松．2004. 城市绿色空间生态服务功能研究进展．应用生态学报,（03）：527-531

李锋，王如松，Paulussen J. 2004. 北京市绿色空间生态概念规划研究．城市规划汇刊, 4：
　　61-66

李健，冯雨峰，胡晓鸣．2006．杭州非建设用地纳入规划体系的初步研究．新建筑，（6）：64-67

李偌生，周凤霞，张朝阳，等．2009．湖南省生物多样性现状调查与评价．环境科学研究，12：1382-1388

李麟学．1999．城市滨水区空间形态的整合．时代建筑，（3）：83-87

李文华，欧阳志云，赵景柱．2002．生态系统服务功能研究．北京：气象出版社

李晓文，胡远满，肖笃宁．1999．景观生态学与生物多样性保护．生态学报，19：399-407

李艳春．2011．区域生态系统服务功能重要性研究．太原：太原理工大学硕士学位论文

梁涛，王浩，张秀梅，等．2003．不同土地类型下重金属随暴雨径流迁移过程及速率对比．应用生态学报，14（10）：1756-1760

刘滨谊，姜允芳．2002．中国城市绿地系统规划评价指标体系的研究．城市规划汇刊，2：27-31

刘加平．2011．城市环境物理．北京：中国建筑工业出版社

刘康，徐卫华，欧阳志云，等．2002．基于GIS的甘肃省土地沙漠化敏感性评价．水土保持通报，05：120-125

刘立立，刘滨谊．1996．论以绿脉为先导的上海远期城市空间布局．城市规划汇刊，5：27-33

刘仁义，刘南．2001．基于GIS的复杂地形洪水淹没区计算方法．地理学报，56（1）：1-6

刘淑珍，范建荣，刘刚才．2002．金沙江干热河谷土地荒漠化评价指标体系研究．中国沙漠，22（1）：47-51

刘志霄，盛和林．1998．栖息地片段化与隔离对兽类种群的影响．生物学通报，33（7）：18-20

龙瀛，何永，刘欣．2006．北京市限建区规划：制订城市扩展的边界．城市规划，（12）：20-26

路金启，戴烨．2009．北京城乡规划：推进公众参与 实践共同决策．城乡建设，（05）：19-28

罗震东，张京祥．2007．中国当前非城市建设用地规划研究的进展与思考．城市规划学刊，（1）：39-43

马克明，傅伯杰，黎晓亚，等．2004．区域生态安全格局：概念与理论基础．生态学报．24（4）：761-768

毛显强，钟瑜，张胜．2002．生态补偿的理论探讨．中国人口、资源与环境，（04）：25-28

农志英．1999．城市水空间规划研究——兼谈郴州水空间与城市特色塑造．规划师，2（15）：66-71

欧阳志云，王如松．2005．区域生态规划理论和方法．北京：化学工业出版社

欧阳志云，王效科，苗鸿．1999．中国陆地生态系统服务功能及其生态经济价值的初步研究．生态学报，19（5）：607-614

欧阳志云，赵同谦，王效科，等．2004．水生态服务功能分析及其间接价值评价．生态学报，24（10）：2092-2099

欧阳志云，郑华，黄宝荣，等．2009．区域生态环境状况评价与生态功能区划．北京：中国环境科学出版社

彭青，潘峰．2011．区域绿地的空间管理体制研究——以珠江三角洲为例．规划师，（07）：76-83

秦艳红，康慕谊．2007．国内外生态补偿现状及其完善措施．自然资源学报，（4）：557-567

任勇，俞海，冯东方．2006．建立生态补偿机制的战略与政策框架．环境保护，（19）：18-23

荣冰凌，陈春娣，邓红兵．2009．城市绿色空间综合评价指标体系构建及应用．城市环境与城
　　市生态，22（1）：33-38

深圳市人民政府．2005．深圳市基本生态控制线管理规定．深圳：深圳市人民政府

沈清基．2001．新城市主义的生态思想及其分析．城市规划，11：33-38

寿绍文，励申申，寿亦萱，等．2009．中尺度大气动力学．北京：高等教育出版社

宋治清，王仰麟．2004．城市景观及其格局的生态效应研究进展．地理科学进展，23（2）：
　　97-107

隋金玲，李凯，胡德夫，等．2004．城市化和栖息地结构与鸟类群落特征关系研究进展．林业
　　科学，40（6）：147-153

孙鹏，王志芳．2000．遵从自然过程的城市河流和滨水区景观设计．城市规划，24（9）：19-22

覃志豪，Zhang M H，Karnieli A，等．2001．用陆地卫星 TM6 数据演算地表温度的单窗算法．地
　　理学报，56（4）：456-466

谭丽，何兴元，陈玮，等．2008．基于 QuickBird 卫星影像的沈阳城市绿地景观格局梯度分析．
　　生态学杂志，27（7）：1141-1148

万方浩，郭建英，王德辉．2002．外来入侵种类的生物多样性和管理国际研讨会论文集．北京：
　　中国环境科学出版社

汪业勖．1998．陆地碳循环研究中的模型方法．应用生态学报，9（6）：658-664

王国恩，肖荣波，彭涛．2010．山地城市土地集约利用与开发策略——以遵义市为例．现代城
　　市研究，7：74-79

王慧玲，梁杏．2003．洞庭湖调蓄作用分析．地理与地理信息科学，03：89-95

王锦秀，李瑄，刘宏茂，等．2002．铁刀木在热带物种多样性保护中的贡献．第五届全国生物
　　多样性保护与持续利用研讨会论文．杭州：第五届全国生物多样性保护与持续利用研讨会

王礼先，张志强．1998．森林植被变化的水文生态效应的研究进展．世界林业研究，11（6）：
　　14-23

王绍强，周成虎，罗承文．1999．中国陆地自然植被碳量空间分布特征探讨．地理科学进展，
　　18（3）：238-244

王宪礼，肖笃宁，布仁仓，等．1997．辽河三角洲湿地的景观格局分析．生态学报，17（3）：
　　317-323

王献溥．1999．生物入侵的生态威胁及其防除措施．植物杂志，4：4-5

王晓俊，王建国．2006．兰斯塔德与"绿心"——荷兰西部城市群开放空间的保护与利用．规
　　划师，（3）：90-93

王震洪，段昌群，侯永平．2006．植物多样性与生态系统土壤保持功能关系及其生态学意义．
　　植物生态学报，30（3）：392-403

邬建国．2000．景观生态学——概念与理论．生态学杂志，19（1）：42-52

邬建国．2007．景观生态学——格局、过程、尺度与等级．第二版．北京：高等教育出版社

无锡市规划局．2004．无锡市非建设用地规划．无锡：无锡市规划局

吴菲，李树华，刘剑．2006．不同绿量的园林绿地对温湿度变化影响的研究．中国园林，07：56-61

吴家勇，毛志刚，李云涛．2008．公路生态系统服务功能分析及评估．西部交通科技，04：86-90

吴婕，肖荣波．2013．滨海城市应对全球气候变化的适应性规划．理想空间，3：56-59

厦门市规划局，厦门市城市规划设计研究院．2003．厦门市城市总体规划修编（2003～2020）．厦门：厦门市规划局，厦门市城市规划设计研究院

向龙，韦翠娥，余钟波，等．2009．城市化地区多尺度水景观系统设计方法．水资源保护，25（1）：59-62

肖宝英，陈高，代力民，等．2002．生态土地分类研究进展．应用生态学报，13（11）：1499-1502

肖笃宁，陈文波，郭福良．2002．论生态安全的基本概念和研究内容．应用生态学报，13（3）：354-358

肖笃宁，高峻，石铁矛．2001．景观生态学在城市规划和管理中的应用．地球科学进展，16（6）：813-820

肖笃宁，李秀珍，高峻，等．2003．景观生态学．北京：科学出版社

肖荣波，欧阳志云，李伟峰，等．2005．城市热岛的生态环境效应．生态学报，25（8）：2055-2060

谢华．2000．新加坡"花园城市"建设之研究．中国园林，6：33-35

谢英挺．2005．非城市建设用地控制规划编制思考——以厦门为例．城市规划学刊，（4）：35-39

邢忠，黄光宇，颜文涛．2006．将强制性保护引向自觉维护——城镇非建设性用地的规划与控制．城市规划学刊，（1）：39-44

熊春妮，魏虹，兰明娟．2008．重庆市都市区绿地景观的连通性．生态学报，28（5）：2237-2245

徐慧，徐向阳，崔广柏．2007．景观空间结构分析在城市水系规划中的应用．水科学进展，18（1）：108-113

徐健，周寅康，金晓斌，等．2007．基于生态保护对土地利用分类系统未利用地的探讨．资源科学，（03）：137-141

徐娱辉．2007．三峡库区城市轮廓线要素研究．新建筑，5：16-19

杨滨章．2009．哥本哈根"手指规划"产生的背景与内容．城市规划，8：52-59

杨小鹏．2008．首尔的绿带政策与新城政策：二元规划体系下的矛盾．规划师，（2）：85-88

尹海伟，孔繁花．2005．济南市城市绿地时空梯度分析．生态学报，25（11）：3010-3019

俞孔坚．1998．景观生态战略点识别方法与理论地理学的表面模型．地理学报，53：11-20

俞孔坚，乔青．2009．基于景观安全格局分析的生态用地研究——以北京市东三乡为例．应用生态学报，20（8）：1932-1939

俞孔坚，李迪华，刘海龙．2005．"反规划"途径．北京：中国建筑工业出版社

俞孔坚，王思思，李迪华，等．2009．北京市生态安全格局及城市增长预景．生态学报，29

（3）：1189-1204

岳健，张雪梅．2003．关于我国土地利用分类问题的讨论．干旱区地理，26（1）：78-88

岳隽，王仰麟，彭建．2005．城市河流的景观生态学研究：概念框架．生态学报，25（6）：
1422-1429

岳文泽．2006．基于遥感影像的城市景观格局及其热环境效应研究．上海：华东师范大学博士
学位论文

岳文泽，徐建华，徐丽华．2006．基于遥感影像的城市土地利用生态环境效应研究——以城市
热环境和植被指数为例．生态学报，26（5）：1450-1460

曾群华．2004．重庆文物保护管理信息系统的设计与实现．重庆：重庆师范大学硕士学位论文

曾群华，郭跃．2004．基于GIS与RS的三峡库区文物保护信息系统研究．地域研究与开发，23
（6）：118-122

张怀振，姜卫兵．2005．环城绿带在欧洲的发展与应用．城市发展研究，（6）：34-38

张惠远，饶胜，迟妍妍，等．2006．城市景观格局的大气环境效应研究进展．地球科学进展，21
（10）：1025-1031

张建春，彭补拙．2003．河岸带研究及其退后生态系统的恢复与重建．生态学报，23（1）：
56-64

张庭伟．1999．滨水地区的规划和开发．城市规划，23（2）：50-55

张伟强，黄镇国，连文树．1999．广东沿海地区海平面上升影响综合评估．自然灾害学报，01：
45-57

张小飞，王仰麟，李正国．2005．基于景观功能网络概念的景观格局优化——以台湾地区乌溪
流域典型区为例．生态学报，25（7）：1707-1713

张晓．2006．对风景名胜区和自然保护区实行特许经营的讨论．中国园林，（8）：42-46

张晓佳．2006．城市规划区绿地系统规划研究．北京：北京林业大学博士学位论文

张颖，王群，李边疆，等．2007．应用碳氧平衡法测算生态用地需求量实证研究．中国土地科
学，21（6）：23-28

张永刚．1999．浅议非城市建设用地的城市规划管理问题——以深圳市为例．规划师，15
（2）：74-76

赵殿生．1983．贺兰山马鹿及其保护利用．野生动物，4（3）：29-32

赵同谦，欧阳志云，王效科，等．2003．中国陆地地表水生态系统服务功能及其生态经济价值
评价．自然资源学报，4（18）：443-452

赵彦伟，杨志峰．2005．城市河流生态系统健康评价初探．水科学进展，16（3）：349-355

中国科学院建设部山地城镇与区域研究中心，重庆大学城市规划与设计研究院．2002．成都市
非建设用地规划．重庆：中国科学院建设部山地城镇与区域研究中心，重庆大学城市规划
与设计研究院

中国林业生态发展促进协会．2009．西北地区荒漠化的治理办法．http：//huangmo. eco. gov. cn/
hmkp/2009/1102/110965. html［2013-03-17］

周飞．2010．青海省建立生态补偿机制战略研究．经济研究导刊，（9）：152-153

周慧平，高超，朱晓东．2005．关键源区识别：农业非点源污染控制方法．生态学报，25

（12）：3368-3374

周亮，张志云，吴丽娟，等. 2006. 北京城市扩展轴上的绿地景观格局梯度分析. 林业资源管理，5：47-53

周年兴，俞孔坚，黄震方. 2006. 绿道及其研究进展. 生态学报，26（9）：3108-3117

朱强，俞孔坚，李迪华. 2005. 景观规划中的生态廊道宽度. 生态学报，25（9）：2406-2413

朱万泽，范建容，王玉宽，等. 2009. 长江上游生物多样性保护重要性评价——以县域为评价单元. 生态学报，05：2603-2611

Aear D A, Mew son M D. 2007. Environmental change in river channel: a neglected element. Towards geomorphologic typologies, standards and monitoring. The Science of Total Environment, 310: 17-23

Andren H. 1995. Effects of landscape composition on predation rates at habitat edges//Hansson L, Fahrig L, Merriam G. Mosaic Landscapes and Ecological Processes. London: Chapman and Hall

ARUP, The Hong Kong University of Science and Technology. 2008. Urban Climatic Map and Standards for Wind Environment-feasibility Study. UK and Hong Kong: ARUP, The Hong Kong University of Science and Technology

Baschak L A, Brown R D. 1995. An ecological framework for the planning, design and management of urban river greenways. Landscape and Urban Planning, 33: 211-225

Beissinger S R, Osborne D R. 1982. Effects of urbanization on avian community organization. Condor, 8: 75-83

Breen A, Byd R. 1996. The New Water front: A Worldwide Urban Success Story. New York: McGraw-Hill

Bryant M M. 2006. Urban landscape conservation and the role of ecological greenways at local and metropolitan scales. Landscape and Urban Planning, 76: 23-44

Cluis D, Laberge C. 2001. Climate change and trend detection in selected rivers within the Asia-Pacific region. Water International, 26 (3): 411-424

Coles R, Bussey S. 2000. Urban forest landscapes in the UK—progressing the social agenda. Landscape and Urban Planning, 52: 181-188

Cook E A. 2002. Landscape structure indices for assessing urban ecological networks. Landscape and Urban Planning, 58: 269-280

Daily G C. 1997. Natures Service: Societal Dependence on Natural Ecosystems. Washington D. C.: Island Press

Dennis L C, Keith L, Timothy R E. 1998. GIS based modeling of nonpoint source pollutants in the vadose zone. J Soil Water Conser, 53 (1): 34-38

Department of Infrastructure （DOI）. 2002. Melbourne 2030: Planning for Sustainable Growth. Melbourne: DOI

Diez J M, Pulliam H R. 2007. Hierarchical analysis of species distributions and abundance across environmental gradients. Ecology, 88 (12): 3144-3152

Dill P M, Bedford P J. 2011. Central Waterfront Part II Plan. City of Toronto: Water front Secretariat

Dilsaver L M. 2000. America's national park system: the critical documents. http://www. cr. nps. gov/history/online_ books [2013-04-05]

Douglas J L, Benjamin M B, Joshua J T, et al. 2005. Effects of landscape corridors on seed dispersal by birds. Science, 309 (7): 146-148

Esser G. 1987. Sensitivity of global carbon poo ls and fluxes to human and po tential climatic impacts. Tellus, 39 (B): 245-260

Fang C F, Ling D L. 2003. Investigation of the noise reduction provided by tree belts. Landscape and Urban Planning, (63): 187-195

Flores A, Pickett S T A, Zipperer W C, et al. 1998. Adopting a modern ecological view of the metropolitan landscape: the case of a greenspace system for the New York City region. Landscape and Urban Planning, 39: 295-308

Forman R T T. 1995. Some general principles of landscape and regional ecology. Landscape Ecology, 10 (3): 133-142

Forman R T T, Gordon M. 1986. Landscape Ecology. New York: John Wiley

Harbor J. 1994. A practical method for estimating the impact of land use change on surf ace runoff, groundwater recharge and wetland hydrology. Journal of the American Planning Association, 60 (1): 95-108

Harrison R L. 1992. Toward a theory of inter-refuge corridor design. Conservation Biology, 6: 293-295

Hoai V N N. 1998. Efficiency of a small artificial wetland with an industrial urban catchments. The Science of the Total Environment, 241: 221-237

Hope D, Gries C, Zhu W, et al. 2003. Socioeconomics drive urban plant diversity. Proceedings of the National Academy of Sciences (USA), 100: 8788-8792

Jokimaki J. 1999. Occurrence of breeding bird species in urban parks: effects of park structure and broadscale variables. Urban Ecosystems, 3: 21-34

Joshua J T, Douglas J L, Nick M H, et al. 2002. Corridors affect plants, animals, and their interactions in fragmented landscapes. Proc Natl Acad Sci USA, 99 (20): 12923-12926

Juan A, Vassilias A T, Leonardo A. 1995. South Forida greenways: a conceptual framework for the ecological reconnectivity of the region. Landscape and Urban Planning, (33): 247-266

Kent M, Stevens R A, Zhang L. 1999. Urban plant ecology patterns and processes: a case study of the flora of the City of Plymouth, Devon, UK. Journal of Biogeography, 26: 1281-1298

Leemans R, Zuiderna G. 1995. Evaluating changes in land cover and their importance for global change. Tree, 10 (2): 76-81

Levins R. 1969. Some demographic and genetic consequences of environmental heterogeneity for biological control. Bull Entomol Soc Am, 15: 237-240

León L F, Soulis E D, Kouwen N, et al. 2001. Nonpoint source pollution: a distributed water quality modeling approach. Water Research, 35: 997-1007

Li H, Wu J. 2004. Use and misuse of landscape indices. Landscape Ecology, 19: 389-399

Liu S, Lin Y, Sun P, et al. 2006. Forest landscape ecology and its applications in China. Forestry

Studies in China, 8 (1): 53-58

MacArchur R H, Wilson E O. 1963. An equilibrium theory of insular zoogeography. Evolution, 37: 373-387

Mander U, Kuusemets V, Krista L, et al. 1997. Efficiency and dimensioning of riparian buffer zones in agricultural catchments. Ecological Engineering, 8: 299-324

Marulli J, Mallarach J M. 2005. A GIS methodology for assessing ecological connectivity: application to the Barcelona Metropolitan Area. Landscape and Urban Planning, 71: 243-262

Millard A. 2008. Semi-natural vegetation and its relationship to designated urban green space at the landscape scale in Leeds, UK. Landscape Ecology, 23: 1231-1241

Moiseev B N. 1984. Streamflow and forest coverage in watershed innorthwest USSR and along Upper Volga. Forestry (RV), 5: 34-38

Nelson E, Mendoza G, Regetz J, et al. 2009. Modeling multiple ecosystem services, biodiversity conservation, commodity production, and tradeoffs at landscape scales Ecol Environ, 7 (1): 4-11

Newbold J D, Erman D C, Roby K B. 1980. Effects of logging on macro invertebrates in streams with and without buffer strips. Canadian Journal of Fisheries and Aquatic Science, 37: 1076-1085

Nishimura N. 1998. Novel water facilities for creation of comfortable urban micrometeorology. Solar Energy, 64: 197-207

Owen S M, Hewitt C N. 2000. Extrapolating branch enclosure measurements to estimates of regional scale biogenic VOC fluxes in the northwestern Mediterranean basin. Journal of Geophysical Research, 105, D9: 11573-11584

Pickett S T A, Cadenasso M L. 2006. Advancing urban ecological studies: frameworks, concepts, and results from the Baltimore Ecosystem Study. Austral Ecology, 31: 114-125

Potter C S, Matson P A, Vitousek P M. 1994. Evaluation of soil database attributes in a global carbon cycle model: implications for global change research//Michener W. Environmental Information Management and Analysis: Ecosystem to Global Scales. London: Taylor and Francis

Potter C S, Randerson J T, Field C B, et al. 1993. Terrestrial ecosystem production, a process model based on global satellite and surface data. Global Biogeochemical Cycles, 7: 811-841

Redland Shire Council, Natural Resources & Mines. 2006. Redcar and Cleveland's Draft Green Space Strategy. Queesland: Redland Shire Council, Natural Resources & Mines

Robinson S K, Thompson F R, Donovan T M, et al. 1995. Regional forest fragmentation and the nesting success of migratory birds. Science, 267: 1987-1990

Ryan R L. 1998. Local perceptions and values for a mid western river corridor. Landscape and Urban Planning, 42: 225-237

Sandstroma U G, Angelstam P, Mikusinski G. 2006. Ecological diversity of birds in relation to the structure of urban green space. Landscape and Urban Planning, 77: 39-53

Schreiber K F. 1988. Connectivity in landscape ecology. Proceedings of the 2nd International Seminar of the International Association for Landscape Ecology. Paderborn: Ferdinand Schoningh

Singh V P. 1992. Elementary Hydrology. New Jersey: Prentice Hall, Inc

Sivertun A, Prange L. 2003. Non-point source critical area analysis in the Gisselo Watershed using GIS. Environ Modell Softw, 18: 887-898

Stenhouse R N. 2004. Fragmentation and internal disturbance of native vegetation reserves in the Perth metropolitan area, Western Australia. Landscape and Urban Planning, 68: 389-401

Sub-global Assessment Selection Working Group of the Millennium Ecosystem Assessment. 2001. Millennium Ecosystem Assessment Sub-global Component: Purpose, Structure and Protocols. http: //www. Millennium assessment. org [2012-12-20]

Thieler E R. 2000. National Assessment of Coastal Vulnerability to Future Sea-level Rise. USGS Fact Sheet FS-076-00. Reston: United States Geological Survey

Tim U S. 1996. Coupling vadose zone models with GIS: emerging trends and potential bottlenecks. J Environ Qual, 25: 535-544

URGE-Team. 2004. Making Greener Cities—A Practical Guide. Leipzig: UFZ Centre for Environmental Research Leipzig-Halle

USDA (United States Department of Agriculture Soil Conservation Service). 1986. Urban Hydrology for Small Watersheds. Technical Release No. 55. Colorado: USDA

Venn S J, Niemelä J K. 2004. Ecology in a multidisciplinary study of urban green space: the URGE project. Boreal Environment Research, 9: 479-489

Villard M A, Trzcinski K M, Merriam G. 1999. Fragmentation effects on forest birds: relative influence of woodland cover and configuration on landscape occupancy. Conservation Biology, 13: 774-783

Walker B H. 1994. Landscape to regional scale responses of terrestrial ecosystems to global change. AMBIO, 23 (1): 67-73

Weber T. 2003. Maryland's green infrastructure assessment—a comprehensive strategy for land conservation and restoration. Annapolis: Maryland Department of Natural Resources, Watershed Services Unit

Weber T, Sloan A, Wolf J. 2006. Maryland's green infrastructure assessment: development of a comprehensive approach to land conservation. Landscape and Urban Planning, 77: 94-110

Weymouth & Portland Borough Council. 2007. Open Space, Sport and Recreation Assessment: Final Report. Weymouth & Portland Borough: Weymouth & Portland Borough Council

Wu J G. 1993. Effects of patch connectivity and arrangement on animal metapopulation dynamics: a simulation study. Ecological Modeling, 65 : 221-254

Yokohari M, Brown R D, Kato Y, et al. 2001. The cooling effect of paddy fields on summertime air temperature in residential Tokyo, Japan. Landscape and Urban Planning, 53: 17-27

Zhang L, Wang H. 2006. Planning an ecological network of Xiamen Island (China) using landscape metrics and network analysis. Landscape and Urban Planning, 78: 449-456